湖南省教育科学“十三五”规划2016年度英语教学研究专项基金项目

语言经济学视域下高职英语教学改革和区域经济发展研究

◎ 戴日新 王 芳 著

西安交通大学出版社
XI'AN JIAOTONG UNIVERSITY PRESS

前　言

语言经济学是一门经济学与语言学交叉的新兴的经济学分支学科，它运用经济学的工具和方法研究：语言如何形成和演变；语言的演变如何影响人们的行为；语言和人们的语言行为及语言政策与人力资本、就业、工资、收入分配如何相关；语言产业发展及其测度。语言作为人类经济活动中不可缺少的工具，具有与其他资源一样的经济特性，即价值 (value)、效用 (utility)、费用 (cost) 和收益 (benefit)。随着经济全球化和跨境贸易的发展，语言不仅承载着文化意义，其经济意义也愈发凸显。市场对具有跨文化交际能力，有着高素质和复合型知识结构的应用型、国际化人才的需求，使高职英语教育面临着前所未有的挑战。英语已成为高职院校学生必备的基本技能，同时也是学习国外先进技术、加强对外交流合作的工具。高职英语作为高职院校的公共基础课和必修课，其地位显得尤为重要。我国高职英语教育发展规模空前，改革范围广、呼声高，但现状不尽如人意：教学耗时长，精力付出大，资源浪费多。如何提高英语教学的效率，使高职英语教育真正适应市场和区域经济发展的需要是我们面临的重要课题。语言经济学视域下的高职英语教学改革和区域经济发展研究应把经济学与语言教育教学结合起来，用语言经济学相关理论——人力资本理论、教育经济学理论和语言价值理论来指导高职英语教育教学工作，这样既能促进高职英语教学更好地为区域经济发展服务，又能为高职英语教育的发展和改革提供先进的研究分析方法。

本书为湖南省教育科学“十三五”规划2016年度英语教学研究专项基金项目（XJK16BYY06）的研究成果。该研究成果分为五个章节：语言经济学研究动态综述；高职英语教育现状；高职英语教学改革的经济学理据；高职英语教学改革与区域经济的协同发展；区域经济发展环境下高职英语教学改革创新。在第一章语言经济学研究动态综述中，主要是对语言经济学的产生与发展，语言经济学的内涵，语言经济学的研究方法，语言经济学的主要研究领域及其研究成果等做了评述，为项目的研究提供了方向，展望了前景。第二章通过对高职英语教学现状进行分析与研究，定位了教学改革目标，明确了教学改革内在要求，聚焦改革内容。第三章为研究寻求了经济理据：人力资本理论、教育经济学理论和语言经济价值理论。用这些理论考察高职英语教学与区域经济发展的关系，寻求高职英语教学和区域经济相适应发展的方法和路径。第四章剖析了高职英语教学与区域经济发展的协同性，区域经济的发展与高职英语教育的发展互相依存，服务区域经济是高职英语教学改革发展的主旋律。第五章是本书的主体部分，首先，从语言经济学视角为研究提供了一个理论框架；其次，在区域经济发展环境下，从“课程体系”“教学模式”“数字化教学资源建设”“双师型师资团队建设”“教学评价体系”等方面进行了高职英语教学改革创新研究；最后，运用成本—收益分析方法为项目研究提供了一个经典案例。书中五个章节，有理有据，环环相扣，为高职英语教学改革定位了“接轨市场，服务于区域经济”的核心目标，找准了行动策略：对接、调整、合作。对接——人才培养、职业培训和技术服务；调整——课程体系、教学模式、资源建设、评价体系构建；合作——校校联合、校企合一和校政合力。该研究成果既能为高职英语教学改革提供较新的视角和方法，丰富高职英语教学改革和语言经济学理论，并提供一定的案例支撑，又能为我国选择职业教育办学模式改革策略和经济发展提供一定的启示，为语言经济学找到与实践很好的契合点。

在本书的编写过程中，得到了许多专家学者的指导和宝贵意见，虽经过若干次调整修正和多次仔细校对，但恐仍难免会有错误之处。敬请读者包含谅解的同时，也恳请专家同行多多批评指正。同时，在本书编写过程中，罗清、任朗颖、黎桑等老师也付出了辛勤劳动，笔者在此向他们一并表示真挚的谢意！

笔　者

2017 年 8 月于岳阳

目　录

第一章　语言经济学研究动态综述

随着全球文化经济的相互融合和不断发展，语言作为联络沟通的纽带，在不同文化交流、国际经贸往来和工作关系中的作用越来越明显，语言与经济之间的联系潜移默化地影响着方方面面。小到个人的外语学习问题，大到一国的语言政策问题，乃至整个民族语言的发展或消存，无一不显露着语言和经济之间的密切关系。特别是语言在国家教育和社会经济发展中的作用，语言技能对劳动力市场就业及工资收入的影响，经济学在语言政策的设计、选择和评价中的优势等问题，越来越多地引起学者们的广泛关注，语言经济学作为一门边缘交叉学科正在悄然兴起。

第一节　语言经济学的产生与发展

语言经济学作为一门新型学科，迄今为止，它的产生到发展只经历了 50 余个年头。1959 年，美国经济学家舒尔茨在其《人力上的投资》(Investment in Man) 一文中提出人力投资是第二次世界大战后许多国家经济迅速增长的主要原因，并指出经济发展主要取决于人的素质的改善。1964 年,美国经济学家贝克尔在《人力资本》(Human Capital) 一书中指出 :“人们为自己或孩子支出各种费用，不仅是为了现在获得效用,得到满足,同时也考虑到未来获得效用,得到满足。而未来的满足可以是货币的，也可以不是货币的。”舒尔茨和贝克尔在人力资本理论的创立和发展领域做出的杰出贡献，使他们分别于 1979 年和 1992 年获得了诺贝尔经济学奖。人力资本理论研究的进展为教育经济学奠定了理论基础，也开辟了许多新的经济学研究领域，语言经济学就是其中之一。

一、语言经济学的提出

语言经济学的正式提出可追溯到 20 世纪 60 年代中期的美国。1965 年，信息经济学的开拓者，美国经济学教授雅各布·马尔萨克 (Jacob Marschak，1989—1977) 在《行为科学》(Behavioral Science) 杂志上的一篇短文里提出了“语言经济学”一词。在文章中，马尔萨克展开了各种各样的提问 : 语言的使用为什么随着某些变化而变化? 为什么有些语言能很好地保存下来，而另一些却逐渐消亡? 从这些问题出发，马尔萨克提出了他对语言问题的经济学思考。其核心观点是 :经济学与探求语言的优化之间有着密切的联系 ; 语言作为人类经济活动中不可缺少的工具，也具有价值、效用、成本和收益等经济特性 ; 一种语言的某些特性随着时间的推移被保留下来还是被抛弃，主要取决于该语言在最短的时间内传递最大信息量的能力。这是经济学家首次正式地从经济学角度来分析语言问题。然而，马尔萨克并没有给语言经济学下一个明确的定义，也没有对语言经济学做出进一步解释和说明。马尔萨克提出了“语言经济学”这一模糊的概念，仅仅表达了自己关于语言经济学的一种朴素的思想。由于该文章没有有力的理论依据和经验支持，因而没有得到更大范围、更多学者的关注。由于第二次世界大战后民族主义的兴起和国家官方语言政策的需要，马尔萨克在随后的研究中，偏离了原本的研究思路，转而从其他角度研究。因而语言经济学的初期发展与马尔萨克并没有太大关系，但马尔萨克对语言经济学概念的提出这一贡献，是不可磨灭的。

二、语言经济学的兴起和发展

第二次世界大战后，伴随着亚非等民族国家的独立、民族主义思潮的兴起以及西方殖民遗留问题解决所存在的复杂性和困难性，经济社会对于语言经济学的研究需求应运而生。从 20 世纪 60 年代后期开始，加拿大学者布雷顿率先从民族主义的角度开启了经济学对双语及多语现象的研究，进而拓展到对语言政策、双语教育以及语言与收入关系等方面的经济学研究。然而，由于受到社会语言学的极大程度上的影响，当时的研究只是将语言看作民族归属的一种因素，用来分析不同种族的移民之间的经济地位及其收入差距问题，此时的语言经济学研究更像是研究语言社会学或是社会语言学的工作。因此，这一阶段被称为语言经济学的起步和摸索阶段。

语言经济学的黄金发展期出现在 20 世纪 70 年代至 90 年代末。以舒尔茨和贝克尔所提出的人力资本理论不但助推了教育经济学的产生，而且也为语言经济学的进一步发展提供了鲜活的理论研究依据。人力资本论的核心观点在于：人力资本与物质资本是一组相对存在的资本形式，人力资本可以为个人提供未来的收入而呈现其资本价值；而教育则是形成人力资本的最关键的方法，教育促使人力资本形成，并对实现经济可持续增长发挥重要作用。这一论点成为20世纪70年代西方许多教育经济学著作的理论基础，其中，“语言投资需要教育实现”这一理论促进了语言经济学的进一步发展。此后，贝克尔的学生巴里•R•奇斯威克在人力资本的理论基础上，对一些移民国家做了大量的实证研究。随后他和米勒（Miller）构建了一个模型，验证了语言的人力资本属性：移民对土著语言的熟练度与在目的地的定居时间（duration in destination）和移民的年龄、教育水平成正比，与少数民族语言集中度成反比，但是语言的熟练度与移民前后有无孩子、居住地及故居地的关系是含混不清的。通过大量的实证研究，这一时期的学者们发现语言学习在教育投资中占有非常重要的比重。语言学习作为一种人力资本投资，必然要求有其成本和收益。人们此时才意识到马尔萨克语言经济学思想的前瞻性。此后，语言经济学开始摆脱社会语言学的束缚，与人力资本理论紧密地联系在一起，并以此为突破口，取得了长足的进步。其主要代表人物有德斯万（Deswaan）、布雷顿、格里•杰夫里（Grin Jeffre）和瑞克斯瓦克（Reksualk）等。特别地，当加拿大《官方语言法》（1969）及其修正案（1988）实施和出台时，语言经济学已经成了加拿大的一个现象。因此可以说，马尔萨克的思想加之随后兴起的人力资本理论和教育经济学共同催生出了语言经济学这门新兴的交叉学科。20世纪70年代至80年代初，研究人员开始把目光更多地转到语言交际功能和语言的人力资本属性上，并特别强调主动获取语言技能是人们经济优势的一种来源。随着语言学习这种人力资本投资对个体经济活动的影响日益明显（特别体现在移民的劳动收入上），研究人员围绕着语言认同和语言能力共同决定劳动力收入这一话题展开了大量的实证研究（McManus，et al.，1983；Grenier and Vaillancourt，1983；Grenier，1984 等），并取得了显著的成果。彻池（Church，1993）探讨了双语与网络外部性的问题，认为语言具有网络外部性，随着对某种语言学习人数的增多，选择学习此种语言就会获得更大的收益；但是当人们学习这种语言面临高额的成本时，则学习此种语言的决定是低效率的；他最后得出语言政策一般会偏向于大民族语言的结论，即政府一般对大民族语言实行补贴。德斯万（2003）根据语言的使用人数和语言的中心度构建了语言 Q 值（语言 Q 值指的是对某一个社区里的各种语言价值进行排序）模型。值得一提的是，1995 年 5 月一次主题为“官方语言与经济：加拿大的新视角”的国际研讨会在加拿大首都渥太华举行，该会议集中讨论了双语的商业性、语言培训与商业化以及加拿大的语言政策问题。这极大地推动了当时语言经济学的发展。在北美研究的影响下，20 世纪 90 年代初瑞士、英国等欧洲国家的学者也开始从事语言经济学研究，具体成果散见于对语言政策的经济学分析（Grin，1990,1996a,2000,2003）以及双语者或移民的经济收入（Dustmann，1999；Dustmann and Van Soest，2001；Dustmann and Fabbri，2003）等方面。

此后的一段时期内，语言经济学研究在主题上虽然呈现多样化，但在研究方法和范式上却没有实质性突破，这在一定程度上阻碍了其自身的进一步发展。然而，随着交叉学科的兴起和经济学自身的发展，一些主流经济学家开始意识到用博弈论对语言学问题加以研究讨论也是可行的。进入 21 世纪以来，艾瑞尔・鲁宾斯坦（Ariel Rubinstein）等学者对语言结构、语义以及语用策略（Pragmatic Strategy）等问题所进行的一系列博弈论研究为语言经济学注入了活力。与语言经济学起步阶段的情况相类似，此类研究与其之前的语言经济学研究也几乎没有必然联系，但是它们为语言经济学带来了全新的视角、全新的研究内容和全新的研究方法，拓宽了经济学家和语言学家的视野。

三、语言经济学在我国的兴起和发展

语言经济学在我国发展较晚。我国最早介绍语言经济学研究的学者当属何自然、祝畹瑾、戴炜栋和高一虹，在他们的有关著述中谈及了“语言与经济”的关系问题,但均未作系统的论述。1999 年，许其潮发表《语言与经济：一个新兴的研究领域》一文，借鉴国外的研究成果，结合我国的国情，第一次完整地介绍了该研究产生发展的基本情况及研究方法。随后，国内学者们开始了对语言作为经济变量的经济学研究。汪丁丁等从纯理论角度研究语言与经济关系，他们用成本—收益分析方法研究了人们对自己所用语言的选择，研究认为，语言的习得和选择是一个理性选择过程，这个过程受语言的预期收益和预期成本、使用语言的人数、社会开放与自由度、经济社会发展水平诸多因素影响。有关语言与经济关系的应用研究则主要是用经济计量方法研究语言对经济的贡献，如宋金芳等通过分析西方学者的实证研究案例，论述了语言政策的成本和收益；宁继鸣等对汉语国际推广的经济价值做了实证研究；靳惠玲等分析了外语在河北省经济发展中的贡献。

四、语言经济学发展的主要领域

（一）人力资本理论框架下的语言经济学研究

美国经济学家沃尔什（J.R.Walsh）在 1935 年的《人力资本观念》

（Capital Concept Applied to Man）中采用“成本—收益”的分析方法，通过比较个人教育经费和以后的收入，来计算教育的经济收益，从而说明就读高中和大学对人的发展是有利的，首次提出了“人力资本”理论。到20世纪中期，以舒尔茨和贝克尔为代表的经济学家对人力资本展开了研究，舒尔茨在1960年的《人力资本投资：一个经济的观点》中提出了“人力资本”的概念，对这一领域的推广研究做出了重要的贡献。教育投资是人力投资的重要部分，而语言学习正是教育投资的主要方向之一，研究经济离不开人力投资与教育投资，故而把人力资本作为研究的主线之一。

（二）经济学修辞理论下的语言经济学研究

20世纪80年代，关于经济学方法论的讨论异常活跃，主要集中在诸如修辞学、文学、社会学等“后现代”经济学方法论。同时，也出现了大量对经济学语言进行反思的修辞文献（Henderson，1982；McCloskey，1983，1985，1990；Henderson，Dudley-Evans and Backhouse，1993等）。其中以迈克洛斯基关于经济学修辞的一系列的研究最具代表性，他的“经济学的修辞学”（The Rhetoric of Economics）对经济学的语言起到了深刻的反思作用，引起了很多经济学家的关注。之后的科茨（A.W.Coats）、安吉曼（Stanrey Engerman）、克莱默（Arjo Klamer）、希格斯（Robert Higgs）、梅耶（Thomas Mayer）和索洛（Robert Solow）等著名的经济学家都先后对他的文章进行了相关评论。

（三）对语言本身的经济学分析

关于语言本身的经济学分析，鲁宾斯坦（Ariel Rubinstein）在《经济学与语言》（Economic and Language）中，不仅研究了经济学的语言的相关理论（讨论了博弈论的修辞），还大胆地尝试用经济学的方式来讨论语言的问题，企图说明经济思想和语言研究之间的相关性，得到了自然语言中的二元线序关系。他的这种互相研究、探讨的方法，是语言经济学历史上的一个具有划时代意义的里程碑。

第二节　语言经济学的主要研究领域及成果评述

格里（Grin，1996b）根据地理区位等因素，曾将语言经济学研究工作具体划分为九类。事实上，它们之间存在着大量的交叉内容，而且时至今日，相当一部分研究已经停滞，能够延续下来的研究大致体现在语言与劳动收入、语言政策与语言规划的经济学分析以及语言动态发展的经济学分析等方面。此外，将博弈论应用于语言学问题的研究在近年来持续增多，这为语言经济学开拓新的研究领域做了有益的尝试。

一、语言与劳动收入

语言与劳动收入，即研究语言及其相关因素与个体劳动收入之间的相互影响，主要用于解释为什么不同语言群体成员间存在着收入差距。基本观点是语言能力是影响人们个体劳动收入高低的重要因素之一。

语言与劳动收入研究是在加拿大官方语言问题的背景下，伴随着语言经济学的产生而产生的。由于加拿大实行英语和法语两种官方语言，而且一个可观测的现实是其法裔公民和英裔公民之间存在着收入差距问题，因此，针对此类问题人们展开了大量的实证研究，结果表明，这与人们掌握不同的语言有极大的关系。这便是所谓的语言经济学的加拿大实证传统，它开启了学者们对语言技能在个体劳动收入差距问题上的解释作用的关注。美国、英国等国家的研究人员随后迅速跟进，更为深入地分析论证了语言能力与收入的关系，其研究特点如下：其一，不断拓宽研究样本范围，样本从最初单一的加拿大数据拓展到美国、澳大利亚、以色列、英国、瑞士、南非等国（如 McManus，1985；Tainer，1988；Chiswick and Miller，1995，1999，2007；Dustmann and Fabbri，2003；Grin，1995；Levinsohn，2007）；其二，更新计量方法，从简单的 OLS 到利用 VAR 模型和工具变量等（如 Chiswick and Miller，1999；Leslie and Lindley，2001；Dustmann and Van Soest，2001；Bleakley and Chin，2004）；其三，对语言技能进行分解，分析研究语言总体能力水平、语言流利程度、听说读写的各种单项语言技能对收入的影响（如 Chiswick，1991；Dustmann，1994；Carnevale，et al.，2001）；其四，寻找新的研究点，如语言技能与收入的内生性研究、语言技能与其他人力资本互补性研究等（如 Chiswick and Miller，1995，2003；Berman，et al.，2003）。总的研究表明，人们所拥有的语言能力与其自身收入所得正相关。除此之外，研究人员还通过理论和实证分析研究了语言歧视和语言政策等相关因素对人们收入的影响，得出的主要结论是：语言歧视导致少数民族语言群体成员在劳动力市场上被边缘化，他们的收入自然不高（Lang，1986；Pendakur and Pendakur，2002）；语言政策会影响到人们对某种语言人力资本的投资以及语言歧视的程度等，进而影响人们的劳动收入（Shapiro and Stelcner，1987；Angrist and Lavy，1997；Christofides and Swidinsky，2008）。

通过上述文献我们可以发现，语言对劳动收入的影响主要体现在三个层面上：一是语言（技能）作为人力资本的影响；二是语言歧视的影响；三是语言政策的影响。其中，直接影响来自语言人力资本和语言歧视，间接影响来自语言政策，而且语言歧视和语言政策对劳动收入的影响最终又可以归结到语言人力资本的作用上。这也体现出了语言与收入关系研究所拥有的两个理论基础：人力资本理论和（与人力资本密切相关的）歧视理论（张卫国、刘国辉、陈屹立，2007）。语言人力资本对收入的影响机理在于，语言知识可以被看作是一种技能，学习一种或多种语言是对人力资本特定形式的投资（张卫国，2008），自然地会产生经济效益。之所以发生语言歧视是因为少数民族语言人群缺乏社会主体语言的技能，而那些好的语言政策可以消除部分的语言歧视，相反，另一些语言政策则可能导致对某些可获利语言的投资成本上升，使人们无法获得该语言人力资本。可见，在对劳动收入的影响上，语言人力资本、语言歧视和语言政策三者的作用是相互交织在一起的。总之，语言作为人力资本这一观点能很好地解释不同语言群体间的收入差距问题。从这个角度看，把语言技能纳入劳动收入函数，是语言经济学的一次首创，它对人力资本理论也是一种拓展。

二、语言政策与语言规划

语言规划是指人类在一定限度内对语言选择过程进行的有意识干预。它不仅仅涉及语言本体规划，还更多地关涉透过语言问题对人与人以及社会之间关系的调整。语言政策和语言规划的传统研究主要立足于语言学理论，往往强调这一领域的概念和基本范畴，但是在公共政策的宏观层面上除了政治辩论之外很难提出切实可行的措施，特别是在语言政策的评价方面，相关评价方法略显不足。随着经济发展和社会进步，国家语言文字工作中出现了很多新问题，产生了许多新需求，传统语言规划理论日渐无法顺应这种新形势，语言政策和语言规划的经济学分析便应运而生，并给语言政策与语言规划研究带来了新的思路。

据格里（1996c）考证，托马斯·索本（Thomas Thorburn）是经济学家中运用成本—收益分析方法分析语言政策的第一人。索本（1971）提醒人们，在评估语言政策的成本与收益过程中存在着大量的复杂问题。格里（2000）把术语“供给”和“需求”移借到语言问题上来，他认为特定语言活动可以产生对特定语言产品的需求，进而人们可以从语言政策的角度分析这种产品的供需。如果某种语言政策失效，可以观察该政策是否完全偏向于或排除了供给与需求的某一方。因此，语言政策和语言规划的经济学分析至少在两个方面显得有用（Grin，1996b，2003）：一是在理解语言相关的选择过程方面。语言经济学有助于理解究竟是这些选择影响了经济因素（如语言对劳动收入的影响），还是经济因素影响了这些选择，如经济对语言的促进（Grin，2008）、国际贸易与语言传播的相互作用（Melitz，2008）。二是在选择、设计和评价语言政策方面。语言经济学可以为语言政策分析提供最主要的分析工具，并应用到它的事前选择与设计以及事后评价中去。关于事前选择和设计，理性选择理论有助于找到最为可行的方案和实施方法；关于事后评价，经济学的成本—收益分析可以使结果指标与每项政策的成本联系在一起，使我们能够拿出一个标准来比较那些完全不同的政策。因此，语言经济学的介入有助于探究那些关于语言政策和语言规划的选择和设计的实际问题，而不是停留在政治辩论的层面上。随着语言经济学关于语言回报率（Grin，1995）、语言政策效果评价（Grin and Vaillancourt，1999）、语言政策成本和收益的测算（Vaillancourt and Coche，2009）等研究的不断深入，困扰着语言规划研究人员的众多难题有可能得到较好的回答或解释。

当然，语言政策和语言规划的经济学分析也存在着一些问题，其中之一便是建模中的变量选择问题。应该选择哪些变量而舍弃哪些变量，这是有效建立模型将要面临的首要任务。经济学模型有可能略掉或忽视一些语言学或政治学的相关变量，但这并不意味着它们是不重要的。因此对语言政策进行经济分析，在建模中还必须引入社会语言学的概念和知识，使语言经济学真正地融入语言规划这门跨学科的研究之中。

三、语言的动态发展

语言动态发展问题原属社会语言学问题，与语言政策和语言规划也密切相关。马尔萨克在 1965 年最初提出的“为什么有些语言很好地保存下来，而有些语言却逐渐消亡”就是一个语言动态发展的问题，这一问题在经济全球化的情境下日益突出，尤其是语言的消亡在多大程度上与经济相关。传统的社会语言学研究一般只停留在对上述事实的描述上，或基于“语言是一种非物质性文化遗产”的观点，主张对趋于消亡的语言进行保护，但是它们对语言消亡的根本原因把握不足。从经济学角度分析语言动态发展则很好地弥补了这一不足。语言融合是语言动态发展的一个重要话题。布雷顿（1998）和拉兹尔（Lazear，1999）较为详细地分析了语言和文化融合中的经济因素。考虑这样一种情况，一个群体由 n 个人组成，每个人的语言不同，但是每个人都有与他人交流的愿望或原因。为了保证交流有两种可能的安排：第一，每个人都去学习群体内的 n-1 种语言；第二，每个人都去学习一种共同的第二语言。无疑，无论是从个人的角度，还是从社会的角度，第二种安排更有效，也更容易实现。在经济的作用下，各种语言有一种朝着共同语言发展的趋势，这种共同的语言就是通用语。单从经济的角度来说，通用语能节约成本，特别是交易成本。在某一时期同一个地域可以存在着多种通用语，然而科技的发展、政治经济文化强国的出现以及社会变故（如战争等）会使通用语的数量减少，使某一种通用语的网络外部效应被放大，结果有可能会产生唯一的通用语，如较早的拉丁语、18 世纪至 19 世纪初的法语和今天的英语。

少数民族语言生存问题，即濒危语言问题，是语言动态发展的另一个主要话题，它与语言融合密切相关。格里（1990）曾借鉴了贝克尔的时间分配理论，讨论了贝克尔时间分配模式下的少数民族语言的使用。格里认为双语者在日常生活中采取何种语言进行交流是在该条件下效用最大化的结果。格里通过建模又讨论了少数民族语言“生存门槛”的问题。与以往社会语言学研究不同，格里认为衡量少数民族语言的生存门槛，不能单纯地采用那些简单的一维指标，比如既定时期内讲少数民族语言的人口比例。新近的研究（张卫国，2010）则在布雷顿（1998）和拉兹尔（1999）的基础上更为深入地分析了经济因素对少数民族语言生存的影响，并找到了少数民族语言在生存和被同化之间的临界点。

综上，对语言的动态发展加以经济学解释，有助于更好地理解和把握语言动态发展的实质。当然，如何有效地让语言的发展有利于经济，也需要适当的语言政策来干预或相应的语言规划来完成。

四、博弈论在语言学问题上的应用

一般来说，对语义、语用及语言结构等问题的研究是语言学的任务，而近年来以鲁宾斯坦（Rubinstein）为代表的一批学者一改语言学传统的分析方式和风格，在研究方法上大胆地尝试主流经济学的博弈论模型，探究语言的数理性质及其形成和演化机制等。

（一）语言、意义与博弈

在鲁宾斯坦（1996，2000）之前，博弈论的相关讨论已经涉及语言与意义等方面内容，只不过没有人像鲁宾斯坦那样正式地提出这一话题。早在谢林（Schelling，1960）提出聚点均衡时，人们开始注意到事前不花成本的廉价磋商（cheap talk）是解决博弈中纳什均衡多重性的一种方法。事前交流的工具或手段无疑是语言，因而对廉价磋商的讨论是语言与意义博弈分析的最早雏形。但主流经济学的廉价磋商研究是在博弈论纯理论框架内进行的，重点在于讨论它的廉价性（无成本无约束）和磋商性（直截了当地清晰交谈，即无中介、无信任成本且支付不相关），以及廉价磋商能否使博弈达到唯一纳什均衡（详见 Crawford and Sobel，1982；Aumann and Hart，2003，等等）。换句话说，在上述文献所讨论的廉价磋商过程中，局中人所使用的语言（发送的消息或信号）都被赋予了先验的意义，即假定语言是无偏的、一一对等的且不存在欺诈性。

鲁宾斯坦（1996，2000）的贡献在于他打开了语言内部结构的黑箱，使我们更好地理解词语意义的生成及演化。鲁宾斯坦（2000）的研究表明：人的语言或思维结构中实际存在着某种线序（linear ordering）最优二元关系，即“当且仅当一个二元关系是线序时，它可以让（语言的）使用者能够指出全集的任意子集中的任意元素。在标示每一个子集的每一元素上，线序是最有效的二元关系”。至于自然语言的意义是如何确定的，鲁宾斯坦（2000）认为，词语的特定含义均是由在该语言演化的最优过程中所形成的演化均衡而确定的。尽管这一推论存在着这样或那样的问题，[①] 但鲁宾斯坦的原创性研究打破了人们的传统思维定式，为语言经济学乃至语言学研究都提供了有趣的观点和新的研究方向。

与鲁宾斯坦（1996，2000）类似，布鲁玛（Blume，2000）正式地将语言数理形式化，认为语言是有限事物集等级的一个集合。布鲁玛认为在丰富多变的环境下，语言是不完整的，且对结构具有依赖性，但是具有创造力的语言还是可以从共同知识结构中产生，即使那些结构和以往的语言并不一致。这种观点与布鲁玛（2000）的讨论——存在着演化力量，使那些二元关系功能上为“最优”的结构更易于在自然语言中被观察到——是相近的。不过与鲁宾斯坦等人相反，里普曼（Lipman，2009）利用标准的信号传递博弈模型分析了语言的含糊其辞问题，他认为语言的模糊性存在着某种次优，特别地，如果说者无法知道听者将所听信息再次传递的所有可能语境，含糊其辞就是最佳的；语言的这种模糊现象源于人们的有限理性。德•嘉禾（De Jaegher，2003）则给出了语义模糊的博弈逻辑，认为适当的含糊有助于解决博弈双方的利益冲突。

---

① 单凭建模的演化力量不足以赋予词语以意义。鲁宾斯坦 (2000) 也注意到了这一点，他引出了三种批判观点，希望能得到广泛的讨论：第一，生物能力能否与建模的演化力量一致还没有得到生物学证据或者直觉性证据的证明； 第二，他所分析的情形还不够普遍化； 第三，用演化力量来解释自然语言中术语的出现，不仅需要解释人类语言的存在，还要解释动物之间语言的不存在。详见鲁宾斯坦 (2000) 。

（二）博弈与语用策略

语用学（Pragmatics）研究的是语境对话语解释的影响。其中，格里斯（Grice,1989）的会话合作原则具有重要地位。语言学方面，帕利克（Parikh,1991）最早将博弈论和格里斯的合作原则结合起来，发展出了主要研究交际中语言策略优化问题的博弈语用学。关于交际中的策略优化，经济学或博弈论文献中较早的相关研究有米尔格绒和罗伯特斯（Milgrom and Roberts，1986）、申恩（Shin，1994）等的研究，但他们的主要出发点是博弈理论而非语用学。这是语言学文献和经济学文献之间的一个分歧。语言学文献关注博弈论在语用学中的应用，试图用博弈论来解释或指导语用现象；而经济学文献更倾向于研究或解释博弈策略本身。

鲁宾斯坦（2000）、格雷泽尔（Glazer）和鲁宾斯坦（2001，2004，2006）尝试在经济学和语言学文献间做出调和，他们的出发点是辩论中的语用逻辑解释。鲁宾斯坦（2000）发现，格里斯的理论并不适用于辩论。辩论往往是指这样一种情形，即在一些问题上持有不同意见的两方进行争论，任何一方都通过列举对自己有利的论据试图说服第三方（听者）支持他们的观点或立场（Rubinstein，2000；Glazer and Rubinstein，2006），也就是说，辩论具有兴趣冲突的特征。而格里斯的会话逻辑是基于合作原则的，基于交谈双方对谈及事物有共同的兴趣。这就引申出一个重要命题，即陈述作为论据在辩论中的意义和在普通会话中不同。证据力相等的论据通常由于辩手的策略不同，导致其力度变化，使得听众做出错误的判断。因此，听众如何优化策略以最大限度地降低因辩手的举证策略造成做出错误判断的概率（Glazer and Rubinstein，2006），是博弈语用学所忽视的，这也正是格雷泽尔和鲁宾斯坦近年来在一系列研究中所关注的。具体说来，鲁宾斯坦（2000）正式地将辩论定义为扩展博弈型，将辩论视为一种机制，它被设计来从辩论者那里提取信息。研究结果表明：任一最佳辩论过程都是序贯博弈，而且存在着一个非对称的对待局中人的说服原则（Rubinstein，2000；Glazer and Rubinstein，2001，2006），在序贯辩论中还存在着一个最优机制，即存在着说者的一个最优策略引诱出听者的信念，让听者知道遵循这个机制是最优的（Glazer and Rubinstein，2004）。

关于辩论语用策略的研究在语言学文献和经济学文献中都具有理论增量。在语言学文献中，它们属于博弈语用学的范畴。语用规则决定了交谈参与者间的博弈，抛开语用规则的产生过程，将这些规则与理性的谈话人为追求谈话中的效用最大化所选择的规则进行对比本身就是有趣的（Glazer and Rubinstein，2006）。在经济学文献中，它们则有助于人们更深层地理解信号传递博弈以及委托代理模型中信息发送和接受的机制。目前博弈论应用于辩论语用策略方面的研究主要停留在两类情况上：一是双方博弈，甲方试图说服乙方采取某种行动或接受甲方的立场，即辩论者间的影响，而非影响第三方（Glazer and Rubinstein，2004，2006）；二是三方博弈，甲乙双方试图影响第三方的行动而进行的辩论或廉价磋商（Rubinstein，2000；Glazer and Rubinstein，2001；Spector，2000，等等）。

第三节　语言经济学的概念及边界界定

关于语言经济学，到目前为止有以下三种提法：一是语言的经济学（Economies of Language）；二是语言（学）经济学（Linguistic

Economies）；三是经济学与语言（Economies and Language）。

格里将语言的经济学定义为“理论经济学的一种范式，在对表征语言变量的关系研究中，使用经济学的概念和工具。它主要侧重于经济变量起作用的那些关系”和“经济学的特点不在于它研究的话题，而在于研究那些问题所采取的方法，从这个意义上说，把经济学论证推理方法应用到语言问题就成为语言经济学的一部分”。北美和北欧等地区所进行的研究基本是集中在格里所定义的语言的经济学框架之内的。按照格里的定义，可以推出，人力资本理论框架下的语言经济学分支对诸如语言政策分析、双语或多语对收入的影响及语言和经济发展之间的关系等方面的研究，即利用经济学的理论、方法和工具把语言作为一个变量、一个参数来分析语言对经济的作用与影响。其主要依据是人力资本理论，在某种程度上，它既属于语言经济学领域，也属于传统微观经济学的内容。

从字面意义上看，语言经济学是从语言的角度来研究经济或经济理论，既可以被理解为研究语言经济的学科，如语言的经济价值、语言学习培训的经济效益等，也可以把语言分析作为经济学的一种方法，从这一点看，经济学的修辞研究可以算是语言经济学的一部分，但又不局限于此，还可以从语言角度出发，用经济学的方法来解释语言（如语言的演变、发展）等。可见，它和语言的经济学有相互独立的部分，也有相互交叉的内容。

经济学与语言是一个较宽泛的名称。亨德森、杜德利•伊万斯和白克豪斯在 1993 年编辑过一本题为“经济学和语言”（Economics and Language）的文集，里面收集了许多关于经济学修辞的文献；鲁宾斯坦 2000 年文集的名称也用的是“经济学与语言”。在鲁宾斯坦这本文集中，他首先对语言自身结构及语言问题进行了经济学分析，包括语言的语义性质选择（日常语言中的二元关系的结构）、演化策略对语言的意义的影响（词语含义的演化发展）、语用学中的策略考虑（语用学的博弈论思考），然后对经济学的语言进行了反思，讨论了决策与语言（经济人的语言）和博弈论的修辞学问题。可以看出，之所以选择以“经济学与语言”为题，一是因为文集中的讨论不仅涉及语言的语义、语用及演化问题，还对经济学的语言进行了经济学分析。文集中分别使用了语言的经济学和经济学的语言两个一级标题加以区分。二是因为书中内容和传统的语言的经济学没有必然的联系。鲁宾斯坦坦言：“尽管是相同的标题，但是这些问题（格里等人研究的语言‘经济变量及相关问题’）和我在本书中所表达的兴趣相去甚远。”同时，鲁宾斯坦强调，书中“经济学与语言”标题下虽然涉及了几个完全不同的问题，却没有涉及这个大标题下所可能包含的全部问题，譬如格里等人的研究内容就被忽视了。这也就是说，在鲁宾斯坦看来，经济学和语言的范围要大于语言的经济学。

为什么此“语言经济学”非彼“语言经济学”？为什么同是语言经济学，提法却不同？事实上，这也不足为奇。前面提到语言经济学是一个宏大的题目，包含的内容非常宽泛，自然它所研究的具体方向就会有很大不同。作为信息经济学的开拓者，马尔萨克是在研究信息经济学的过程中提出了对语言效率及优化的经济学思考；布雷顿和格里等人是从人力资本的角度探讨语言在经济发展中的作用，迈克洛斯基对经济学的语言进行修辞反思；而鲁宾斯坦是用规范的经济学方法分析语言本身及其生成演化问题。这正是鲁宾斯坦的创新所在。从某种意义上说，鲁宾斯坦为语言经济学开拓新的研究领域做了有益的尝试，将语言经济学上升到了一个崭新的理论高度，使其成为真正意义上的语言经济学。

综上，我们对语言经济学的定义是：宽泛地说，语言经济学是采用经济学的理论、方法及工具，把语言和言语行为当作普遍存在的社会和经济现象来加以研究的一个经济学分支学科。

语言经济学可以分为广义语言经济学和狭义语言经济学。广义上，从经济学角度来研究语言本身，或者研究经济或经济关系与语言及言语行为的相关性，可称之为广义的语言经济学，即用经济学的理论、方法来研究语言和言语行为的产生、发展与变迁，或研究语言及言语行为对经济理论、方法或经济绩效的影响与作用（最终要归结到这两点上，否则不能称之为“经济学”）的经济学。广义的语言经济学用英文“Language and Economies”来表达比较合适。狭义的语言经济学就是对广义的语言经济学具体领域或分支的研究深入。语言的经济学、语言经济学、经济学与语言相对语言都是狭义的语言经济学，其中语言的经济学和语言经济学有着共同的交集，二者又都包含于经济学与语言之中。

语言经济学也可分为理论型语言经济学和应用型语言经济学。理论型语言经济学，顾名思义，就是从理论上阐述语言经济学的经济学观点和方法论，或用经济学理论来解释语言本身这种社会现象。它的研究内容大体上体现在三个方面：第一，语言本身及其相关问题的经济学研究，如用经济学的理论方法来分析语言的产生、发展及变迁等，经济学语言的经济学分析和语言的制度经济学分析；第二，经济活动中的语言因素研究，如语言及言语行为对经济活动和经济行为的作用与影响以及经济活动中的语言要素问题；第三，经济学与语言科学理论方法相互交叉与融合的研究，并有可能上升到哲学层面，如语言经济学的学科性质、地位、研究对象和方法及其与相关学科的关系，以及语言学的基本概念、定义如何在经济理论与实践中赋予经济意义等问题。凡着重于语言经济学理论对社会与经济活动的指导、实践和应用，解决经济与社会现实中遇到的语言问题的研究都是应用语言经济学的内容，如语言政策和语言规划制定与实施中的经济学分析、语言文字（特别是汉语言文字）改革和推广的经济学成本—收益分析、外语教育与教学中的某些实践问题（如外语教育产业的开发）等等。

第四节　语言经济学的研究方法

目前，就语言经济学的研究方法的讨论还为数不多。格里（1996a，1996b）笼统地强调语言经济学的研究方法采取的是新古典经济学的方法，包括前提假设和论证过程。在国内极少的文献中，有的学者提及了实证研究、规范研究、成本收益分析和比较分析等（如许其潮，1999）。其实，经济学方法论是有层次性的（黄少安，1995）：一是经济学的哲学基础或哲学意义上的方法论；二是经济学的思维原理方法，即经济学家从事理论研究、构建理论体系方法；三是经济学的技术方法，即为了使经济学理论精确化、趋于完善，而对特定研究对象所采用的具有技术性的具体方法。按照黄少安对方法论的分类，实证研究和规范研究是第二层次的方法论，成本—收益分析和比较分析是第三层次的方法论。我们认为，这几种研究方法对于语言经济学来说，还远远不够。对于经济学研究所共有的许多第二、三层次的研究方法，语言经济学都可以拿来使用和借鉴，如归纳和演绎、历史分析、动态—静态分析、制度分析、宏观—微观分析、演化分析等方法论第二层次中的方法；再如，数理分析、个案分析、边际分析、均衡分析、心理分析等方法论第三层次中的方法。除此之外，语言经济学还应考虑第一层次的方法论问题，也就是基本方法论。第一层次的方法论对经济学家的思维、经济学的发展都有着巨大影响，它是哲学方法论在经济学家意识中的体现，可以给经济学和经济学家提供认识世界的方法模式。语言经济学的基本方法论问题可以考虑对研究对象的哲学思考、如何认识语言经济学的学科性质、如何看待语言经济学中的主客体等，这有助于经济学家选择和提出正确合理的理论假设，进而指导语言经济学的发展。

另一个问题是语言经济学研究有没有自己独特的研究方法？三个层次上的方法论有时可以在不同的经济学流派或分支之间通用，也有一些具体的研究方法是某些研究领域在通用的研究方法上首创的。例如，新制度经济学中的交易成本分析法，就是借鉴了成本—收益分析法并加入交易成本这个概念形成的。当然，它现在也已经被其他研究领域经常借鉴。语言经济学是一门新兴学科，有着独特的研究对象，在具体的分析研究中，有可能会形成一些独特的研究方法。目前来看，语言分析、修辞分析已经被纳入对语言与经济理论的关系分析中来，尽管这两种方法早已在文学等学科中出现，但它们却是经济学其他分支或研究领域所没有涉足的。语言分析、修辞分析能否成为语言经济学的独特的研究方法之一，并被主流经济学认可或对经济学其他分支学科产生革命性的影响，还需时间来证明。可以预见的是，语言经济学具有极为广阔的研究前景，诚然，它还有很长的一段道路要走。

此外，在把经济学应用到语言领域的时候，还有一个问题值得我们思考。我们承认经济学的理论和方法有着很强的解释力，但有时不能盲目地把经济学的一些模型应用到某些语言问题上，特别是当某些抽象的概念或术语本身就带有模糊性的时候，比如语言中的某些需要定性分析的情感、心理等特征不能强加到经济学中常用的定量分析上来。语言是一个特殊的研究对象，语言经济学的研究应该做到大胆假设、小心求证。

第五节　语言经济学与其他学科之间的关系

从语言经济学的发展上看，它和（语言）哲学、社会语言学乃至制度经济学都有一定的联系和交叉，它们或多或少都会关注语言。同时各学科的取向不同，使语言经济学又必定不同于这些学科。

经济学中的语言倾向在一定程度上受哲学的语言转向影响，尤其是对经济学语言的经济学分析（包括修辞分析），从某种程度上说，这属于方法论的问题。方法论问题也就要涉及哲学问题。语言经济学和（语言）哲学都关注语言，语言哲学的中心命题之一就是探究语言与世界的关系。哲学家通过理解语言来理解世界，关注的是概念思辨，可以为语言经济学提供一定的哲学基础或方法论的指导，经济学家也可以利用经济学的方法和工具证实或证伪某些哲学方法论。事实上，鲁宾斯坦所关注的语言问题，正是当今语言学和语言哲学交叉处的一些深层问题：人类为什么会有着共同的或特定的思维形式？词语为什么会有确定的意义？这些问题是语言学家乔姆斯基的“普遍语法”和先天“语言官能”想要解决却又没有完全解决的问题，同时也直接和当代语言哲学家们所进行的某些争论密切相关。对于这些问题，语言学家、哲学家和经济学家是沿着各自的思维方式展开的，那么，经济学家对语言问题的分析也极有可能拓宽（语言）哲学的研究思路。拿词语的意义来说，哲学家和经济学家的理解各有不同。维特根斯坦说："我们不应该忘记，可以这么说，一个词的意义不是由某种独立于我们的力量所赋予的，因而也不能用科学的研究来探讨一个词的真正意义。一个词的意义是由某人给予的。"而鲁宾斯坦通过博弈分析得出的结论却是：任何词语的特定含义均是通过某种语言演化的最优化过程而形成的演化均衡而确定的。

社会语言学不同于语音、语义和句法的普通语言学，它是"联系社会研究语言的一门学科"。社会语言学基本包括两方面，一是社会语言学（social linguistics），其基本含义是：从语言的社会属性出发，用社会学的方法研究语言，从社会的角度解释语言变体和语言演变；二是语言的社会学（sociology of language），其基本含义是：从语言变体和语言演变的事实，来解释相关的社会现象及其演变和发展的过程（游汝杰、邹嘉彦，2004）。简言之，社会语言学既从社会研究语言，又从语言研究社会。语言经济学的工作往往同社会语言学的工作混合在一起，但语言经济学的研究方法更针对经济学本身。语言经济学可以在借鉴社会语言学已有成果的基础上为社会语言学提供新的视角和思路，也可以带来新的分析工具，和社会语言学形成互补与协作关系；社会语言学对语言与社会、文化、政治之间关系的研究则为揭示社会语言与经济学之间的关系提供了帮助。我们有理由相信，语言经济学将被证明对语言学家和经济学家都有所帮助，语言学与经济学的成功联姻会给两个学科之间的广泛协作提供令人激动的机会。

语言经济学和制度经济学之间存在着一定的关系吗？回答是存在关系，不仅有关系，且关系甚密。从上文语言经济学的发展脉络中可以看出，目前语言经济学理论主要集中在语言与经济发展、语言政策和语言规划的经济学分析、经济学语言的修辞及语言的博弈分析等方面，但并没有或极少涉及把语言当作制度进行制度经济学分析；而制度经济学以制度为研究对象，也没有专门地对语言这种制度进行分析，在探寻制度对经济绩效的影响时，更没有把语言这种制度考虑进去，这不能不说是一大缺憾。因此，探究语言的制度属性是一个非常值得研究的问题。下一节中我们将谈到，语言是一种制度安排，是一种“元”制度，即制度中的制度。从这个层面上说，把语言作为一种制度进行经济学分析是可行的，进而语言制度也应该是制度经济学和语言经济学共同关注的话题。语言对经济学的制度分析非常重要。语言经济学如果结合制度经济学的理论范式，从语言的制度性质入手，探究语言与制度的内在联系，无论是对制度经济学，还是对语言经济学都具有重要的理论价值；而制度经济学如果能从分析语言的过程中，找到新的理论突破点，也将具有划时代的意义。

第六节　语言经济学在我国经济建设中的作用

语言与经济学的融合，作为一种新的教育手段对我国的经济和发展有一定程度的促进作用。调查发现，在我国，随着平均受教育人口的增加，人均可支配收入也随之增加，且二者成正比例增长关系。这说明教育本身能够提高个人劳动水平。

另外，语言学理论的发展，对我国对外汉语教学具有理论和现实的指导意义。我国是发展中国家，这决定了我国的语言不可能强制地被其他发达国家接受，而相反，我们不得不去学习发达国家的语言以达到经济发展的利益最大化。因此，根据我们自身的语言特性制定相关的语言政策和语言规划，能够对我国语言的发展起到一定的作用。应该根据经济状况，结合我国的基本国情，指导多元化语言的发展和外语的学习。对外语的学习，应该做到：重视语言人力资本投资的方向，切实联系语言政策和规划选择合理的外语学习方法，体现人力资本投资的经济价值。外语的教育应该与社会经济协调发展，另外，注重外语教育的经济效益投资，在师资力量和学生素质、教学方法和内容上，任何一个方面的改进提高都会对教育起到正面的促进作用，教育应该重视师资投资、课程设计投资等。针对这些原因，我国的外语基础教育应该切实从经济利益出发，做到努力增强师资建设，体现外语教育的实效意义；积极改进教材的整合建设，重点加强基础性构建；结合我国的基本国情探索适合我国的教育教学方法进行外语学习；重视学生综合外语知识素质的建设，改革考核考察方式。

以经济学术语来解释教育，教育就是作为人力资本的经济概念进行的投资，努力加强教育手段，将语言经济和教育相结合，实现投资与收入的帕累托最优，不论是在自身社会建设、文化传播、技能知识扩展方面，还是在我国经济建设、对外经济发展等方面，都有积极的促进作用。

语言学同经济学一样具有网络外部性。在语言经济学中，语言被作为一种人力资本的投资，会在社会的各个层次中得到应用，对个人而言，它可以增加对外效益，了解各国文化；对社会而言，它可以促进地区、民族、国家的经济交流，促进经济和文化的互相沟通。同时，作为一种劳动技能，可以在经济活动中产生出自身的经济效益。这就要求我们对语言的学习不能仅仅局限于语言本身的学习，还要通过外语的学习，才能达到语言上的均衡，可见语言的这种相互间的外部性是与生俱来的。另外，在经济领域中的网络外部性，在语言学中同样适用，语言的网络外部性存在网络正外部性和负外部性，当一个群体中的语言被很多人分享的时候，给这个群体带来的收益是很大的。

语言经济学的研究是一种体现二者网络外部性的共同方向，不仅在我国自身的语言同化与文化融合方面起到重要的作用，而且能够对我国的对外发展起到积极的促进作用，在文化语言的社会交流方面和经济的生产技能方面也能进一步推动国际化和全球化。通过语言变迁达到语言的融合，最后引起文化的融合，这对促进本民族文化和了解外国文化都有很好的指导价值。

第二章　高职英语教育现状

高职英语课程是高等职业教育学生必修的一门公共基础课程，是为培养面向生产、建设、服务和管理第一线需要的高素质技能型人才的目标服务的，是培养高职学生综合素质、提升职业可持续发展能力的重要课程。

高职英语课程的教学目标是在中等教育的基础上，培养学生的英语综合应用能力，特别是在职场环境下运用英语的基本能力。同时，提高学生的综合文化素养和跨文化交际意识，培养学生的学习兴趣和自主学习能力，使学生掌握有效的学习方法和学习策略，为提升学生的就业竞争力及未来的可持续发展打下必要的基础。2010年，国务院颁布了《国家中长期教育改革和发展规划纲要（2010—2020年）》（以下简称《纲要》）。作为规划未来教育发展的纲领性文件，《纲要》就有关高等教育的发展和改革做了新的重要的部署，明确了发展职业教育的重要性，第一次将职业教育放到与学科教育并重的位置。《纲要》同时也指出现阶段我国的高等职业教育存在一定的问题：教学机制脱离生产实际，课程定位不准确，订单教育、产学结合尚未有效实施；培养目标没有真正面向各行各业，教学目标不明确；产学结合没有真正落到实处，没有形成企业参与职业教育的有效机制等等。

第一节　高职英语课程设置现状

高职院校的英语课程设置必须遵循几个依据：其一是满足社会需求；其二是建设合理的学科；其三是重视人格取向；其四是尊重学生个性化发展。但纵观高职英语公共课程的实际设置情况，却发现与理想状态相距甚远。

英语基础课程教育设置的单一性，影响了对学生英语综合运用能力的培养。而《高职高专教育英语课程教学基本要求（试行）》（以下简称《基本要求》）对高职高专英语的课程设置总体来说也较为简单——只有基础英语教学，并无涉及与同等职业教育相关的课程要求，只是单纯地完成《基本要求》的基本规定，没有具体的操作。

缺乏专业性和职业性的课程内容设置。目前大多数的高职院校的高职高专英语教学的课程内容都缺乏实用性和针对性。大部分的教材也没有突出职业教育的特点，虽然有部分高职英语教材涉及了职业教育但是知识和内容却相对晦涩难懂。目前在使用的教材都有一个共同的特点：教学内容以基础英语教育为核心、以语言知识点为主导，练习的设置模式与考试的题型和内容相关；与社会需求和就业技能相关的课程内容涉及很少。

课程设置不能做到因材施教。通常情况下，对于新生而言，一年级需要选择适合自己英语水平的等级进行学习，然后每一学期的课程等级上升一个层次，一般是以达到四级水平作为要求。换言之，每个大学生都必须修满基础英语的学分。不难发现，在这一过程中出现了一定的问题，其中比较突出的就是学生的英语水平参差不齐。假设在分班的时候把大家笼统地随机分配，就会使得一个班级中的学生英语能力差异较大，而教师的教学标准一致，最终使得很多英语基础较差的学生丧失学习兴趣。

高职高专应用性英语课程缺乏。绝大多数高职院校开设英语课程的学年很少，多数只有一年时间，主要是学习基础英语，阅读成为主导，占据了其绝大多数的英语学习时间。这就直接导致了学生缺乏写作和听说等方面的能力，进而使得学生的英语实际应用能力偏低。

第二节　现有高职英语教学模式

理想的教学模式应体现以学生为中心，遵循融“教、学、做”为一体的教学理念，注重培养学生的语言应用能力，加强对听说能力的培养和训练。院校应积极引进和使用计算机、网络技术等现代化教学手段，开发和利用数字化教学资源，构建适合学生个性化学习和自主学习的新的教学模式，培养学生的自主学习能力；借助虚拟现实技术构建仿真的职业工作场景，提高学生的职场交际能力；采取灵活多样的教学方法，因材施教，加强教学互动与学生协作学习；重视学习方法和学习策略的指导，调动学生学习的积极性；要营造良好的英语学习氛围和组织丰富多彩的英语课外活动，指导学生参加国内外各类英语技能竞赛，使之成为英语教学的有机组成部分。目前我国高职公共英语课堂有以下几种教学模式。

一、传统英语教学模式

传统的英语教学模式 PPP，即讲解（presentation）、练习（practice）和输出（production）。这种教学模式注重知识传授的系统化，可以使比较多的学生能够在比较短的时间里，获得大量的知识，授课对象多，信息量大，知识系统强。讲授法还有助于培养学生的逻辑思维能力，能够在传授知识的同时寓思想教育于教学之中，有针对性地开展思想教育、人格教育等，全面培养学生。它的效率高、成本低、通用性强等最为独特的优越性决定了其在高等教育中的地位。但是它也有自身难以避免的缺陷：这种教学模式通常有三个中心，即“以语言知识（或语法）为中心”“以教材为中心”“以教师为中心”。它采用的“粉笔 + 黑板 + 课本”的枯燥、单一的英语课堂教学，忽视了英语的基本功能即表达功能；忽视学生在教学活动中的主体作用；忽视对学生学习英语兴趣的培养。这是现在需要进行改革的模式。教学应该以学生为主体，学生是意义的主动建构者，而教师只是意义建构的指导者和促进者。同时强调教师和学生的互动和协作关系，并在此基础上形成教学中的互动教学模式。

二、多媒体辅助下的传统公共英语教学模式

计算机辅助教学（CAI）或多媒体教学是一种新型现代化教学方式，也是未来世界教育技术的新趋向。CAI 的兴起是整个教育界信息革命最有代表性的产物。计算机辅助教学具有形象性、多样性、新颖性、直观性、丰富性、趣味性等特点。这种教学形式能把有关文字、图形、图表、声音、音乐、语言等按一定的逻辑次序，根据预先的安排或现场反馈把这些资源逐步呈现给学生，使英语课“费

时较多，收效较低”的现象得到极大的改观。同时，它能激发学生的学习兴趣，使他们能真正成为学习的主体，变被动学习为主动学习。但在具体的操作过程中，由于教师的传统的教学观念仍然存在，课堂教学过程中仍采用旧的教学模式，在使用多媒体的过程中难免出现一些问题，比如说有些教师为了体现教学手段的现代化，在一堂课中尽可能多地使用计算机多媒体，甚至误认为，多媒体用得越多，学生参与率就越高，所教授的语言材料越易于让学生掌握，效率就越高。实际上，在这样的教学过程中，有可能忽视了学生主体地位和教师主导地位的统一，片面地重视了其中的一点，而忽视了另一点。还有一些教师认为只要教学手段先进了，教育思想便也先进了。于是有些教师借着多媒体辅助教学这一现代教学手段，实施传统的教学。教师依然是教学的中心，学生依然是被动的接受者，“灌输式”“填鸭式”“一言堂”的教学现象依然存在。

三、“任务型”教学模式

以任务为中心的语言教学思路（The Task-oriented Approach）是近 20 年来语言交际教学思路（Communicative Approach）的一种发展形态。它把语言应用的基本理念转化为具有实践意义的课堂教学方式。“任务型”教学模式是指教师根据课程的总体目标并结合教学内容，创造性地设计贴近学生实际的教学活动，吸引和组织他们积极参与。这种课堂模式分为前任务（pre-task）、任务环（task cycle）、后任务（post-task）三部分，即由教师引入任务，由学生执行，然后学生在教师指导下分析和操练。但是任何一个任务型语言教学的课堂活动应当在这一模式下有更具体、实际、有特色的内容。教师如何引入任务，学生如何执行，师生进行怎样有效的操练和评价，应当与所教授内容、与学生的具体学习情况紧密结合。学生通过思考、调查、讨论、交流和合作等方式，学习和使用英语，完成学习任务。

四、分级英语教学模式

分级英语教学模式是一种新的教学模式，它是根据国家 2000 年颁布的《基本要求》而探索得出的新型教学模式，确定了国家对高职高专层次的毕业生英语学习必须达到的要求和标准，要求各类学校必须贯彻执行。由于目前我国高职、高专和成人高校的学生的英语基础存在较大差异，入学后水平参差不齐，加之经济发达地区与边远地区也存在着很大的差异，故实施统一要求分类指导的原则，把教学要求和教学内容分为 A、B 两级。A 级为《基本要求》规定的终极要求，生源较好的学校要在较短时间内力争达到 A 级规定的教学目标。B 级为贯彻《基本要求》的过渡级，目前生源较差的学校可先参照 B 级执行，随着生源质量的提高和教学条件的改善，最终达到 A 级要求。分级教学和分类指导这两条原则，保证了所提出的教学要求既有先进性、前瞻性，也有灵活性和可操作性。分级教学是参照学生的测试成绩，将学生分为快、中、慢班组织教学，其宗旨是在不降低教学要求的同时，力求对学生实行因材施教，充分调动和发挥学生学习的积极性，提高学生英语实际应用水平，让优秀人才尽快脱颖而出，从而营造出良好的竞争环境。

第三节　现有教学评价体系

教学评价包括形成性评价和终结性评价两种形式。形成性评价为过程性评价，贯穿整个教学过程，应以促进学生学习和改进教师教学为目的，手段与形式可多样化。终结性评价为总结性评价，指课程结束时对学生的全面考核，应以评价学生实际应用英语的能力，特别是用英语处理与未来职业相关的业务能力为目标。根据职业教育特点，应积极引入多元化评价体系，加大形成性评价在课程考核中的比重，注重对学生在职场环境下英语运用能力的真实性评价，鼓励学生获取相关职业英语能力证书。现阶段我国高职公共英语教学评价体系主要有以下特点。

第一，高职院校公共英语教学评价方法主要还是依赖终结性评价，无论是课堂教学评价还是学生评价，往往以考试成绩为唯一标准，忽视了对学生实际应用能力、学习态度、学习习惯等方面的考察，抑制了学生的创造力和自我调控能力，因而也不能达到提高学生职业能力的目的，这样不仅不能满足学生对职业英语的新需求，扼杀了学生的学习兴趣，也使教师逐渐失去工作热情，对教师教学水平的提高也有局限性。

第二，公共英语教学评价的内容制定不具有专业性。忽视英语教学的特点，没有针对性的教学内容评价指标，学校常常只使用一种评价方法来笼统地评价所有学科教师的课堂教学。公共英语课堂教学具有其特殊性，一是要满足学生的职业需要，二是所讲授内容会跟随社会发展需求而不断更新变化。固定的评价模式和标准过于机械化和简单化，容易误导教师一味追求那些可视的指标项目，机械地完成教学任务，久而久之，教师丧失了在教学中发挥创造性和思考的能力，不利于课堂教学质量的提高。

第三，当前公共英语教学评价结果的使用上，主要是和教师的晋级、职称、奖金的多寡等奖惩性评价制度挂钩，学校在对英语教师课堂教学进行考核时只注重教学工作量的考核，不重视课堂教学质量的考核。因此，大部分教师将工作重点放在了与经济利益有关的工作上，对课堂教学的评价没有进行认真的反思，不通过课堂教学评价看到自己教学中的优势和不足，只是一味地应付教学工作。这不仅不利于课堂教学质量的提高，同时也使评价功能失去了真正的意义。

第四，公共英语课堂教学评价结果反馈不及时、不到位也影响着教学评价质量。评价结果的整理总是过于拖沓、反馈滞后，不能将评价结果信息及时地反映给教师，使教师不能及时根据评价结果调整教学方式，阻碍公共英语教学质量的提高。教师处于教学的主体地位，表达准确、解释清晰的课堂教学评价结果，可以提高教师对课堂教学评价的重视和参与度，从而调动起广大教师课堂教学和学生学习的积极性。然而当前的高职公共英语课堂教学评价中，评价结果的信息结果描述过于笼统单一，只用分数或排名等级来告知教师评价结果，教师无法单从硬性的成绩上发现自己在课堂教学中的不足与优势，只能增加对评价结果的不满，造成不必要的教学情绪。有些高职院校甚至将评价分数的高低作为教师奖惩的标准。此种做法，不仅削弱了教师对教学评价的参与意识，也降低了教师对提高自身课堂教学水平的积极性，阻碍了学校与教师的沟通，影响了公共英语课堂教学评价的导向与激励作用。

第四节　高职英语教师发展现状

教师素质与能力是高职英语课程教学成功与否的重要因素，教师教学理念的更新是促使教学方法和教学手段改革的原动力。英语教指委提出大力推进高职高专公共英语课程结构改革的主要思路是“基础英语＋行业英语”，同时指出基础英语阶段的教学内容可与行业英语阶段的教学内容自然衔接，或将行业英语教学渗透到教学的全过程。高职高专公共英语教学改革思路对高职高专公共英语教师提出了新的要求、新的任务和新的挑战。但与此同时，高职高专公共英语教师也面临着新的困境。

首先，由于高等职业教育实践环节的不断增加，高职院校的课内教学总学时日趋减少，致使很多院校在逐步压缩高职公共英语教学学时以让位于专业课。高职高专公共英语教师正面临着英语课程被边缘化的学科危机以及教学工作量不够的生存危机。

其次，为了满足高职高专公共英语“基础英语＋行业英语”课程教学结构的实施要求，高职高专公共英语教师需了解某一行业的基本知识（技能），而目前绝大部分高职高专公共英语教师在校学习期间接受的是传统的纯语言教育，基本属于“语言型”或“语言和文学结合型”人才，不具备某一行业的基本知识和实践经验。行业英语教学具有跨学科教学的性质，需要多学科知识的交融才能达到培养专门用途语言能力的目的。高职高专公共英语教师缺乏跨学科知识的现状也制约了其开展行业英语教学与研究，使其倍感困惑与压力。

最后，在高等教育国际化趋势的影响下，高职高专公共英语教师还面临着来自社会的空前严重的生存危机。在英语教育已经成为产业的今天，高职高专公共英语教师面临众多同行的挑战，如海归教师、外语能力强的专业人才、外籍英语教师、英语培训机构教师等。还有一部分高职高专公共英语教师不注重对相关高职教育新理念、新模式和新方法的学习与研究，难以适应“教学做一体化”“行动导向、任务驱动、项目教学”等高职教育新理念、新模式和新方法以及信息技术在教学中的应用。

第五节 高职英语教学与区域经济发展现状

“接轨市场、服务区域经济”是高职教育的核心目标，是高职教育发展的内在要求。《中国中长期教育改革和发展规划纲要(2010—2020年)》明确提出“以提升专业服务产业发展能力为出发点，整体提升高等职业学校办学水平和人才培养质量”。2011年在教育部、财政部决定实施的“支持高等职业学校提升专业服务能力”的项目中，也提出了重点支持高等职业院校“提升服务经济社会能力”。高职院校服务地方是高职发展的大趋势，是高职教育改革的必然要求。英语教学是高职教育的重要组成部分，是面向地方经济、面向产业、面向大众的高等教育形式之一，是提高学生人文素养、语言素养，培养学生职业核心能力，提高学生服务经济社会能力的重要手段。高职英语课程也应当承担起高职教育服务社会、服务区域经济的职能。

教育事业和区域经济发展彼此相连、相互影响。高职英语教育作为高等语言教育的一种，其直接目的在于为区域主导产业和经济的发展提供有效的专业知识、技能和人才的支持。区域经济的发达程度对高职毕业生英语水平和能力的要求呈正比例关系，区域经济越发达，对高职毕业生英语水平的要求就越高。区域经济发展为高职英语发展提供物质支持。地方经济发展水平越高，对各方面、各领域人才的要求也越高，企业甚至会与高职院校展开合作，开展联合办学，为高职提供资金支持等，培养更符合实际需要的高素质英语人才，这都可以极大地促进高职英语教育的发展。区域经济发展对高职英语教育产生影响，反之高职英语教育也会对区域经济发展产生影响，高职英语教育有助于构建本地区融入世界的大平台，推动进出口贸易；有利于稳定区域经济的发展和人才的需求，为区域经济输送人才，而外语人才有利于吸引外资，促进地区经济模式的转变。同时，语言的交流和丰富的外语人才存储可以吸引大量的海外游客，促进地区旅游业的发展。

在发展区域经济的同时，高职英语教育的发展也必须同步，只有在相互协调的情况下，高职教育才会为经济发展提供专业知识、技能和人才的支持，区域经济对高职教育的发展才会起到促进作用。区域经济的发展对高职英语教育提出了更高的需求，首先，对高职毕业生的英语水平提出了更高要求；其次，更强调高职英语的应用性，因而对高职英语的课程设置、教学目标以及具体的课堂教学也提出了相应的要求；最后，对高职学生的英语文化学习提出了更高的要求，进而也要求英语教师在教学中应该针对不同的文化背景展开具体的英语文化教学。

但是不断发展的区域经济与高职英语教学之间的矛盾也日益凸显。首先，高职的英语教育缺乏针对性、实效性与技术特色，高等职业教育改革中明确了为用人单位培养输送能够适应岗位和职业实践需要的职业技能型人才是高职英语教学的本质要求和最终目标。然而，当前高职院校的公共英语教学中，不仅选用的教材与专业无关，而且教学内容也缺乏专业背景，造成了高职公共英语与实践之间的严重脱节。其次，评价标准欠合理。高等职业教育要求为社会提供满足产品生产、工程建筑、机构管理、商务服务等高技能的实践性职员，这样的员工不但专业技能高人一筹，职业素质也很高，不仅可以处理专业事务，也能够参与商务社交活动。综合考虑，高职院校的英语教育责任重大。但是由于旧式的教育观念影响深刻，各高等职业教育中的英语教学只是本科英语教育的简化版。所用的教材和教学手段、教学形式普遍是简单模仿，而不是真正注重实用能力的培养，更多注重学术上的学习，建立理论体系，强化词汇和语法的练习，而没有认清英语作为一门语言的真正用途和意义所在，造成学生对英语的理解有偏差，逐渐失去对英语学习的热情。我国的英语等级测试机制也只是测试了学生的理论应用方面，主要是单词、语法和词组等，一张全国统一的英语试卷，就评定了学生的英语水平，这样的做法也是不够科学的，完全忽视了英语的实际交流沟通意义，并不利于学生的长远发展，也不能满足企业对人才的要求标准。高职英语教学不是根据专业和社会需求的实际来定，不能满足用人单位对人才本身英语能力的招聘标准。以上种种落后的、不合时宜的、不能满足社会用人机构要求的高职英语教育模式的弊端明显，社会、教育界、企业多方呼吁对高职英语教学做出改革，使之能真正准确有效地助推区域经济发展。

第三章　高职英语教学改革的经济学理据

第一节　人力资本理论

人力资本理论最早起源于经济学研究。20 世纪 60 年代，美国经济学家舒尔茨和贝克尔创立人力资本理论，开辟了关于人类生产能力的新思路。该理论将资本划分为人力资本和物质资本，认为物质资本指物质产品上的资本，包括厂房、机器、设备、原材料、土地、货币和其他有价证券等；而人力资本则是指体现在人身上的资本，即对生产者进行教育、职业培训等的支出及其在接受教育时的机会成本等的总和，表现为蕴含于人身上的各种生产知识、劳动与管理技能以及健康素质的存量总和。它体现了一种实用主义的价值观，注重效率、等级，突破了传统理论中的资本只是物质资本的束缚，这样就可以从全新的视角来研究经济理论和实践。人力资本理论是经济增长时代的里程碑。

一、人力资本理论的起源与发展

（一）人力资本理论的起源

18 世纪欧洲产业革命后，人类进入了大工业时代，生产力发生了三大变革。一是手工业生产被机械生产代替；二是经验工艺被科学技术代替；三是师徒传教被专业技术培训代替，知识和技术因素在生产中的作用越来越大。西方国家对人力资本的研究最早可追溯到古典经济学家威廉•配第，如果从那时算起到现在已有 300 余年的历史，在这漫长的历史长河中，西方国家的经济学家们对人力资本的许多方面都进行了深入系统的研究，得出了许多传世的理论成果。

这一时期的主要代表人物有威廉•配第（William Petty）、亚当•斯密（Adam Smith）、阿尔弗雷德•马歇尔（Alfred Marshall）等，这些经济学大师认为物质资本在经济发展中起决定作用，在物质资本极为稀缺的时期，他们发现了在财富创造过程中人的劳动的决定性地位，劳动才是创造价值的源泉，并指出教育与培训是人力资本形成的重要途径。

威廉•配第曾将战争中武器和其他军械等物质的损失与人类生命的损失进行比较，这是首次严肃地运用人力资本概念，是人力资本最早的思想萌芽。此外，威廉•配第将人的“技艺”列为除土地、物质资本和劳动之外的在创造物质财富过程中的主要生产要素。他认为，具有“技艺”的人在劳动过程中创造的价值比没有“技艺”的人要大得多，并在《赋税论》中提出“劳动是财富之父，自然是财富之母”的著名论断。

布阿吉贝尔也提出了“劳动时间决定劳动价值”的论点；魁奈则认为“构成国家的强大因素是人，人本身就成为自己财富的第一个创造性因素”。这些思想确立了人在财富创造中的决定性地位，同时也肯定了经济活动中人的重要作用。这些是人力资本理论的最初萌芽。

亚当•斯密则敏锐地认识到，人的知识、经验和才能对社会生产有重要作用，是一种具有生产性的资本。亚当•斯密在《国富论》中把资本划分为固定资本和流动资本，固定资本中包含了“社会上一切人学到的有用才能”。显然，斯密将人们通过学习获得的知识当作是一种固定资本，是能够得到回报的投入，把另一种“固定资本”及“人所具有的有用才能”“工人增进的熟练程度”界定为人力资本，并把人的劳动能力划归人力资本的范畴。初步的人力资本概念是他在其 1776 年出版的《国富论》中提出的。人力资本是投资的产物，人力资本投资是创造物质财富的重要手段，并提出教育与培训是人力资本形成的重要途径。斯密认为，人们学习有用的技能，是一种投资活动，学习中所花费的费用，“可以得到偿还，赚取利润”。（庞军华，2005）

萨伊在斯密的基础上做了进一步的分析。他特别强调在生产过程中人才，尤其是具有特殊才能的企业家所发挥的特殊作用。他还把科学知识作为生产力的一部分，提出了教育是一种资本，能促进生产力的发展。（李康，2004）

在阿费里德•马歇尔看来，对人力的投资是一种创造财富的重要手段。他指出“所有的投资中，最有价值的是对人本身的投资”。但他同时又指出，尽管用一种抽象的和数学的观点来看，人是资本无可否认，但在实际分析中把人当作资本，与市场的实际情况是不相吻合的。他将人的能力分为“通用能力”（General Ability），即通用的知识与智力、责任力、决策能力和“特殊能力”（Specialized

Ability)，即劳动者的体力与熟练程度。马歇尔还将“替代原理”用于说明对人力资本和物质资本投资的选择，强调人力资本投资的长期性。马歇尔主张把“教育作为国家投资”，教育投资可以带来巨额利润，并研究教育的经济价值，但他又认为人是不可买卖的，因而拒绝“人力资本”这一概念。

李斯特在《政治经济学的国民体系》中考察了教育在经济发展中的作用，区分了“物质资本”和“精神资本”两个概念，认为“各国现在的状况是在我们以前许多世纪的一切发现、发明、改进和努力等积累的结果，对前人的这些成就怎样加以运用，怎样用自己的心得加以发扬光大，无论是哪一个国家生产力的进步，都决定于这些方面的领会和深切程度”。这里的“精神资本”接近于当代的人力资本概念。(李康，2004)

从上述我们可以看到，由于受所处时代的局限以及各自研究目的的影响，古典经济学家们都未能专门地集中论述人力资本理论及其相关问题，有关人力资本的理论散落于古典经济增长理论中，并没能完整地形成系统。这是由于在当时的技术发展水平下，劳动力在经济生活中的地位不能与物质资本相提并论。这种状况一直延续到 20 世纪五六十年代。(李康，2004)

(二)人力资本理论的发展

20 世纪 50 年代后期，随着科学技术进步对经济发展的重要性增加，人力资本在生产中的地位发生了很大变化。就在这时，一些经济学家捕捉到这些变化,开始对人力资本进行系统的研究。(李康)

一般而言，以美国著名经济学家西奥多 •W. 舒尔茨于 1960 年在美国经济学年会上的演讲中提出“人力资本”一词作为人力资本理论诞生的标志。但是，舒尔茨当时未能给出关于“人力资本”的一个明确定义。他从探索经济增长的原因逐步地开始研究人力资本。舒尔茨是在经济增长领域里构建他的人力资本理论的。他发现生产力的提高不单纯与自然资源、实物资本和劳动力有关。统计第二次世界大战以后的数据发现，国民收入的增长一直比国家投入资源的增长快得多。无论是在战争中遭到重创的国家还是自然资源严重缺乏的国家，都获得了经济上的成功。那么，当传统理论无法解释时，舒尔茨认为我们一定漏掉了重要的生产要素，这个要素就是人力资本。（李雪峰，2002）舒尔茨认为：人力是社会进步的决定性因素，但人力的取得不是无代价的，人力的取得需要耗费稀缺资源。人力（包括知识和人的技能）的形成是投资的结果，并非一切人力资源，而是只有通过一定方式的投资，掌握了知识和技能的人力资源才是一切生产资源中最重要的资源。因此人力、人们的知识和技能是资本的一种形态，舒尔茨将它称为人力资本，并进一步指出人力资本的形成有保健支出、在职培训，正规教育、成人教育、就业移民，其中最重要的是正规教育和职业培训。舒尔茨在提出人力资本理论后，采用收益法对美国 1929—1957 年间的教育与经济增长关系做了定量分析，分析计算了人力资源投资中最重要的教育投资对美国经济增长的贡献，其比例高达 33%。由此可见，教育是国民收入和劳动收入增长的重要因素。这个结果后来被广泛引用，作为说明教育经济作用的依据。1963 年，他又出版了《教育的经济分析》一书，系统而全面地研究教育的经济成分、教育费用和教育的经济价值等问题。（李雪峰，2002）舒尔茨对人力资本理论的贡献在于：他不仅第一次明确阐述了人力资本理论，使人力资本理论冲破重重歧视和阻挠成为经济学上的一个新的门类，而且进一步研究了人力资本形成的方式与途径，并对教育投资的收益率以及教育对经济增长的贡献做了定量分析。由于他的这些贡献，舒尔茨被誉为“人力资本之父”。（李雪峰,2002）当然,舒尔茨在人力资本理论上也存在一些局限性。他注重宏观分析，忽视了微观分析，其理论缺乏微观的支持。他的研究对人力资本投资的诸项因素缺乏具体化、数量化，内容显得单薄了一些。在他提出的人力资本形成的途径中，只对教育投资做了深入的分析，缺乏一个人力资本形成的一般模型。他在对人力资本概念的阐述中只强调人力资本是外生决定的，但是一个范畴的产生，既有外因、又有内因，所以导致其概念模糊。这些都需要在研究中进一步明确和界定。（李康，2004）

加里 •S. 贝克尔是人力资本理论的主要推动者，他曾和舒尔茨同在芝加哥大学任教。如果说舒尔茨对人力资本的研究是宏观分析的话，那贝克尔则主要从微观层面进行分析。他在 1962 年和 1964 年先后发表的《人力资本投资 ：一种理论分析》和《人力资本特别关于教育的理论与经验分析》两篇文章，从微观上阐述了人力资本、人力资本投资等重要思想和观念。贝克尔认为，所有用于增加人的资源并影响其未来货币收入和消费的投资均为人力资本投资，决定人力资本投资量的最重要因素是投资收益率。一个人的收入水平因年龄的增长而增加，在同龄组的人口中，受教育程度越高，其收入水平也越高 ；受教育程度较高的孩子，未来的收益较多，给父母带来的效用或满足也较大，从而进一步构建了人力资本理论的微观经济基础，并被视为现代人力资本理论最终确立的标志。他的著作《人力资本》被西方学术界认为是“经济思想中人力资本投资革命”的起点。贝克尔在《人力资本》一书中，从人类家庭开始研究，并由此提出他的“时间价值”理论与儿童“量—质”权衡理论。他还提出了人力资本投资—收益均衡模型，即人力资本投资的边际成本的当前值等于未来收益的贴现值。他在人力资本形成、正规教育、在职培训和其他人力资本投资支出以及年龄—收入曲线等方面展开分析，强调了教育与培训对于形成人力资本的重要作用。贝克尔认为，当收入提高时，劳动供给者的时间价值也相应提高，同时也意味着对闲暇的需求增长，从而导致孩子的直接成本和间接成本的提高。他提醒说，较高的贴现率使父母对子女投资减少，如果逐代延续可能形成恶性循环，这正是不发达国家“低水平均衡”的根源。相反，当人力资本相对于物质资本的积累突破某一界限时，社会总的人力资本增长将达到一个“高水平均衡”，这正是目前发达国家的情况。贝克尔的理论不足之处表现在他沿用了舒尔茨的人力资本概念，缺乏对人力资本本质的分析，也缺乏对人力资本全面的研究。

美国经济学家雅各布•明塞尔（Jacob Mincer）是这一时期研究人力资本理论较突出的一位学者。明赛尔的研究从人的后天质量差别及其变化入手。他认为，工人收入的增长和个人收入分配差别缩小的根本原因是人们受教育水平的普遍提高，是人力资本投资的结果。这一研究成果证实了马歇尔等人所预期的“全民教育”和消除少数人对教育垄断的时代已经到来。他在 1958 年发表了《人力资本投资与个人收入分配》，文中首次建立了个人收入分析与其接受培训量之间关系的经济数学模型。之后，他在另一篇论文《在职培训：成本、收益及意义》中，根据对劳动者个人收益率差别的研究，估算出美国对在职培训的投资总量和在这种投资上获得的私人收益率。但遗憾的是，明塞尔的研究在当时并未引起重视。

20 世纪 80 年代以后，“新经济增长理论”在西方国家兴起，它克服了 20 世纪 60 年代人力资本理论的一些缺陷，以“知识经济”

为背景，采用了数学的方法，建立以人力资本为核心的经济增长模型。“新经济增长理论”的代表人物是卢卡斯和罗默尔。他们以在生产中累积的资本来代表当时的知识水平，将技术进步内生化，构建了知识积累模型，简称 AK（Accumulation of Knowledge）模型。

舒尔茨和贝克尔的人力资本理论中尽管也涉及经济增长问题，但没能把人力资本和教育作为内生变量，而是作为外生变量，所以也就不可能建立起定量模型。在罗默尔和卢卡斯的模型中不仅将人力资本纳入进去，并且使其内生化，同时也克服了经济均衡增长取决于劳动力增长率这一外生变量的缺陷。

人力资本理论创立后，立即引起了人们的关注和众多经济学家的研究兴趣。布劳格曾做过统计，仅 1970 年从教育角度研究人力资本的文献就有 1000 多篇，其发展势头由此可见一斑。同时，人力资本理论也向更广泛的研究领域扩展，并且形成多门经济学的分支学科。

二、人力资本理论的核心观点

（一）人力资本的含义

舒尔茨对人力资本从不同的角度下过定义。其要点是：

第一，人力资本表现为人的能力和素质，即人力资本是内含于人本身的知识和技能的存量，它体现在智力、道德、体质、知识和技能这几个方面。体质和智力主要体现了人的一种先天素质，那么知识、技能和道德素质则是通过后天努力获得的，它是先天素质的改善和提高。这几方面的素质越高，人力资本的含量越大，所具有的生产能力也越大。

第二，人的能力和素质是通过人力投资而获得的，因此人力资本又可理解成是对人的投资而形成的资本。从货币形态看，它表现为提高人力和各项开支，主要有保健支出、学校教育和在职教育支出、劳动力迁徙支出等。

第三，人的素质既定后，人力资本表现为从事工作的总人数以及劳动市场上的总工作时间。

第四，既然人力是一种资本，那么无论是个人还是社会，对其投资必然会有收益。因此人力资本是劳动者时间价值收入提高的最主要源泉。

上述可以理解为人力资本就是指知识、技术、信息、能力同劳动力分离，成为独立的商品参加市场交换，且这种交易在市场交易中占主导地位的条件下由投资而形成的高级劳动力。对人力资本的这个定义，应从三个方面去理解：

第一，人力资本是活的资本，它凝结于劳动者体内，表现为人的智能智力、知识、技能、体能，其中真正反映人力资本实质的是劳动者的智能；

第二，人力资本是由一定的投资转化而来的，没有费用的投入就不会获得人力资本，通过货币它表现为保健支出、教育支出、迁移费用等；

第三，劳动者拥有的人力资本价值，可以通过生产劳动转移交换而实现价值增值。

但有的学者对这个概念作了更深入的探讨。

一是认为人力资本分初级和高级两个层次。前者是指健康人的体力、经验、生产知识和技能。后者是指人的天赋、才能和资源被发掘出来的潜能的集中体现——智慧（周坤，1997）。

二是认为人力资本具有不同的生产力形态，提出了异质型人力资本和同质型人力资本的概念。前者是指在特定历史阶段中具有边际报酬递增生产力形态的人力资本。后者是指在特定历史阶段中具有边际报酬递减生产力形态的人力资本（丁栋虹，1999）。

三是从个人和群体角度对其下定义，前者指存在于人体之中、后天获得的具有经济价值的知识、技术、能力和健康等质量因素之和，而后者指存在于一个国家或地区中每一个人体之中，后天获得的具有经济价值的知识、技术、能力及健康等质量因素之总和（李建民，1999）。

（二）人力资本的特证

人力资本有如下特性。

（1）人力资本是一种无形的资本。人力资本是一种潜在的资本，通过使用而在生产劳动中体现出来。如果不能参加劳动，其体内的人力资本是无法发挥作用的。

（2）人力资本具有时效性。人力资本的形成与使用都具有时间上的限制。人是具有生命周期的，不同的时期，人力资本的特点和作用不一样，发挥的效能也不同。年轻的时候记忆力好、精力旺盛，但经验不足，年纪大了，经验丰富，但精力有限。所以在人力资本的使用上，不得不考虑它的时效性。

（3）人力资本具有收益递增性。人力资本和其他资本一样，是要求有收益的，而且其收益在所有的资本中所起的作用也越来越大。正如舒尔茨所认为的，人力资本经济的价值正在上升，而使劳动相对于土地和其他资本的作用日益扩大，由此很可能会带来新的制度变革。

（4）人力资本具有个体的差异性。众所周知，一个人所受的教育、家庭环境、成长经历不同，个体的心理、意识、思想甚至行动也就不同，而这些就是人力资本的重要组成部分。因此，要针对不同的人安排不同的工作，使人力资本得到合理的应用。

（5）人力资本具有能动性。人类是有意识的，在行动之前会认真思考，有意识地认识世界，有意识地改造世界，同时改造自身。

（6）人力资本具有积累性。在现实的生产活动中，各种物质资本会因为使用而磨损贬值，使用越久，强度越大，磨损程度越高。人力资本也不例外，但人力资本磨损后可以通过补充营养或者增加休闲时间来得以补充和恢复，而且通过这种磨损还可以增加经历，实现人力资本的“保值增值”。

（7）人力资本具有无限的创造性。人力资本和物质资本相结合能够创造无限的价值。人类社会之所以发展，科技之所以进步，全靠人类自身的创造性。

（三）人力资本理论的主要内容

人力资本理论是一个完整的研究框架实例，它主要包括：

（1）人力资源是一切资源中最主要的资源，人力资本理论是经济学的核心问题。

（2）在经济增长中，人力资本的作用大于物质资本的作用。人力资本投资与国民收入成正比，比物质资源增长速度快。

（3）人力资本的核心是提高人口质量，教育投资是人力投资的主要部分。不应当把人力资本的再生产仅仅视为一种消费，而应视同为一种投资，这种投资的经济效益远大于物质投资的经济效益。教育是提高人力资本最基本的主要手段，所以也可以把人力投资视为教育投资问题。生产力三要素之一的人力资源显然还可以进一步分解为具有不同程度技术知识的人力资源。技术知识程度高的人力带来的产出明显高于技术程度低的人力。

（4）教育投资应以市场供求关系为依据，以人力价格的浮动为衡量符号。

三、人力资本理论与高职教育的发展

（一）人力资本理论对教育的研究

舒尔茨认为人力资本的积累是社会经济增长的源泉，人力资本投资的收益率远远超过物力投资的收益率，而对教育的投资则是构成人力资本投资的重要内容，教育所取得的成果就是一种资本的体现，也是推动经济发展的重要因素。教育除了发展文化的功能外，还能提高国民的工作能力，带来工人收入的提高。联合国教科文组织的一项研究证明：人受过初等教育，能提高 43% 的生产效率，受过中等教育能提高 108%，受过高等教育能提高 300%。这些数据所反映出来的规律正是教育使人才长期增效。（石锦芸，2004）

教育是促进人力资本增长的重要因素，同时，高等教育的专业学习能够直接获得技术与知识资本，它具有更直接的经济价值，是人力资本的核心。（赵雁宁，2005）首先，不能将教育单纯当作一种消费品，教育具有消费和投资的双重特征，而且以投资为主。高等教育消费者对人力资本的投资，形成了高等教育市场上对高等教育的需求，投资的结果是人力资本，这又构成了劳动市场的供给。这个过程将高等教育市场与劳动市场紧密联系在一起。其次，人力资本的形成需要付出成本，高等教育消费者之所以愿意付出时间、金钱和劳动，进行人力资本投资，就是为了在未来能通过劳动市场得到远大于投资的回报。这种人力资本投资的个人收益，直接体现为接受教育者终身收入水平的提高，投资是否值得，也只有在劳动市场上才能得到检验；同时，由于高等教育存在外部效应，会产生一定的社会收益，即社会经济的发展。最后，对收入水平低的发展中国家而言，“改进穷人福利的关键性生产因素不是空间、能源和耕地，而是提高人口质量，提高知识水平”（西奥多·舒尔茨，2002）。舒尔茨的分析有力地证明了人力资本在经济增长中的决定作用。这同时也提醒发展中国家，教育是经济发展中不可忽视的力量。

人力资本理论肯定了教育的生产性，为高等教育的市场化提供了理论基础。高等院校对市场需求的回应的准确性和及时性成为人们评价高校行为的重要指标。既然教育和培训都是人力资本投资行为，那么经济学的成本—收益框架就可以用来分析这一问题。贝克尔提出了一个简单的人力资本投资模型，我们用图 3-1 来对其加以说明。

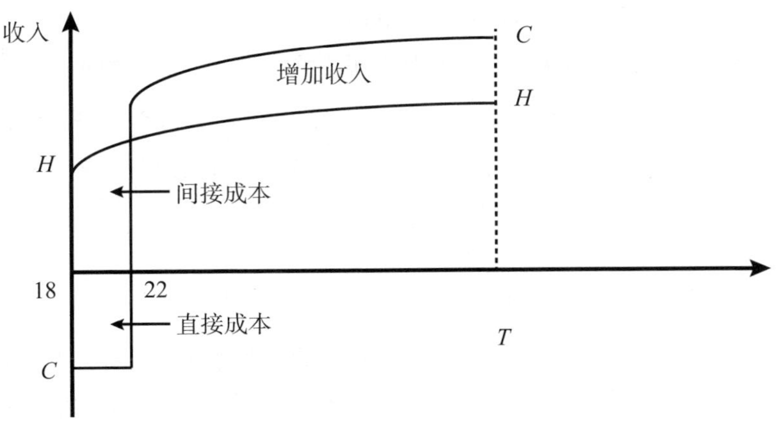

图 3–1 高等教育的成本 收益分析

在图 3-1 中，曲线 *HH* 表示一个人不接受大学教育所得到的收入流，曲线 *CC* 表示接受大学教育所获得的收入流。从图中可以看出，一个人接受教育后会增加他毕业以后的收入，这就是高等教育投资的收益。但是接受教育也是需要付出成本的，这其中又有两种成本。一方面，接受高等教育需要付出一笔直接成本，其中包括学费、文具等各种支出，以及上学期间的食宿等费用。另一方面，一个人在接受高等教育期间不能在劳动力市场上就业，这样他无形中就放弃了一笔收入，这又构成了接受教育的间接成本，或者叫“机会成本”。显然，只有当接受教育后增加收入部分超过接受教育的直接成本和间接成本的时候，一个理性的人才会选择接受教育。（庞军华，2005）

在人们更多投资于教育时，对于整个社会来说会产生一些具有正外部性的社会收益。首先，受过良好教育的人一般来说失业率较低，而教育水平较低的人失业率较高，犯罪率也较高，所以对一个社会来说，提高居民的受教育水平就能够节省社会福利支出、治理犯罪支出以及法律执行支出。其次，居民文化程度的提高往往能够提高政治活动的参与程度，改善政治决策的质量，保证社会的政治秩序良好运转。再次，教育的改进还能够产生一种隔代的收益，因为在父母教育良好的家庭里，孩子能够得到更好的照料和学前的教育。最后，受过高等教育的人的研究成果往往对社会有着深刻而广泛的影响。

（二）人力资本理论对高职教育发展的启示

高职教育是以“能力本位”为核心的职业技能型教育，主要致力于提高劳动者素质，以培养适应生产、建设、管理、服务第一线需要的高级应用型、技能型人才为根本任务。其人才培养主要有以下几个方面的要求：培养学生具备形成应用能力必需的基础理论知识和专业知识；培养学生具有较强的解决实际问题的能力；培养学生形成良好的政治思想素质、心理素质和职业道德；培养学生具有团结协作精神和社会生活能力。人力资本理论将人的智力、知识、技能、经验、体能等视为资本，明确人力资本是现代经济发展的核心要素，而教育是人力资本理论最核心的部分。邓小平同志早在1985年就指出："我们国家国力的强弱，经济发展后劲的大小，越来越取决于劳动者的素质，取决于知识分子的数量和质量。"因此，人力资本理论为高职教育的发展做出了重要的理论贡献，为高职教育的发展提供了很好的借鉴和启示。首先，高职教育的首要目标是培养高职学生可持续发展的能力。培养高职学生的可持续发展能力，是经济发展与科技进步的要求，是市场经济对人才需求的要求，也是岗位调整和人才流动的需求。在高职教育中培养学生的可持续发展能力，就是要求高职教育既要满足高职学生就业的近期需求，又要满足学生今后生存、发展及竞争的长远需求。因此，一方面要注重职业技能的培养，使学生获得多样的基本工作技能，以适应多变的工作场所，满足企业需求。高职院校在人才培养的过程中，要让学生有大量的实践机会和实践经验，要求校企保持良好的合作关系，为学生提供多变的工作场所；另一方面要高度重视人文素质教育的培养，以提升学生的综合职业能力，从而适应社会发展的需求。其次，大众性应是职业教育具有的基本属性，要求所有学生都应接受职业教育。因为我们的社会需要的是所有公民的积极劳动。就社会投资和人力产出而言，职业教育有别于传统的精英教育，职业教育比传统的精英教育更适宜培养面向社会需求的大众劳动者。最后，注重"终身教育"，开发人力资源，提高劳动者素质。随着社会经济的快速发展和知识的迅速更新，人们必须不断地学习新的知识和技能，以适应不同的工作岗位。这就要求高职教育积极发展学历教育与非学历教育相结合的各种教育形式，如“在职培训”“自学考试”“成人教育”等，为人们就业提供知识的支持。在未来社会，学习成为工作的一部分，“终身教育”成为21世纪知识经济之本。

四、人力资本理论与区域经济的发展

随着经济全球化、信息化、知识化的进程快速发展，区域间、国家间的竞争日益凸显为人力资本竞争，人力资本不仅作为生产要素直接作用于经济增长，而且还具有很强的外部性，能间接作用于经济增长，人力资本已经成为知识经济时代经济增长的真正源泉。当代区域经济发展的一个重要特征是，区域经济增长与人力资本成长的内在联系愈发密切，而且区域人力资本的变化趋势对区域经济发展及其竞争力状况的影响日益显著。人力资本投资是影响一个区域经济崛起，乃至宏观经济增长与国家自主创新能力的关键因素。不同区域的人力资本竞争力状况不同，在一定程度上也影响不同地区经济发展的速度和模式。因此，在推进区域经济发展的进程中，首先，要不断更新人力资本的观念。在人力资本的认识上，不单单指人的数量，更注重人体所包含的知识和技能，以及必须通过生产和再生产实现人力资本的价值转换。其次，要加大教育投资的力度，加强职业技能培训，实现教育投资的合理性。多渠道筹集资金，切实提升从业人员的科学文化素质，加大对人力资本职业技能的培训力度，并且在政府财政投资的带动作用下，积极地引导企业和其他社会力量也参与到各种职业技能培训工作中来，从而丰富培训的内容和形式，有利于极大地满足区域经济发展的需求，最终达到职业技能培训投资的经济和社会效益双重的目标。再次，促进人力资本的合理流动。为满足各区域对人力资本的需求，区域间共同制定相

关的人力资本流动政策，建立区域间人力资本的共享方案，构建人力资本流动库。这样可以充分利用区域优势，以及人力资本数量和质量等方面的优劣势，及时从人力资本流动库中找到用人单位。最后，提高人力资本的吸纳能力，注重专业化人力资本的开发。着重发挥区域的人力资本的优势，形成与之相匹配的合理的产业结构，有效地提高区域对现有的人力资本的吸纳能力，增加人力资本对区域经济发展的贡献率。同时，专业化的人力资本及其所掌握的知识是保持经济长期持续增长的根本源泉（Lucas R.E.，1988）。开发专业化人力资本，优化人力资本的结构，可以使得物质资本、自然资本和人力资本结合起来，以更充分地发挥作用。区域经济的发展应该创造一个融洽的吸引专业化人力资本的环境，制定相关的优惠政策及激励措施，不仅可以留住本区域的专业化人力资本，还能够把区域外的其他优秀人才吸引进来。

人力资本理论把教育与经济发展结合起来，极大地影响了教育改革。人力资本是推进区域经济发展的决定性因素，而职业教育是在区域经济发展进程中，促进经济、社会发展、劳动就业，实现人力资本发展的重要途径，只有不断深化高职教育教学改革，形成高职教育人才培养特色，才能满足区域经济发展对人力资本的需求，为推进我国经济发展做出贡献。

第二节　教育经济学理论

教育是教育者根据一定目标，系统地、有计划地、有组织地对受教育者传授知识技能，发展他们的智力和体力，培养其思想道德品质的社会活动。教育经济学作为经济学的一个分支，正式诞生于20世纪60年代，我国于20世纪80年代开始教育经济学的研究。简单地说，教育经济学是利用经济学的方法和手段来研究教育的一门学科，它是从教育学和经济学这两门社会科学中分化出来的，但又在具体内容上，把教育学的知识与经济学的知识综合起来，使其相互渗透、互相交叉，形成边缘性质的一门新兴社会学科。教育经济学的研究范畴包括人力资本、教育资源、教育投资、教育效率、教育收益、教育成本、教育市场等内容。教育经济学的重点研究内容就是教育与经济的关系研究，如经济发展对教育提出了哪些要求，提供了哪些条件，教育对社会经济增长、经济发展以及个人投入的提高有何贡献，教育与经济之间如何协调发展等问题。

一、教育经济学支撑理论

（一）人力资本理论基础之上的教育经济学

当我们进行教育经济学研究时，必须寻求理论支持，这为深入研究奠定了扎实的理论基础，以便让研究更具说服力。教育经济学基本理论主要有人力资本理论、劳动力市场信号理论、劳动力市场分割理论等。

1. 人力资本理论

在西方教育经济学领域，人力资本理论代表主流的教育经济思想，其产生的背景是基于新古典经济学不能解释第二次世界大战后出现的“经济增长之谜”。人力资本理论是美国著名经济学家、诺贝尔经济学奖获得者舒尔茨提出的经济学概念，它是指通过对劳动者的投资而形成的资本，包括用于教育、技术培训、保健、劳动力国内流动、移民入境等方面的支出，其中最重要的是教育和保健的投资，而教育是人力资本形成和发展的最主要途径。

人力资本理论思想源远流长。英国古典政治经济学创始人威廉•配第的经济理论中就有对人力资本思想的阐述，并首次正式地运用了人力资本概念。法国古典政治经济学大师阿吉贝尔、重农学派的主要代表人物魁奈等，都承认人或人的劳动在社会财富创造中的决定性作用。随着欧洲产业革命和大工业时代的到来，人的知识和技术因素在生产中的作用日益突出。集中体现产业革命经济思想的著述首推亚当•斯密在1766年出版的《国富论》，在此书中，亚当•斯密把资本划分为固定资本和流动资本，提出人的能力属于资本的范畴，提出了初步的人力资本概念，并提出了具体的政策建议。萨伊于1803年提出："教育是资本，它应当产生和劳动的一般报酬没有关系的利息。"他以"效用论"为基础，提出"不论是谁，只要他凭每年所做的牺牲而获得一种特殊的才能，他就享受着一种积累的资本，一种财富"。李斯特采用了"物质资本"和"精神资本"这两个相对应的概念。阿弗里德•马歇尔在《经济学原理》一书中也得出了相似的结论，认为教育投资可以带来巨额利润，"用于人的教育的投资，是最有效的投资"，"在所有资本之中，最有价值的就是对人投资而形成的资本"。美国的沃尔什在1935年发表的《人力资本观》一文中首次准确定义"人力资本"概念，提出"人力资本"就是指凝聚在劳动者身上的知识、技能及其所表现出来的能力。

人力资本理论的代表人物舒尔茨在撰写的《人力资本投资》《教育与经济增长》《对人投资的思考》等系列论文中对"人力资本"理论进行了深化和系统化的研究。舒尔茨认为，人力资本是教育投资、知识经验积累、技能、投资和经营能力等在劳动者身上的一种凝结，它需要投资和长期的积累。舒尔茨指出人力投资是经济迅速增长的主要原因，并认为“人的经济价值还会继续地向上增长”。按照舒尔茨的定义，人力资本是有用的技能和知识，是人们有目的地投资所获得的，也是资本的一种形式。其基本理论及观点可概括为重视人力资本投资，教育投资是人力资本的重要源泉。与舒尔茨的教育对经济作用研究的宏观视野不同，贝克尔着眼于人力资本理论微观领域的研究，并运用具体数字计算和实证研究说明了不同教育等级之间的收益率差别。除舒尔茨和贝克尔之外，推动人力资本理论发展的另一重要人物是丹尼森，其贡献主要集中于人力资本数量研究和实证研究。他把教育因素视为人力资本因素的一个组成部分，创造并完善了“经济增长多因素分析法”。20 世纪 80 年代以后，卢卡斯和罗默尔等运用“新经济增长理论”构建了以人力资本为核心的经济增长模型，他们的努力使人力资本理论进一步得以完善。

2. 劳动力市场信号理论

舒尔茨和贝克尔等人所建立的人力资本理论，确立了教育与生产率、工资和国内总产出之间的递进关系，但这种递进关系却受到劳动力市场信号理论创立者伯格和筛选建设理论的创立者史潘斯等人的质疑。1970 年，伯格在《教育与工作：培训大诈骗》用“文凭主义”的观点解释教育的经济功能，认为在劳动力市场上，文凭是获取某些职业的门票，而有些文凭的持有者并没有达到应有的人力资本积累程度。1973 年，史潘斯在《工作市场信号》中阐述了文凭所具有的信号功能，认为在信息不对称条件下，除了个人能认识自身的劳动生产效率以外，雇主观察不到求职者的劳动生产率，他可以借助文凭来免费观察求职者的教育资历，并以此作为他们决定雇佣与否和工资高低的标准。以上学者从劳动力的市场信号和筛选假说意义上对教育的经济功能的解释，在一定程度上说明了教育的劳动力市场发送信号功能的经济意义，这是对人力资本理论的重要补充，具有重要的理论意义。正因为如此，他们的这些解释才被称为劳动力市场信号理论。如果教育没有劳动力市场信号功能，学校也不为毕业生出具学业文凭，从而也不为劳动力市场配置提供劳动力市场信号，那么在信息不对称和不完全条件下，雇主花费在寻找雇员身上的“搜索成本”就会变得很高，社会资源配置就不可能像现在这样顺利，社会资源配置的机制也许就不会是现在这个样子。筛选假设理论是指把教育看成是一种帮助雇主识别不同能力的求职者，以便将他们安置到不同岗位上的装置理论。筛选假设理论（Screening Hypothesis）是由代表人物迈克尔·史潘斯在《筛选假设——就业市场信号》一文中提出的。“所谓筛选假设，系指把教育看成是一种帮助雇主识别不同能力的求职者，以便将他们安置到不同工作岗位上的装置的理论。”筛选假设理论的基本观点如下：其一，基本假设前提为不完全信息和不确定投资。雇主由于不了解求职者的生产能力，所以雇主的决定便成为一种不确定投资，成为一种风险投资。其二，信号和标识可以表明一个人的生产能力。其三，教育成本与能力负相关。支付同样的成本，能力较高的人能获得较高的教育水平，能力较低的人能获得较低的教育水平。其四，教育与工资成正相关。能力较高的人，在职培训所需的成本较低，但生产率却较高，因而雇主支付给他们较高的工资；由于教育反映求职者的能力，因而教育水平越高的人，雇主付给他们的工资就越高，反之亦然。

3. 劳动力市场分割理论

教育投资被人力资本理论理解为人力资本投资，而被劳动力市场信号理论理解为劳动力市场信号投资。这两种理论都承认，劳动者因接受较高水平教育而获得较高报酬，不同劳动者所获报酬的差额，是对私人教育投资的回报。在现实的劳动力市场上，这种回报是引导教育投资的价格信号。这种信号能否对教育投资形成有效激励，取决于它是否符合人们对教育回报的预期。劳动力市场的价格信号与人们对教育回报的预期之间的契合受诸多因素的影响，其中，劳动力市场分割是影响这种契合的重要因素。劳动力市场分割理论是在 20 世纪 70 年代初期出现的，主要代表人物有皮奥雷、多林格、戈登。他们认为人力资本理论关于教育与工资的关系分析的基础前提不正确，关于教育水平和个人收益正相关的论断不全面，没有考虑到劳动力市场的内部结构。劳动力市场分割理论注重分析劳动力市场的内部结构，劳动力市场由主要劳动力市场与次要劳动力市场两个部分组成：在主要劳动力市场中，工资普遍较高，福利丰厚，工作和培训条件优越；在次要劳动力市场中，工资较低，福利较少，易遭解雇。两个市场之间具有相对的封闭性，他们之间人员流动很少。就教育与工资的关系而言，一个人的工资水平取决于他在哪个劳动力市场工作。

人力资本理论和筛选假设理论关于教育与工资正相关的结论，只在主要劳动力市场成立。以上三种有影响力的教育经济理论，为我们分析教育与劳动力市场的关系提供了有力的理论支撑，并在推动教育发展和促进教育决策科学化等实践上具有划时代的贡献。随着社会经济的发展和教育的不断普及，学术界对教育经济学的研究逐步深入，各种新理论也不断涌现，如注重人本精神复兴的社会资本理论、基于新制度经济学的教育产权理论等。

4. 社会资本理论

社会资本理论在 20 世纪 80 年代至 90 年代由美国学者科尔曼、

普特南等人提出。社会资本理论尚无统一定义，但一般是指在一个国家或地区内，通过民众自由地将个体人力资本进行横向的社会组合而生成的能够促进一个国家经济和社会持续发展的社会关系结构和社会心理结构。作为在人力资本理论基础上发展起来的新理论，社会资本理论从群体人力资本角度研究社会经济，更注重一国经济与社会发展中的人际关系。人际关系影响着个人的人力资本投资方向和投资效果，良好的人际关系可以减少迁移，促进成本流动，促进人力资源的合理配置。社会资本对学校教育的影响还在于群体效应中的信息交流，通过成员间的信息交流可以整合人力资源，提高工作效率。而非正式群体成员间的交流对教育提供的人力资本存量具有正的外部性，因为学校内部的非正式群体之间对工作内容的交流，可以增强学校的人力资本，使学校成为学习型组织。总之，社会资本对教育的人力资本和物质资本具有协同效应。

5. 新制度经济学

新制度经济学由罗纳德•科斯和道格拉斯•诺思等创立，他们把制度作为经济发展的内生变量，着重于对产权和交易费用的研究。新制度经济学对教育经济学的贡献在于教育制度的变迁与教育制度的创新。制度变迁理论可以解释我国高等教育体制乏力的根源，从而为市场经济条件下高校管理体制改革与结构调整提供理论基础。由此一来，教育体制改革与创新的重点自然就落在理顺好教育组织系统与外部社会系统之间的关系上。近年来，教育经济学中的另一热门话题就是运用新制度经济学中的产权理论对教育产权进行论述。所谓教育产权就是指拥有举办教育机构财产的权利，即人们围绕着教育财产所结成的权利关系。学校的财产权利是一个权利束，包括使用权、占有权、支配权、收益权和处置权等。明晰教育产权是我国今后高等教育改革的目标所在。

（二）马克思主义的教育经济学理论

马克思主义理论博大精深，其教育经济思想主要体现于教育劳动学说。马克思在阐述劳动价值学说、社会再生产等理论时，也论述了教育与经济发展的关系，教育在劳动力再生产中的地位和作用，以及教育的社会经济价值。马克思从政治经济学的角度去论述教育与劳动能力之间的内在联系，指明了教育在劳动力再生产中的客观作用。马克思指出：“教育会生产劳动能力。”这个观点是马克思教育经济思想的核心观点，也是教育经济学的根本理论问题。马克思认为教育过程是一种精神生产过程，是一种精神财富生产和传递的活动，它同物质生产过程既有区别，又有联系。它可以为社会物质生产过程提供各种水平的劳动者和科学知识形态的生产力；它是物质生产过程不可缺少的条件，且对物质生产具有重要作用。“教育会生产劳动能力”这一科学论断揭示了在现代社会再生产中教育生产性的客观地位和作用，同时也指明了教育生产性的本质特征。马克思还以英国的统计资料为例说明了教育在提高劳动生产率中的作用。教育劳动活动将“物化劳动”和“活劳动”转化为“劳动能力”的提高，提高了的劳动能力与物质生产资料相结合的程度，使更高的劳动生产率得以创造更多的社会财富。

苏联的教育经济学以马克思主义的经济学说和教育理论为理论基础，其主要理论观点有：教育在劳动力再生产的整个经济体系中有着重要的地位和作用；社会主义经济规律在教育领域中有着特殊作用。劳动生产率的提高，取决于生产中劳动技术的装备程度，工人的教育水平和操作水平。提高教育经济效率是提高整个社会生产率的组成部分，但教育经济效率的提高并不直接体现在物质生产上，而是体现在工人劳动生产率的提高和生产的经济效益等指标上。教师的劳动是社会总劳动的一部分，教师的劳动报酬应根据按劳取酬原则支付，教育的发展规模应遵循国民经济有计划按比例发展的规律。值得一提的是，苏联的斯特鲁米林 1924 年发表的论文《国民教育的经济意义》及其后开展的一系列研究，是很有价值的教育经济学研究成果，只不过当时教育经济学没有成为独立的学科，他开展的研究也未引起国内外学术界的重视。直至 40 多年后，教育经济学的学科体系得以确立，斯特鲁米林的论文才引起国内外的关注。他的研究成果给后人研究教育经济效益以有益的启迪。斯特鲁米林曾从五万名左右的劳动者中，抽取了比较完整的材料作为观察对象，从劳动者的年龄、工龄、教育程度三方面，分析了他们对提高生产率的贡献。他的研究分析证明年龄对生产的影响在早期是起作用的，但如果教育程度不高，到一定的岁数以后就会开始下降。工龄也是如此，20 年工龄的劳动者在生产中的作用往往不如早期，而教育程度的作用则既明显又持久。他还曾根据 1924 年苏联的经济效果调查得出结论：劳动者所受教育程度越高，劳动能力就越强，学历与提高劳动生产率应成正比。据此，他认为一个高级技术工作者在生产中发挥的作用以及带来的收益，相当于两个体力劳动者。他还根据调查和计算得出结论：教育是一种投资，而且是投资最有效的部门之一。教育投资所带来的经济效益，要比投资诸如筑路、发电厂、水坝等收益时间长且收益率高。

二、教育与经济关系研究

（一）教育的经济价值

价值，作为价值学和哲学的基本范畴，是对人类生活中一种普遍现象和内容的本质概括，是各个领域中各种特殊的、具体的价值形态的总概括、总抽象。从理论层次上说有三种价值类型：政治经济学意义上的价值，是特指劳动产品和商品的内在社会本质特征；日常生活与某些社会科学中所说的价值，它的特定含义是指“有用”或功利效用；在哲学的最高抽象意义上所理解的“价值”，一般是指对包括功利、道德、审美等在内的所有具体价值的共同概括，即考察它们的共性。故价值的一般含义可以定义为：客体的存在、属性及其变化同主体的结构、需要和能力是否相符合、相一致或接近的性质；如果这种性质是肯定的，就是客体对主体有价值或有正价值；如果是否定的，则意味着客体对主体无价值或有负价值。经济价值是事物、现象和行为所具有的经济上的意义，是人们从经济的角度出发，用经济的标准来衡量一定的事物、现象以及人们的行为的价值。在政治经济学中，经济价值既反映一定的关系，也是一种实体，其内容是专指凝聚在商品里的一般劳动，其形式主要是使用价值和交换价值。因此，经济学意义上的价值与哲学中的价值在内涵上既有联系，又有区别，它们之间是特殊与普遍、具体与抽象的关系。

根据上述价值和经济价值的定义，用经济学的观点来分析，把教育劳动产品视为能进行交换的产品，那么“教育的经济价值”则是作为商品的教育劳动产品的价值。再从马克思关于商品价值的理论出发，可以将“教育的经济价值”定义为教育劳动所创造的，能促进社会经济增长和发展，满足人们物质和精神需求的效应（使用价值），是凝结在教育劳动产品——受教育者因受教育而增值的劳动能力之中一般的、无差别的人类劳动。因此，教育的经济价值的内涵就包括人们的生产技能、对正式约束的适应能力及非正式约束的感知能力与行为对象的效果。当教育的存在属性及其发展变化同社会经济的结构、需要及其发展变化处于相符合、相一致或接近的性质状态时，教育就有明显的经济价值或有正经济价值，反之，则意味着教育没有经济价值或有负经济价值。

（二）职业教育对经济发展的贡献

国内学者普遍认为教育会对经济起到积极的促进作用。张岩岩（2012）认为纵观新加坡经济发展历程，职业教育贯穿于经济发展的各个阶段，并成为支撑产业转型升级和提升国家竞争力的关键环节。孙仁龙、李辉来（2014）认为高等教育对产业结构、收入分配方面将会产生重要的影响。林凤丽、赵喜仓、陈雅慧(2015)利用科布—道格拉斯生产函数模型对高等教育对经济增长的贡献率进行了理论推导，发现吉林省高等教育对经济增长的贡献率低于全国平均水平，且在东北三省中排在辽宁省之后。陈霞、郭卫香（2016）运用灰色关联分析法，通过计算分析发现，在新疆三级教育中，高等教育与经济发展间的关联度最强，初级、中级教育较弱，中职教育尚未发挥其对经济的促进作用。

作为我国教育的一个重要组成部分，职业教育的经济发展贡献包括职业教育对经济发展核心指标经济增长率（GDP）的贡献和职业教育对经济发展其他相关指标的贡献两方面。

1. 职业教育对经济增长贡献的由来

职业教育与经济的相互关系最初是从马克思的社会再生产理论中引申出来的。马克思的社会再生产理论认为，教育是劳动力再生产的必要手段与条件，在整个社会再生产中占据着重要的地位。马克思的社会再生产理论运用到教育与经济的相互关系中来，主要是基于对教育属性的初步认识。先从教育的消费性来看，它必须依赖于生产的发展才能使自身得到进一步的发展，即生产的发展为教育的消费提供物质基础并最终决定教育的消费；再从教育的生产性来看，教育对劳动力再生产、对劳动生产率提高的作用，以及对消费的拉动，则体现了教育的生产性对社会再生产中的消费、交换和流通等方面也有制约和促进的作用。

2. 职业教育对经济增长的推动机理

职业教育主要通过提高人力资本技能、促进技术进步、拓展就业渠道等影响经济增长和经济发展。

（1）职业教育是人力资本形成的“孵化器”。经济的增长直接依赖于生产力的现实水平，而劳动者是生产力中最具革命性、最活跃、贡献最大的因素。因此，如何将劳动力转化为人力资本是推动经济增长的决定性因素。人力资本包括社会一般人力资本和专业化的人力资本。对经济增长发挥关键作用的是专业化的人力资本。学校是获取一般人力资本和专业化人力资本的重要途径，而实践性的职业教育显然是获取专业化人力资本的主要方式。职业教育通过传授生产经验、技术知识和实践能力，把自然人转化为职业人，发挥人力资本的“孵化器”的作用。

我国是人口大国，具有充足的人力资源。要把人口负担转变为人力资源优势，把人力资源转化为人力资本，需要职业教育的全面参与。任何教育都具有再生产劳动力的功能，但比较而言，职业教育再生产劳动力的功能则更直接。因为职业教育不但向受教育者传授科学文化知识，而且训练其技术应用能力，培养良好的职业道德和劳动态度，使受教育者成为经济建设必需的各类专门人才。生产实践表明，受过职业教育特别是高等职业教育的劳动者，更容易理解生产过程的要求，运用新技术、新工艺和新设备的能力更强，也具有更强的团队精神和安全意识。另外，职业教育不仅具有培养人才的功能，还具有选拔人才、分配人才的功能，能将不同能力、职业倾向和学业成就的人导向合适的职业岗位，通过劳动力合理配置优化人力资本结构，使其个性特征、自身努力程度与社会需求有机结合，充分发挥人的潜能，从而提高劳动力的配置效益，为经济增长提供匹配的人力资本。

（2）职业教育是技术进步的“辐射源”。经济发展离不开科学技术，而科学技术的发展及其向生产力的转化，又离不开教育。科学与技术是两个既相互联系又具有不同性质的概念，作用于经济增长的方式、机理也不同。科学只有转化为技术才具有现实意义。技术是发挥科学价值、推动经济增长的核心和关键。因为科学技术无论多么成熟，如果没有转化为生产力，也无法促进经济增长。科学人才的培养需要普通学术教育，而技术人才的培养需要职业技术教育。在技术的形成、发展、进步与应用方面，职业教育发挥着不可替代的作用。第二次世界大战后德国、日本确立了“技术立国”战略，将职业教育视为经济发展的秘密武器和坚强柱石，通过大批应用型人才的培养，使技术水平显著提升。至今德国的技术水平和制造工艺仍然是世界一流。目前世界制造业中心正向中国转移，而中国经济增长也主要依赖于制造业的增长。中国要从制造业大国成为制造业强国，不仅需要科学发展，更需要技术创新，需要大批技术精良、敬业奉献的技术人才。发展职业教育成为实现技术进步的必然选择。一是有利于科学技术的推广应用。职业教育通过知识传授和技能培养，把知识形态的科学技术内化到劳动者身上，培养出掌握科学技术的劳动者。通过人才培养，职业教育把潜在的技术转化为现实的生产技术，把大量的新技术、新工艺和新设备转化为现实的生产力。

二是再生产科学技术。职业教育通过传递和积累科学技术发挥再生产科学技术的功能，并且这种再生产也是一种扩大的再生产和高效率的再生产。它通过使原来由少数人所掌握的科学技术变为更多的人所掌握来扩大其传播和使用的范围，使科学技术得到再生产。三是直接生产科学技术。职业教育特别是高等职业教育，利用自身的人才、设备、专业、技术等优势，开展技术创造和技术发明，可以发挥直接生产科学技术的功能。

（3）职业教育是促进就业的“关节点”。就业既是一个严峻的社会问题，又是一个经济问题。就业不仅关系着社会和谐与政治稳定，而且关系着中国经济的未来发展。当前，中央在政策上明确了“保增长、促就业、扩内需”的方针，将促就业视为保增长的内涵之一。合理的就业结构是整个经济发展的关键，而就业结构是否合理、能否得到有效转换，首先取决于产业结构的调整及经济环境是否允许劳动力在产业和地区间的自由流动。但从更深层的意义上来说，解决就业难题，不能单靠就业政策发力，还要调整产业政策、经济结构等因素，发展职业教育就是其中有效的方式之一。我国职业教育的先驱黄炎培先生曾经把职业教育的目的概括为“使无业者有业，使有业者乐业”，简洁而生动地阐明了职业教育对促进就业的重要意义。前教育部长周济也明确提出,职业教育就是“就业教育”，旗帜鲜明地提出了职业教育的目标和任务。目前就业存在的问题主要表现在三个方面：一是由于缺乏足够的工作岗位而引起的一般性就业问题；二是由于经济结构和劳动力结构不适应而形成的工作岗位与劳动者文化技术水平不相适应而带来的结构性就业问题；三是由于劳动者职业观不适应而形成的个人职业选择性就业问题。显然，解决就业问题一方面需要通过发展经济增加就业岗位，一方面可以通过改变劳动者的文化技术水平、转变就业观念来解决。在这方面，职业教育大有作为。职业教育培养的是服务于生产、管理、服务第一线的具备综合职业能力和全面素质的高级实用型人才，不仅可以通过提升劳动者素质促进就业，而且可以改变人才类型结构和分布格局，使劳动力结构包括不同技术水平的劳动力、不同工种的劳动力、不同地区的劳动力，与经济增长速度及经济结构的变化相适应，从而有效缓解结构性失业；通过向广大失业人员提供继续教育与培训，提高失业人员的知识与技术水平，提高其劳动质量，使他们成为素质高、实践能力强、具有良好职业道德和综合素质的技术技能型人才，尽快实现再就业；通过职业指导和就业教育转变受教育者的就业观念，避免或者减少选择性就业问题的发生。

（4）职业教育是产业链的“生长点”。职业教育具有加大投资规模、延长产业链、扩大内需、刺激消费、促进经济增长的显著作用。职业教育培养的是数以亿计的劳动者，规模巨大。目前，职业教育已经占据了我国教育事业的“半壁江山”。在中等教育阶段，职业教育与普通教育在校生人数“大体相当”，一些省份的职业教育还占据了优势；在高等教育阶段，高等职业教育在校生人数已经远远超过了本科教育。庞大的职业教育规模，需要巨大的投资规模来满足需求，国家资本、民间资本和学生家庭的投入将直接推动经济的发展。另外，职业教育可以延伸产业链条，促进经济的持续增长。职业教育的发展不仅需要巨大的基础设施建设，促进与房地产相关的钢铁、水泥等建材行业的发展，而且职业教育领域广，涉及化工、电子、机械、建筑、服装等领域，可以通过对技术、实验设备的需求推动相关领域制造业的发展。此外，职业教育的发展还可以对餐饮业等第三产业发挥巨大的拉动和促进作用。伴随着第三产业对 GDP 贡献率的逐步提升，第三产业日渐成为拉动就业的主力军。通过发展第三产业类专业，可以促进第三产业的发展。目前，发达国家第三产业增加值在国民生产总值中的比重和第三产业就业人数在总就业人数中的比重达 50% 以上，有的甚至高达 60%~70%。

（三）高职英语教育对区域经济发展的贡献

高职英语教育是面向区域经济、面向区域主导产业、面向大众的高等教育形式，是英语教育事业与经济社会发展联系最直接、最密切的部分，在区域经济的发展过程中起着重要作用，对区域经济发展意义重大。

1. 外语教育对经济发展的促进作用

第一，对进出口贸易的影响。有选择地加强本地区的外语教育，可以促进区域经贸发展，扩大引进外资。通过对外语的学习，可以更深入地了解国家文化和背景，了解商业规则和贸易习惯，在诸如技术法规、商品规格等方面可以减少损失。因此，运用和重视外语经济也会加快本地区贸易由粗放型增长向集约型增长转变，增加产品的附加值，提高产品质量和经济效益，减少贸易摩擦和争端。

第二，拉动外资，促进地区经济技术发展。外语教育提供了相关的外语人才，提高了本地区从业人员的素质，开阔了他们的视野，进而促进了对外交流，有利于市场的多元化发展，有利于引进外资、学习先进的管理技术。

第三，提供更多的就业机会。外语经济发展的另一个积极意义就是可以为地区提供更多的就业机会。随着外语教育的加强，各类外语培训机构、进出口贸易公司、外资企业、翻译机构等都会随之稳步增加。他们所提供的就业机会，可以有效地缓解社会的就业压力，维护社会稳定，并对本地区的经济增长做出不小的贡献。

2. 高职英语教育对区域经济发展的影响

高职英语教育主要是通过培养高素质英语人才，发展科学技术，创造优良的文化环境，促使影响区域经济运行的再生性要素、牵动性要素和制动性要素直接发生作用，从而促进区域经济发展，对区域经济发展有着重大的意义，主要表现在以下几个方面：第一，提供更多的就业机会；第二，促进区域进出口贸易；第三，促进本地区文化市场繁荣；第四，促进区域旅游业商业发展。区域经济的发展对当地高职英语教育有较大的推动作用。在经济全球化背景下，企业对高职毕业生英语水平的期望值不断增加，作为以培养高等应用型人才为目标的高职院校必须加快英语教学改革的步伐，以便更好地为区域经济输送应用型人才。高职英语教育必须依据区域经济发展的特点和企业的需求来制定英语人才培养目标，设置英语课程，改革高职英语教学模式，进行教学资源建设，构建英语教育评价体系，才能实现为区域经济服务，实现两者和谐发展、共同进步。

第三节　语言经济价值理论

“语言价值”（linguistic value）理论是索绪尔语言研究的核心，也是其创立共时语言学时提出并竭力阐释的理论，这一理论后来成为结构主义语言学的基础。随着经济全球化、一体化的形成，语言的经济价值日益凸显其功能，近些年来，语言的经济价值属性得到了语言学界和经济学界越来越多的关注，与此相关的语言经济及语言经济学研究也得到了快速发展。语言经济学研究的展开，使得人们对语言的经济价值的认识不断深化。语言的经济价值大小由该语言承载的经济信息的数量和价值决定。语言间存在激烈的竞争，这种竞争是同质的，是对市场份额的竞争，竞争的主体是语言集团。语言的经济价值增强不仅能促进区域经济和我国国际贸易事业的发展，而且能更进一步促进国内生产总值的提升。

一、语言经济与语言经济学

语言经济是指开发、保护和利用语言资源而产生的各类产业活动以及与之相关联的活动总和。简而言之，语言经济是以语言活动为基础的经济，它不仅包括为开发语言资源而进行的生产活动，还包括开发利用语言资源的直接或间接的相关服务性产业活动。作为一种经济形式的语言经济，是近年来伴随着语言相关产业而发展起来的新型经济形式，在现实中其主要表现形式为语言培训市场、语言翻译市场、语言文字出版业、语言科技、语言艺术、语言会展以及新兴语言服务业等。语言经济在国民经济运行中发挥着重要的作用，其独特的作用首先体现在拉动语言的内需上，除了国家间的贸易往来拉动了以通用语言为主导的语言教育需求外，还促进了多语教育的发展，有效利用和保护了少数民族语言及方言资源。其次，语言经济可以促进语言学习、语言服务等形式的语言消费。最后，语言经济激活了就业市场，新的语言产业和语言职业必将创造新的就业岗位，给“人力”增加新的就业机会。

语言经济学是采用经济学的理论、方法及工具，把语言和言语行为当作普遍存在的社会和经济现象来加以研究的一门交叉学科。语言经济学孕育于民族主义的问题之中，发端于加拿大的官方语言问题，它的兴起成就了热力资本理论和教育经济学。语言经济学有广义与狭义之分。广义上，语言经济学是对语言经济效果的研究，主要涉及语言与信息、人力资本和经济发展等几个方面的关系。狭义上，语言经济学是对语言过程本身的研究，从经济学最优化的角度，通过成本—收益分析，研究语言的某个特定问题，主要涉及语言与劳动收入关系研究、语言政策与语言规划的经济学分析、语言动态发展的经济学分析以及博弈论在语言经济学中的应用等方面的研究。

语言经济与语言经济学因涉及语言与经济而联姻，它们之间存在着差异与互补，虽然在表现形式、产生和发展的路径以及取向等方面存在诸多不同，但是两者之间也存在着较强的互补性。作为一种经济形式，语言经济可以为语言经济学研究提供良好的案例。对语言经济实践进行细致、深入和系统的研究，有利于语言经济学自身学科的发展。作为一门学科，语言经济学又可以为发展语言经济提供理论支持和指导。厘清两者间的关系，有利于语言经济学理论与实践的统一和发展。

二、语言经济属性形成机理

经济节省性是宇宙间万事万物的基本运动规律。一块有棱有角的石头，从高山上往下运动的时候，会不断地去掉棱角，才能以最为省力的方式向下运动至海边。剧烈的氧化反应为了燃烧方便，会飞速地扑向富氧区，而决不烧向真空区或缺氧地带。语言经济性是所有语言都具有的最重要的基本运动属性。语言的经济性几乎从一开始就唯语言运用者马首是瞻，难分先后、相互作用、伴随始终。语言发生学的唯一规律似乎就是语言经济规律，语言运用的全过程都关注经济性的表现与效度，语言作为人们生产生活中最重要的交际工具，其与生俱来的经济性属性具有生理的特征，是显而易见的。生态环境和哲学思辨因而成为语言经济性形成机理的二个重要维度。

（一）语言经济属性形成机理的生态环境维度

语言的生态环境是指语言发展的有自然属性意义的条件。

在自然条件下，语言的发展与自然环境存在作用力和反作用力关系，并通常总是表现在语言的构形和构形的意义之上，其中，语言运行的最根本规律就是语言的经济属性规律。

在生态环境里，语言帮助人类认知世界，是人类重要的认知能力形成工具。人类对世界事物的认知、记忆、编码、传递和解码，主要是借助能记录人对生态环境里自然万物体验的符号系统——语言来实现的。语言系统的原始形态就是人类认知万物、体验世界的笔记本，因此说，语言不仅是认知，语言也是体验。生理性体验的直接性或直观性是以语言符号在认知、记忆、编码、传递和解码等连续统的语用过程中保持对认知对象意义和形态的同一性为前提的。意义和形态的同一性本身就是语言最原始形态的经济性体现。语言经济性的表现与追求几乎是人类开始懂得语言时的一种生物性或生理性本能：以最简洁的符号图形解构人类生态环境里的一切认知对象，即一切事物物理外形的所指性；以最简明的符号图形记录人类对一切认知对象的感知、体验、想象和联想，即一切事物物理形态抽象的能指性，这就构成了语言经济属性赖以形成的两个重要机理。前者保证了语言交际时具体意义的准确性，即所指的表层概念意义；后者保证了语言交际时抽象概念的可及性，即能指的深层概念意义。这两者本质上也是语言经济性的典型表现，即依物态取字形、依字形拟物象的技术方法。在语言发展的全过程中，物态字形的所指表层概念意义不断地为字形物象的能指深层概念意义提供语言全景式的支撑，即理解的便捷；能指的深层概念意义同样不断地给所指的表层概念意义赋予新的语用意义，以解读便捷。比如随机给出两个英语词汇 supply（供给）和 front（边沿、侧面）或 side（边沿、侧面），再由 supply 和 front 或 side 的表层概念意义合成新的经济学词汇概念意义 supply-front 或 -side（供给侧）。当表层意义由 supply 和 front 或 -side 运动至 supply-front 或 -side，显然这就为深层、概念抽象化呈泛化提供了基于语言经济性的支持，以引申、拓展的方式将旧词组合成新义，彰显的是语言的能指意义功能。人们即使是初次接触新词汇 supply-front 或 -side，从习惯的节省语用中也会很方便地通过回指，找到旧词，再回到新词，在这样一个反复的过程中，新词汇的意义自然得以解读出来。从技术上看，这无疑是最为节省的语言词汇结构方式。显然，当孤立地看待 supply 与 front 或与 side 词汇意义时，只有原始意义；当人们推理出并接受新的组合意义时，经济原则就成为一条出于本能的语言解读技术路线，其中起决定性作用的当然是语言的经济属性。

语言的经济属性在生态环境里，很大程度上可以表现为人的生物性、生理性和心理性。英语里，英语母语人从修长、滑动的物象中结构而成的 sl- 字母组合，完全满足人的生物性感觉、生理性感知和心理性认知，有此结构的词汇如 slide、slick、sleek、slip、slippery、slope、slither、slur、slime、sloppy、slosh、slush、sludge、sly 的意义可以很省力地从语用环境中界定出。汉语里同样如此，“巠”的物象事态为修长的几何形体，于是，“胫”“泾”“径”“经”“茎”“羟”“颈”“劲”“痉”“迳”“刭”“弪”“桱”等字形，其意义通过视觉感知，跃然纸上，这样的识解是多么的省力。英语和汉语都不约而同踏上了同一个传承语言词汇的技术路线：汉语的同义互训词是以前词定义后词、后词定义前词的，方法简单，传承可靠，如“皇帝”“辛苦”“勤劳”等，无一不是极为节省的构词法；英语的 turns and twists（曲折——“曲”就是“折”，“折”就是“曲”）；bibble-babble（磨蹭——“磨”就是“蹭”，“蹭”就是“磨”），hurryscurry（慌乱——“慌”就是“乱”，“乱”就是“慌”）。这种构词释义的传承方法简单、效度高，在汉语和英语里都有，不是偶然的现象，一定是为了满足人的生物性、生理性和心理性的自然诉求。语言具有的依物象取字形的属性，是人类最早的语言运用的经济性表现，也是早期人最为节省的交际方式，能够很方便地记录人类的认知、体验与思索。迄今为止，人们对语言文字的直观性要求从未放弃过，以汉语为例，文字的改革总是以简化和形象化为基本原则，正是基于此。依实物质体几何形状结构文字的简便化、结构语音的简捷化、意义生成的直感化、记忆的视觉化，都是对语言经济性的不懈追求。

在生态环境里，当初始的人类语言依最大效度经济性结构原则满足不了社会发展对语言表达更深体验的要求时，语言概念的层次化、范畴化或类化会将语言经济性规律引向新的高度和领域。汉语中，偏旁部首的分类，是语言经济性的更高层次体现和更为广泛的运用。英语的词根、词缀、合成，同样也是语言高效度经济性的体现，英语和汉语中都有类似的最为经济的新概念词汇结构方法。显然，语言运动规律就是语用互动中，结构所指与能指表现的经济规律。语言词汇概念意义是语言经济属性的直接承载基体，使结构词汇产生更多、更复杂的体验意义的语法，貌似抽象，复杂多变，不可捉摸，但坚守了反映人类看待自身周围生态环境里客观事物及事物之间变化的样式。反映在语言里，样式就是语法，也是逻辑方法，是生态环境里所有事物与事物之间关系的最为节省的映像。语言里，越是具有普遍意义的语法,越具有经济性。语法的普遍性,高度的概括性，与语言的经济性永远成正比例。汉语的“的”字结构，英语名词化趋势，都是为方便语言交际而形成的最普遍、最经济的法则。

在生态环境里和语言发展过程中，语言像人类认知生态环境里事物的触角，伸向四面八方，且无孔不入，往往又以极为精细、极为精致的体验触及世界万事万物深邃之处。正如同追求利润的资本一样，资本看重的最大效益就是经济性。一本万利才是资本运动的初衷和原动力。语言运动的本质同样也是以最经济的方式体验已知生态环境和未知生态环境里各种已知事物的属性和未知事物的属性，不断赋予旧的语言词汇之枝，以新的词汇概念意义之叶。新叶与旧枝同根，新词与旧词同宗，新义与旧义同源，从而构成了生态环境语用条件下，约束继承性和创新性的语言经济性规律。这一规律的表现似乎越来越明显。实际上，将语言初始的经济属性置放在具体时空环境里加以研究，更容易看得明白。生态环境或地域空间环境不同，语言经济性表现也就不尽相同，但本质是一致的。语言的经济性源于人类对生态环境直观、能动的思维，服务于人类对生态环境自然属性的认知和体验，经济性成为语言航母永不枯竭的原动力，语言时刻遵循着经济性原则。

在生态环境里，语言的经济性始终彰显、吸附生态环境因素，语言每一个阶段的发展都离不开对生态环境的考量，都会继承生态环境遗传因子，紧扣经济属性，帮助人们低投入、高产出地构建留住认知，记录体验的概念系统和语言符号系统。

语言的经济性规律始终在语用的生态环境纬度里得以体现。

（二）语言经济属性形成的哲学思辨纬度

语言经济属性的哲学认知是指反映存在决定意识的唯物主义对客观规律的能动的识解和掌握，即人的行为必须符合客观事物运动发展规律的总的认识。语言经济属性的形成也必须遵循这个规律，即必须顺应反映客观事物的运动的规律。

如果说自然生态环境和社会文化条件构成语言经济性的基本规律，那么研究人类认知规律的哲学认知则是人类形成语言经济属性的理论基础。语言反映人对自然界的观感样式。自然万物形态、色彩、质感表现出的荣华、盈缩、尊卑、贵贱、长幼、生熟、大小、长短、高低、宽窄、粗细、肥瘦、生死、生熟、新旧、分合、聚散、内外等对立统一范畴，存在决定意识，决定思维，也决定哲学认知方式，人对自然万物的观感样式由此充满了辩证法。语言成为人类哲学思维的载体，语言本身就是哲学认知，就是人看待世界的方法论和认知观。

在哲学认知过程中，人的思维、感知、印象、概念、理性、认知和意识等结构层级在语言体系里能够找到对应的结构层级表现范畴。语言的结构层级就是哲学思辨以形式逻辑表现的结构层级，形式逻辑原本就是对复杂认知思维内容简单化的方法，思维表达的简洁因此助力语言经济性的实现。所以说，哲学辩证形式逻辑思维为语言的经济性提供了基础性帮助。以汉语为例，汉语的经济性，首先表现在汉语词汇和语音层面上，结构和意义生成的具象思维性，即中国古代哲学认知思维的语言结构观是观物以取象，这使得汉语很方便地形成构词习惯、语音习惯和概念表达习惯。词汇的音、形和义三个层面得以充分发挥人的听觉、视觉、嗅觉、味觉、触觉和感觉的具象本能。其次，在构句层面上，汉语单个方块字的具象图文性可以使多个方块字自由排列组合以生成更多意义更丰富的语句，有无限的便捷性和生成性。一个方块字一个读音催生了方块字排列组合的高自由度，是拼图组句的基本元素。最后，在语篇结构上，汉语高效的灵活和自由，以及汉语高度的感性和体验性语言属性，淡化了形式逻辑关联的语言外形表现，而成为意合的语言，英语语篇结构充斥着形式逻辑必需的连接词汇和手段，这些在汉语中尽可省略，成为汉语经济性的语篇特征，也成为汉语与其他语言的区别性特征。英语侧重理性和知性，但也省去了感性和体验的纠结，自然也就符合英语母语者的语言经济性认知和运用习惯。一般而言之，人类是依照哲学认知范畴来串、并联客观世界万事万物及其之间关系的。事物依人类哲学思维被命名、被标签、被分类、被泛化、被赋予意义值，万花筒般的世界，无穷无尽的事物，都得以化繁就简、举重若轻、清晰直观、意义外显、记忆便捷、交际方便。如前文所述，语言的词汇，词汇与词汇之间的组聚合关系必然是哲学思维概念，概念与概念之间的关系在语言词汇体系里的映像。哲学思辨的结构层次决定了语言结构层次，语言结构层次物化了哲学思辨的抽象，语言成为客观世界事物与哲学认知之间的桥梁。世界上各种语言存在的差异，本质上是持语言人看待世界的样式不同而已，反映在语言上，当然就是语言文字的构形与意义赋予的差异。汉语的“吊扇”，因为是悬在空中，吊挂在屋顶下，哲学思维认知上便以形态取名，所以称之为“吊扇”。英语使用者的认知思维注重事物与事物的空间关联，“吊扇”依英语语言的哲学认知结构样式，命名突出的是电扇与天花板之间的空间关系，命名为 ceiling fan 也就顺理成章。显然,不可能还有比“吊扇”和 ceiling fan 更节省的概念表达了。

同样，汉语里将一年四季命名为春、夏、秋、冬，是以季节变换外形为哲学认知对象物的表征的；非洲一些部落关于季节的哲学认知，重在季节所带来的显性后果，因此他们就直接以干旱和多雨为命名的考量，反映在语言里，就只有雨季和旱季。在外人看来，英语母语者使用的概念离散、累赘、具非节省性，但这却是英语母语者利用少有的语法就可以实现的高经济性。如在英语句 The shell parts of reactor pressure vessels have been fabricated with plates welded together 中，词汇 parts 与 shell、reactor、pressure、vessels、plates 之间，表现出英语使用者看待世界事物的哲学样式，这种哲学样式将一个完整的概念在句中做离散分布，却又通过词汇概念间的关系整合，方便交际，满足英语母语人的习惯。试比较汉语的同一事物逻辑概念表达："反应堆压力容器钢板壳体，历来焊接制成"。各个名词概念元素依汉语"类别"+"属性"+"用途"+"材料"+"形状"+"主体"的逻辑哲学认知译出，概念完整，多重逻辑关系层次清晰，完整地体现了哲学思辨维度下的语言经济性。这是因为汉语大一统的哲学观习惯从整体看待事物，事物与事物的关联更多地是以逻辑意义的内合实现节省，而非英语形式逻辑的外连。造成同一事物不同概念名称的逻辑思维差异，就是哲学思辨样式的差异，而这种差异毫无例外地遵循经济性原则，真正体现了攀山千条路，同仰语言经济性这个月亮的高。因此，汉语概念表达习惯，重在精炼浓缩，一目了然，语用自然也就能够实现经济效度。语言的经济性规律始终在语用的哲学思辨维度里得以体现。

研究语言的经济性规律表现，哲学认知体现最丰富的社会文化则是另一个重要资源。社会文化是指依自然辩证法观点，研究对语言形式和内容产生影响，并且不断使之相应做出适应性改变的给定的社会和文化条件哲学意识形态。作为单纯的符号系统，语言是没有任何意义的。比如，人们曾经人为设计制造的世界语符号系统，在没有进入语言的社会文化习惯圈的时候，只不过就是一个符号系统而已。但任何语言符号系统，包括人为制造的语言符号系统，一旦进入一定的哲学认知意识形态，为该社会的人们所接受和认可，语言就获得了生命。

哲学思辨的社会文化习俗是语言生成的决定性因素，语言的经济性是决定性因素中的决定因素。语言符号不但反映社会现实，也反映社会整体哲学认知和哲学体验能力。在形成完整的语言表达符号体系的过程中，语言表达的形式和内容往往会以潜移默化的方式，依社会里一定群体的节省性语言哲学认知习惯构建。值得注意的是，哲学思辨条件下的社会文化群体的语言习惯本质上同样有语言经济规律在起作用。有的社会文化群体倾向于语言表达的细腻，有的社会文化群体倾向于语言表达的粗犷，因此前者的经济性表现为信息的充足性；后者的经济性则表现为语言的简洁性，表现不一，属性相同，追求语言的经济性是所有社会里语言哲学认知得以实现的普遍形态（见表 3-1）。如表所示，首先，孤立地看三个社会群体的语言习惯，都是群体语言的经济性表现，分别代表各自的话语节省方式。综合比较，语言经济性明显表达各自遵循语言群体习惯的原则，以此形成语言区域经济性差异。其次，从社会语言发生学分析，语言经济性必定与社会的物质文化生产的富饶与贫瘠相关联。如表所示，地处南方的湖南，物产富饶，对语言经济性的要求并不迫切。而地处中部的河南，物产丰饶不如湖南，语言经济性规律非常明显。东北地区属高寒地带，语言经济性最为明显，话语表现最为简洁精炼。三个物质文化形态都有经济性表现，当然也存在程度上的差异，这是无可置疑的。当而，社会不是封闭的，一旦实现了社会的交融与开放，社会群体的语言经济性不会像资本追求利润一样，最终趋向平均利润；相反，社会群体的语言经济性实现习惯会追求最为节省的方式，缓慢地实现普及。近几年出现的北方词汇“倍儿”，就是如此。现在，“倍儿”这个词已跨越社会群体语言习惯，为人们所接受，因为该词的语音层面最方便（“倍”的发音之后紧跟着一个儿化音，形为双音，实为连读，省时省力，从读音结构上满足了汉语双音节构词的心理指向）、语法层面最简单（“倍儿”在语法层面上用作副词，轻巧地取代了传统副词充当状语时对结构的累赘要求）、语用层面最简洁（“倍儿”为典型的口语表达，取得了双重简洁省力的效果）、修辞层面最新颖（“倍儿”一词因为以上三个优点而受到追捧，时尚的当是具有经济属性的），一词用而全句新，是语言经济性的典范。英语的经济化过程也经历了类似演变，如 take it easy that > take it easy to V>take it easy >take easy，就是如此。

表 3–1　不同社会文化区语言经济性表现

半夜起解的一段对话			
社会文化区	湖南	河南	东北
爷爷	是哪一个起来了？	是谁？	谁？
孙子	是我，您的孙子起来了。	是俺。	俺。
爷爷	孙子呀，起来干什么呢？	干啥？	啥？
孙子	爷爷，孙子起来撒尿吔！	撒尿！	尿！

语言的经济性规律机理始终在哲学认知思辨的社会文化维度受到制约。

对语言经济属性在生态环境和哲学思辨二个维度进行的考察与

研究，可以深刻地理解语言运动和发展的基本规律和最为普遍的表现形态，从而可以在语言形成和运用机理研究层面更好地发展和操控语言的交际功能、记忆功能、表达功能和传承功能。这无论是对语言运用、语言改革、语言教学，还是语言跨文化交际和语言研究，都是有意义的。

三、语言的经济价值

语言具有价值（value）和效用（utility）、费用（cost）和效益（benefit）这些经济学中本质的元素。语言的经济价值是指语言使用过程中表现出来的能够有效地表达和能被理解的互换性特征（interchangeability），也就是语言的表意功能或取效手段等在人们头脑中所产生的某种信仰效果，在这种效果的驱使下，人们做出的一些相应的经济付出行为，而这种行为正好满足使用者的预期需求。语言的经济价值可以从三个层次来认识，即语言本身的经济价值、语言的个人价值以及语言的社会价值

（一）语言本身的经济价值

瓦尔兰科特（Vaillancourt）认为："语言具有经济价值，具体表现在：语言克服跨文化经济交际障碍，从而取得经济效益；语言引流知识经济交际，从而取得经济效益；人们在语言的帮助下完成某项工作，从而取得经济效益；人们依靠语言从事某项职业或参与某种活动，从而取得经济效益；语言在劳务市场中满足社会的需求，从而取得经济效益（受雇者的外语熟练程度越高，其身价就越高，其待遇也就越好）。"不同语言对经济发展的贡献是不同的，不同语言的经济价值有高低之分。某一特定语言的经济价值的高低取决于

该语言在各种任务、职业和部门活动中的使用程度，而其使用程度又受到对该语言的供求法则的支配。但总的来说，只要语言能在劳务市场上满足社会不同层次的需求，便会取得不同的经济效益。

语言之所以具有经济价值，是因为人力资本被赋予了价值，而作为人力资本的语言也必然具有价值。一是语言是人类最重要的交际工具，是人们进行沟通的主要表达方式。语言作为思想交流的媒介，在经济活动中不可缺少，它是一种生产要素，直接作用于商品生产、交换、分配、消费的全过程，发挥着节约成本、提高效率的作用。语言是信息的承载者，是人们传递、获取信息的重要渠道，在信息时代，语言在经济活动中的作用越来越大。二是语言是人类劳动的产物，是人类智慧的结晶。马克思主义认为，劳动创造了人类，也创造了人类语言。语言的形成不是一蹴而就的，而是经过了几千年的形成过程。原始人类在劳动当中逐步使发音器官进化，大脑思维也发达起来，从而为会说话创造了必需的生理物质条件。另外，原始人的劳动大多是群体协作，这就需要某种信息，如手势或声音，把一群人的动作统一协调起来，其中的声音信息，哪怕很简单、很粗糙，也算是人类最初的语言了。这种语言究竟是什么形态，现在人们已经无从考察，但一般来说可以做出这样大致正确的推测：这些语言有某种特定的声音；这些特定的声音有一定的意义，这些意义可以心领神会。人类在共同劳动中，“已经到了彼此间有些什么非说不可的地步”，于是产生了语言。语言形成后，在人类的使用中，不断发展和完善。当今世界语言都积累了人类长期的智力投入，并已经转化为一种无形资产。三是语言资源具有稀缺性。语言的稀缺性就是由于人们掌握的语言能力的有限性和在一次交流中人们只能从数量众多的语言中选择其一使用的矛盾，即使用权的稀缺性。从经济活动需求来看，我们的人力资源中蕴含的语言资源还不适应当前多语市场的需要。如果我们的劳动力有无所不能的语言适应能力，在其他条件不变的情况下，我们就可以生产出更多的产品和服务，我们的生活水平就会大大提高。恰恰是因为现有的劳动者语言技能上的不完备，我们的经济发展受到了限制。所以，不仅我们所需要的掌握普通话的劳动力不够；而且，那部分听不懂普通话的民众作为服务对象，也在承受非普通话语言服务欠缺的损失。因此，提供多元化的语言服务是必要的。

（二）语言的个人价值

语言的个人价值是指语言能力的培养是个人人力资本的重要组成部分。知识经济条件下人力资本所带来的收益远远大于物力资本所带来的收益。据测算，第二次世界大战后美国农业生产增长中只有 20% 是物力投资的结果，其余 80% 都是教育或与教育有关的科学技术的作用，或者说主要是人力资本投资的结果。在世界范围内，第二次世界大战以来，由于人力资源开发、教育投资增加使经济增长的比例达到国民经济增长总额的 41%。教育是人力资本的一部分，而且是核心部分，而语言能力的培养是教育的一个重要组成部分，如同通过工作经验或通过正规教育所获得的知识和技能一样，语言本身也是一种人力资本，学习一种或多种语言是对人力资本的一种投资，这种投资必然会产生一定的经济效益。语言投资成本可以从个人成本和社会成本两个方面去考察。个人成本主要包括学费、个人用于购买外语书本等方面的直接成本以及在学习期间内失去从事工作所得报酬的机会成本。社会成本主要包括国家、教育机构和社会为外语教育所提供的物质资源，教师和其他职员以及管理方面的投入等。有投资就要有收益，人们投资于外语教育，通过学习和训练获得外语的知识和技能，具有取得和解读外语信息的能力，这种能力以资本的形式存在于自己的身上，成为获得更多资本的资本，在从事生产经营活动的过程中，能够更有利于自己获取新知识、学习新技术、开发新产品和拓展新市场，从而促进生产的发展并为社会和个人带来更好的经济效益。因此外语教育可以被认为是一种生产、积累和维持人力资本的方式。随着世界经济一体化格局的形成，国与国之间的经济往来以及文化交流越来越多，语言的桥梁作用也越来越突出，这就对社会人才，特别是高级人才在语言上提出了更高要求。人们语言能力的提高，特别是对第二、第三种语言的掌握，可以增加个人人力资本的储备，使人们跨越国界、民族和文化进行无限的沟通和交流，可以更深入地了解国家间的文化和背景，了解商业规则和贸易习惯，继而减少贸易损失，还有利于促进各国之间的经济往来。同时，在从事科学研究时，多语能力有助于获取最新信息，增加学术交流，掌握世界最新动态，促进科研成果的文字化及科研的发展。因此，就个人而言，多语能力可以增加个人可能的贸易伙伴数量，进而对其工作绩效产生积极作用。高水平的语言能力往往能带来好的工作岗位、高的社会地位和其他各方面的优先权等等，从而使自身在劳动力市场求职、工作单位升职、发展个人事业中处于有利的竞争地位。

（三）语言的社会价值

语言之于社会，最为人们认可的价值在于它是人们处理人与世界关系的工具。语言主要是一种社会资源，为社会所创，为社会所用，同时也为适应社会的需求而变化。语言既是一个结构系统，又是一个融入社会系统中的信息和符号体系，从这一点来说，“发展变化”和“对社会的依附”是语言的重要特性。语言的社会价值便主要体现在其现有的及潜在的社会功能中，即语言的沟通功能和认同功能。语言不仅对微观主体产生经济效益，语言经济对人类社会的价值也非常重要。一个国家国民语言能力的提高能对一国的企业和社会经济的发展产生巨大的外部性，因为一个国家国民语言能力的整体提高既能促进贸易经济的发展，又能间接增强国家的国际竞争力和影响力。语言经济的社会价值最突出的体现在于语言产业的兴起和发展，语言产业是以语言为内容、材料，或是以语言为加工、处理对象，生产出各种语言产品以满足各种语言需求的产业形态。语言产业的核心概念是语言企业与语言产品，语言企业的经营目标就是生产出语言产品以满足客户的语言需求。从另一个角度讲，客户因为有语言需求，就会消费语言产品，从而产生语言经济行为，而语言经济行为达到一定的成熟度和规模就形成了语言产业。目前，较为典型的语言产业业态主要包括语言培训、语言出版、语言翻译、语言文字信息处理、语言艺术、语言创意、语言康复、语言会展、语言能力测评等。作为高职院校，培养复合型外语人才以服务区域经济发展，已成为人们的共识。在高职院校中，无论是英语专业还是非英语专业，英语都是一门必修课，加强高职外语教育，特别是英语教育，有利于激活外资，可以增强区域经贸发展；可为市场输送了解商业规则和贸易习惯，能用相关外语顺利地进行贸易活动的外语人才，促进对外交流，带动地区经济、技术的发展；进而促进区域文化的繁荣发展。

四、语言经济价值的研究前景

随着全球化的推进，语言在经济生活中的经济作用和价值凸显，从经济的角度认识语言的价值对现在和未来都意义重大，但是语言经济学无论是在国内还是国外，都处于发展初期，虽然近几十年来研究者从经济学角度研究探讨了一些语言问题，也取得了一些有益的成果，但目前有关语言经济价值的研究还只是停留在理论推理上。

（一）从经济学角度研究汉语国际推广

随着我国国际竞争实力的不断提高，国际经济影响力日益增强，汉语日渐成为世界范围内的一种重要语言，甚至有专家预测，汉语将会和英语一样成为一门世界通用语言。英国媒体指出，如果不赶紧适应中国是经济强国的势头，就会落后于其他国家，而学汉语是对接中国发展红利的钥匙。据新华网报道，截至 2014 年 3 月，全球汉语学习者已超过 1 亿人，“汉语热”持续升温；汉语教材进入了许多国家的课堂，有 100 多个国家和地区的超过 3000 多所高校开设了汉语课程。国家专设了国家汉语国际推广领导小组办公室，简称国家汉办，是国家汉语国际推广领导小组的常设办事机构，致力于为世界各国提供汉语言文化的教学资源和服务，最大限度地满足海外汉语学习者的需求，为携手发展多元文化、共同建设和谐世界做贡献。“汉办”也是孔子学院的管理机构，主要职能是负责中国的对外汉语教学和汉语国际推广，其宗旨是“向世界推广汉语，增进世界各国对中国的了解”，工作目标是“汉语走出国门，走出亚洲，走向世界”。汉语之所以如此受人青睐，既源于中国经济快速发展、综合国力日益增强的外在吸引力，更是因为汉语独具魅力的内在吸引力和其潜在的经济价值。在国际贸易经济中，如何充分发挥汉语的自身价值、人力资本价值以及社会价值，有效地进行汉语推广有着深远的研究前景。

（二）基于语言经济学视角的外语教育改革与发展研究

1. 高职外语教育与区域经济的协同发展

在经济全球化背景下，区域经济与高职外语教育之间的关系越来越密切。高职外语教育是服务区域经济、对接区域主导产业的高等教育形式，是外语教育与经济发展联系最直接、最密切的部分，对区域经济发展有着重大的意义。高职外语教学必须服务区域经济的发展，按岗位能力对外语的要求培养应用型外语人才，使之更好地为区域经济服务，同时也促进自身的发展。

高职外语教育资源如何得到优化配置？高职外语教学改革如何适应区域经济发展，两者协同发展？如何培养适应区域经济发展的外语人才？这些都是值得我们研究的问题。

2. 多语种教育创造巨大的经济价值

语言生态观倡导适应人类社会可持续发展，与时俱进地维护和发展语言多样性，调整人们意识形态中的语言价值观。语言的多样性和开放性是保持生态系统平衡的必要条件，也是外语教育多元化和开放性的基础。英国布里斯托大学语言研究所研究员加布里埃尔·霍根 - 布伦（Gabrielle Hogan-Brun）在对话网撰文阐释了多语制对经济增长的作用。霍根 - 布伦表示，在日益多元化的今天，英语的地位已不再像以往那般突出，而保护主义的政策则可能带来讽刺的结果，那就是英语地位进一步衰落。多语种外语教育不局限于单一的英语教育，还包括了法语、俄语、德语、阿拉伯语以及其他小语种教育，所覆盖的范围比较大，所容纳的文化更广、更加复杂。英语教育和多语种外语教育都起到贸易交流桥梁作用，并由此产生了巨大的经济价值。在国际市场全面开放的今天，无论是文化传播还是产品进出口，均离不开语言的交际功能支撑，只有在强化世界通用语言——英语教育质量的基础上增强多语种外语教育，才能帮助广大人民群众掌握更多的外语交流知识和技巧，从而促进商品在国际市场上更好地流通，推动文化、政治、经济发展，促进英语教育与多语种外语教育的和谐性，为国际贸易创造出舒适的语言环境，尽可能地避免因语言交流误差而出现贸易障碍。因此，制定的多语教育政策对我国开展新时期外语教育政策规划有重大的社会现实意义，体现了时代发展的需要；同时，探讨比较传统英语教育模式与多语种外语教育模式之间的异同，对完善我国外语教学体系也有着重要的现实和经济意义。

第四章　高职英语教学改革与区域经济的协同发展

第一节　高职英语教学改革对区域经济发展的作用

教育的目的是更好地帮助地方经济培养具有发展潜力的人才，同时地区经济也会对教育产生一定的推动作用。改革开放后我国经济得到了十分快速的发展，并且和世界经济实现了一定程度上的融合。英语是经济交流中的一种重要语言，对高职英语教学的模式进行研究，提高英语教学和经济发展之间的契合度，实施英语教学改革，将两者之间的差距进行缩小，才能保证高职英语教学对地区经济的有效促进，为地方经济的发展提供合格的人才。

高职英语教学改革加强了英语人才的培养与区域经济增长之间的关系。高职毕业生是地方经济发展的主力军，高职高专所提供的与地方经济发展所需要的合格应用型人才，对地方经济增长起着积极的促进作用。

第一，高职英语教学改革可以为区域外贸经济发展提供应用复合型人才支撑。我国是一个人口大国，但顺应经济快速发展的高级应用型人才却相对不足。要变人口优势为人力资源优势，发展高等职业教育是有效的途径。从长期看，随着经济发展和产业结构的升级变革，对各类应用型人才的需求增大了，要求也提高了，必须有与经济发展所需要的合格应用型人才供给。随着地区开放程度的不断提高和外资企业的涌入，区域经济的发展需要大量的高素质英语类复合型人才，这些人才不仅需要具备过硬的专业知识，同时还要具备良好的沟通能力，这种能力在对外贸易中主要指的就是外语沟通能力。例如对于经济管理专业的学生来讲，他们需要对贸易知识和经济运作的规律有所掌握，同时还要具备良好的英语交流和沟通的能力。这类人才就是复合型人才。这类人才在当前的经济贸易中是需求的重点，同时也是推动区域经济贸易发展的主力军。以市场需求为导向的高职英语教学改革必将为区域经济的发展源源不断地提供合格的人才。

第二，高职英语教学改革有助于区域经济与世界经济接轨，可以更好地促进区域外贸经济发展。打造外向型经济体系，承接沿海地区和国外产业转移，这些涉外经济活动离不开外语尤其是世界性语言——英语的介入，这就决定了高职英语教育在区域经济发展中的重要地位。学习英语，不仅要学习语言知识，还要学习英语国家的文化背景、习俗、礼仪等，使不同文化背景、不同价值观在同一经济活动中能够合作协调发展。高职英语教学改革，可以实现同市场需求的充分融合，为经济发展提供不同种类的英语人才，不断促进本地区和国外经济主体之间的交流和合作，有利于扩大引进外资，增强区域经贸发展，实现区域经济的多元化发展，同时在经济发展中引进西方的经济管理经验、专业技能和知识，缓解经济贸易之间的摩擦，起到很好的区域经济贸易交流的润滑剂的作用，提高贸易成功率和经济效益，进而推动外向型区域经济的发展。

第三，高职英语教学改革可以促进本区域旅游业的发展，繁荣本地文化。语言和文化之间的关系是密不可分的，高职英语教学改革可以对本地区的外语教育起到很好的推动作用，同时对本地区的旅游、外贸发展也有着十分重要的作用。当地优质旅游资源需要大量的外语人才对海外推介，吸引海外游客。语言的交流和丰富的外语人才存储可以吸引大量的海外游客，从而极大地推动地区的旅游业及相关产业的发展。随着对外贸易的不断深化，越来越多的外商活跃于区域经济中，区域经济中的个体和外商之间必然产生频繁的交流。不论是与外籍游客之间的交流还是外贸经济中与外商的沟通，不同思想和文化之间的碰撞会逐渐在生活中、情感中进行渗透，中西方文化的不同思潮会逐渐形成融和，并且逐渐走向欣欣向荣的发展。

文化的繁荣反过来会促进经济发展。文化是经济发展不可缺少的变量，既是经济发展的前提条件，也是经济发展的助推器。首先，文化可以以要素的形式参与经济发展，能够形成经济价值。文化产业的发展是对文化作为一种资源要素的开发。其次，文化以基础结构的形式参与经济发展过程。文化对人的活动有着潜移默化的影响，人的行为受文化的制约，因此，文化可以通过约束人的行为，形成低成本的发展环境。市场经济是信用经济，良好的信用环境能够有效地降低交易成本。人的创新意识、财富观念、消费观念、生态观念、管理观念等等也都会对经济发展产生重要影响。

此外，高职院校积极参与地方经济文化交流活动可以使学校的英语特色优势得到充分发挥，把学校的专业建设融入地方文化事业发展的整体中，将本地区的经济优势和外贸成果介绍给更多的人，扩大地方在国外的经济影响和名声，帮助其走向世界，具有良好的广告效应，促进了地方经济的发展。

高职英语教学改革倡导将区域资源进行合理的配置，构建涵盖职业素养、英语语言技能、专业技能、实践应用等多个方面的人才培养模式，并将其系统应用于高职英语教学中，使英语语言的经济效益实现最大化，推动区域经济朝着和谐有序的方向发展。高职院校的毕业生在掌握了大量实用的英语知识及专业技能之后，就能拥有更多的就业机会，就能够更好地为区域经济发展贡献自己的力量。

第二节　区域经济发展对高职英语教学改革的影响

在经济全球化背景下，企业对高职毕业生英语水平的期望值不断增加，作为以培养高等应用型人才为目标的高职院校加快了英语教学改革的步伐，以便更好地为区域经济输送应用型人才，区域经济与高职英语教学改革之间的关系越来越密切。

一、区域经济发展对高职英语教学改革的影响

发展区域经济，一方面，必然要求本地区的高职英语教育为其提供人才和智力支持。另一方面，高职英语教育也要求地方为其发展提供支持。

高等教育的三大职能是培养人才、科学研究、服务社会。为经济社会发展服务，是高等教育的出发点和最终归属。社会经济的发展，要求高等教育必须放下架子，走出象牙塔，积极投身于广阔的市场，适应社会经济的发展，在世界经济大潮中去求新求变，拓展

自身的发展空间，在时代的潮流中始终保持旺盛的生命力和创造力。

随着区域经济产业转型升级，外向型经济的不断壮大，社会急需大量高层次英语应用复合型人才。地方高校应当抓住这一发展机遇，确立以育人为本、以职业需求为导向的办学理念，加大对英语应用复合型人才的培养力度。

首先，区域经济结构决定着高职英语教学的人才培养计划和专业设置。高职英语教育是面向地方经济、面向产业、面向大众的高等教育形式，是英语教育事业与经济社会发展联系最直接、最密切的部分，在区域经济的技术革新过程中起着重要作用，对区域经济发展意义很大。随着科学技术的更新换代，出现了大量新的生产部门，从而引起经济结构的变迁与产业结构的升级。社会劳动力从劳动密集型产业逐步转向知识、技术密集型产业，一些老的职业逐渐消失，新的职业不断涌现。这些必然给高职英语的专业设置带来影响。一些传统产业的衰落，对相关人才需求的减少，导致了高职英语相关专业的萎缩，而一些新兴产业的兴起，对相关人才需求的增加，促使高职英语新专业的产生。因此，地方的经济结构和特色决定了高职英语教学的人才培养模式，在进行高职英语教学改革过程中，要针对本地区的经济特点，对本地区的人才需求状况进行考查，根据人才的实用性和就业率，对高职英语专业和课程进行指定性的设置，使之契合于经济在一定时期发展水平的需求。

其次，区域经济的发展对应用型人才提供了前瞻性的方向，对高职英语培养目标和模式提出了更高的要求。调查表明，经济越发达的地区对高职毕业生的英语水平要求越高。随着经济的发展，企业对具有专业理论知识、能阅读英文材料并能够用英语与人交流的高级应用型英语人才的需求不断增加，这对高职英语教学培养目标有直接的影响，这种影响决定了高职英语教学的专业设置、调整与改革的方向。这种明确的人才目标规格指向要求变革传统的高职英语培养模式,让“实用为主,够用为度”成为高职英语教学指导原则，让学生学一点、会一点、用一点，边学边用，使高职英语教学具有实用的特色。同时继续努力培养学生的阅读理解能力，加大“听说能力”的培养和训练，重视学生的实际应用能力，特别是职业岗位能力的培养。因此，现代高职英语教学必须适应地方经济发展需要，重新定位人才培养目标，改革更新人才培养模式，以服务地方经济为目标、以就业为导向，根据职业岗位所需能力与素质改革专业课程体系，构建新的人才培养模式，培养高层次应用复合型人才。

最后，区域经济发展要求有与之相适应的高职英语教育规模与质量。经济发展的水平制约着高职英语教育的规模。如果经济发展水平高，就会有较好的人力、财力、物力和生源等供给能力及人才需求，即可以为高职英语教育发展提供较扎实的物质基础和较旺盛的高职英语教育产品需求，高职英语教育发展的规模就会大一些；反之，对高职英语教育发展的供给和需求都会不足，高职英语教育发展的规模就会缩小。无论是改革还是发展，高职英语教育在师资队伍建设、课程建设、校舍建设、实验实训基地建设等与人才培养质量相关的方面都需要投入，而投入的多寡，很大程度上取决于经济实力。当经济发展状况不良时，必然影响到对高职英语教育的投入，从而影响人才培养质量。可见，经济发展的优劣，对高职英语教育质量也是有一定影响的。

二、地方经济影响下的高职英语教学的改革方向和模式

在经济全球化加速发展的今天，社会经济发展与变革日新月异，

这既给高等职业教育发展带来了机遇，同时也带来了严峻挑战。我国社会经济结构的不断调整、产业的升级换代与转移、经济运行过程的高科技化和知识化，促使职业技能、职业知识的变化期越来越短、折旧速度越来越快。高等职业教育应该加快改革，培养能符合经济发展变革要求的应用型人才，发挥高等职业教育经济推进器的作用。

在区域经济蓬勃发展的今天，高职院校的专业结构已经发生了巨大变化，学科专业变革与社会生产力结构变化同步已经成为教学改革的一大趋势。因此，我们有必要以服务经济为目标，不断加强高职英语教学改革。

（一）全面树立以就业为目标的教学理念

高职教育有两个基本特征：一是属于高等教育；二是属于职业技术教育。高职教育不是培养学术型和工程型人才的普通高等教育，也不是培养一般技术工人的中职教育，而是承担着培养我国经济转型和产业结构调整所大量需要的、经“零培训”或短期培训就可以胜任具有较高技术含量职业岗位的大批量新型人力资源的历史重任。因此，从某种意义上来讲，当下中国社会的高职教育就是一种直面就业的教育。与此相适应，高职院校的英语教学理念也必须与普通高校做出明确区分。普通高校培养的毕业生应能在对外交往与合作、传播沟通信息和交流科技成果、从事各种类型的高层次管理与服务、参与教育与科研等方面发挥积极作用。因此，在对毕业生的英语水平要求方面，不仅要求他们具有扎实的听、说、读、写、译基本功,而且能把英语与相关专业知识相结合,使其成为“复合型”人才。高职院校培养的毕业生是以能直接将所学知识和技能转化为现实生产力为特色的，因此，高职英语教学的培养目标不能照搬普通高校，也不应是普通本科英语教学内容的简单的量的压缩。对高职学生英语能力的培养，不仅要夯实基础，更重要的是突出实用性，在他们现有的英语基础上，使其在较短的受教育期限内掌握能直接服务于岗位工作的语言能力。

教育部2000年《高职高专教育英语课堂教学基本要求（试行）》（以下简称《基本要求》）提出，高职英语教学“在加强英语语言基础知识和语言基本技能的同时，重视培养学生实际使用英语进行交际的能力”。因此，要把教学重点从关注语言系统转移到言语能力上。长期以来，普通教育把英语教学的重点放在语言系统上，关注的是语言系统中的语音、语汇和语法这三大要素，从而造成了所谓的“聋子英语”“哑巴英语”现象的大量存在。如果我们把教学重心定位在言语上，我们关注的将是另外三大要素——言语主体、言语环境和言语作品，从而把言语和言语活动作为主要教学内容，唯此，才有可能真正关注学生这一言语主体，才会把学生的需要即学生就业的需要作为教学活动的出发点，才能真正做到以学生为中心，并通过引导学生大量接触英语言语、创造性地运用英语言语去获得就业岗位需要的言语能力，进而真正实现高职英语教学的培养目标。

（二）力求教学内容职业化

《联合国教科文组织关于职业技术教育与培训的第二届国际大会的建议》在《主题3——改革教育与培训过程》中指出：“21世纪学生所面临的挑战，要求对职业技术教育采取革新措施。最明白不过的是要对课程进行重新设计与定向，以便考虑新课题和新出现的情况，如技术、环境、学习外语与外国文化、企业情况，以及与休闲、旅游接待等有关的、迅速发展的服务业的要求。”又进一步指出：“迅速变化的时代会产生许多‘虚拟课程’，学生可凭借这些虚拟课程来更新快过时的知识与技能，并学到许多通用的新知识与新技能；而在新时代的企业界，各种形式的自谋职业可为经济独立提供许多潜在的机会。”同样，高职英语课程也必须朝着内容职业化方向尽快完成改革。

过去几年里，高职英语课程长期依赖本科院校教材，而本科英语教材缺少了高职教育的针对性和与岗位相联系的实用性，不能满足社会对高职人才英语能力的要求。随着专门面向高职学生的英语教材相继问世，应该说，新的系列教材较好地体现了《基本要求》的精神，保证了全国高职院校英语课程教学的顺利开展。但是，在内容职业化方面仍不能适应多数专业学生岗位英语能力培养的需要。笔者认为，职业教育课程整合主要应指建立实践知识与理论知识之间的内在联系，而整合的原则是“岗位实践的需要”。从理论与实践整合的角度看，项目课程是职业教育课程内容组织的必然选择，高职英语课程亦不例外。

项目课程可以简单地定义为是以工作项目为中心来组织理论知识和实践知识的课程，这些知识不是按照本身的逻辑，而是按照“工作项目完成的需要”而被组织的。与实践过程直接相联结的知识是实践知识，因此，实践知识是项目课程的核心，但为了促进对实践过程的理解，促进实践能力的迁移以及创造性实践能力的形成，根据实践的需要有选择地学习部分理论知识也是必要的。对项目课程来说，受过教育就意味着能完成一项工作任务。当课程内容以工作项目为中心而被组织时，这就始终在提醒学生，这些内容是与工作任务紧密相关的。这样，学生就会把更多的注意力放在工作任务上，而不是单纯的知识上。他们会意识到，掌握这些知识仅仅是手段，最终的目的是有效地完成工作任务，这样，职业教育课程内容便能与岗位能力要求紧密地匹配起来。而高职英语项目课程的构建，必须分阶段、分学科、分专业实施，其基本思路可定位于：大一开设高职公共英语，大二、大三则针对不同专业和岗位需求，开设高职英语项目课程，使学生所学内容充分职业化。

（三）坚持交际法教学

《基本要求》规定，高职“英语课程不仅应打好语言基础，更要注重培养实际应用英语的技能”。高职英语课堂教学应是一种师生互动的交际形式，着力于学生主体语言能力的生成与拓展，应是一个动态的、双向的语言信息交互过程。

20 世纪 60 年代，美国学者 D.Hymes 提出了交际能力的概念，涉及了潜在的语言知识和能力，包括交际场合。他认为，语言交际能力是用我们学过的语言知识点来有效而正确地在各种各样的场合和不同的人进行交际。他指出，一个人的语言掌握得好还是不好，不仅仅取决于他是否会造很多的符合语法的句子，也取决于他是否具有正确运用语言的能力。所以，交际能力和掌握语言结构的好坏无关，而和他在参与社会活动中运用语言能力的强弱有关。交际法外语教学理论不再主张引导学生进行孤立的句型操练，而是从学生实际出发，确定学习目标，使教学过程交际化，其目标直接指向培养学生的外语应用能力，这与高职英语的教学理念相一致。

运用交际法进行英语教学，首先要努力创设真实自然的社会语言情景。不仅要借助手势、动作、表情、实物、图片等手段为学生创设贴近教材内容的直观情景，而且要用语言的声调、节奏、情感等描述创设言语情景。其次，要将教学和用英语进行交际结合起来，把生活中的交际场合搬进课堂，使课堂变为一种具体的社会交往环境，使教学过程成为教师与学生之间的双向互动的交际过程。另外，要用英语教英语，把英语和所要表达的对象直接联系起来，让学生直接用英语理解和记忆英语，提高运用英语在不同场合对不同对象进行有效交际的能力。

对学生英语交际能力的培养必须置于丰富多彩的活动中。英语教学中，学生交际能力的形成和发展，是学生个体在学习过程中建立起来的，在活动中通过主、客体的相互作用获得个体经验的积累。知识和技能只是形成能力的前提，要使掌握的知识与技能转化成能力，还须将积累的知识和技能概括化、系统化。交际能力本身只有在活动中才能得以形成和发展，如果缺乏相应的活动，任何能力都不可能形成和发展。教师在教学中应结合学生的专业特点，结合教学内容，准确、适时、有计划地组织训练活动。同时，还应引导学生积极地投身于英语实际交际的实践活动中，在真实的交际环境里对所学知识和技能进行检验和反馈，促进交际能力的形成和发展。

（四）充分利用多媒体教学手段以优化课程结构，增强教学实效

在科技、信息、经济全球化的当今世界，计算机和英语是两大基础学科,也是两大工具学科。可以这么说,谁掌握了计算机和英语，谁就拥有更多掌握世界上最先进的知识和信息的机会。对直接面向就业的高职生而言，二者不可或缺。两者之间有着密切联系，计算机应用离不开英语，高职英语教学同样也不应该离开计算机多媒体技术的支撑。

多媒体就是利用计算机和相关技术设备对图、文、声、像等多

种媒体信息进行数字获取、管理、通信、处理，并能通过和用户的交互对话向用户提供所需信息的新一代的计算机集成环境。多媒体技术对文本（Text）、图形（Graph）、静止图像（Still Image）、声音（Audio）、动画（Animation）和视频（Video）等信息具有集成处理的能力，使教学手段趋于全方位、多层次，从而创造出更适合学生学习的开放的探索式的学习环境。

多媒体的集成特征与网络化和存储技术相结合，可为高职英语教学提供大量的文字和非文字信息，能极大地改善教学环境，多媒体计算机与因特网联网后，还可灵活、快速、高效地利用国内外信息资源，从而改变传统英语教学单维文字或孤立静止图形传递信息的局面，以多维、多形式、多角度、高效、准确地向学生呈现与描述同一教学内容。特别是一些理工科、医科类等高职专业的科技英语文章，借助于多媒体技术环境的支持，可以加快学生的接收理解速度，加深学生的记忆，提高其专业英语技能。

多媒体计算机能把电视机、录像机、录音机等所拥有的视听功能与计算机的交互功能结合，产生出图文并茂、生动形象的人机交互形式，以强烈的吸引力和感染力调动学生多感官参与，全身心投入，有效地激活学生的学习兴趣，增强学生的求知欲望。此外，多媒体计算机辅助教学的先进手段，如终端软件互联网等，改变了传统的被动学习局面，学生成了机器和设备的主人，完全可以根据自己的意愿控制学习，从而建立起自信心，消除焦虑和紧张感，充分体现出学生的主体作用。加上计算机网络可以提供协作学习模式，因而能有效地促进学生对所学知识的意义建构。多媒体技术环境还能激活和强化学生的创造力和创新意识，培养学生提出和解决问题的能力。

多媒体计算机能为英语课堂教学创设逼真情景，从而为学生提供语言交际的真实情景。在传统的英语教学方式下，学生对英语的学习绝大部分是在课堂上进行的，由于缺乏真正自然的言语交际情景，语法规则的学习和语言使用规则的掌握往往出现脱节现象。多媒体计算机的一体化特征能为英语课堂教学活动的开展提供较为真实、自然的教学环境，教师和学生可以根据教学目的、内容和语言功能项目从网上的资料库中选取和下载适当的图片、录像片段、文字介绍等，自由组合资料创设出理想的情景。多媒体模拟仿真技术创造的各种真实情景，可以有效地刺激学生的语言交际欲望，使其能够主动开口讲英语，并且学会在不同交际情景中使用恰当得体的语言进行交流，从而逐步实现在实际的英语交际活动中运用自如。

高职英语教学的实践充分说明了高职英语教学改革必须以服务地方经济发展为目标，而地方经济的发展是高职英语教育存在和发展的基础，这两者是相互促进、相互依存的。因此，及时调整高职英语课程设置和教学理念，充分认识高职英语与地方经济的关联性，加强服务地方经济的意识，是新时期高职英语教学改革的新方向。

第三节　基于区域经济发展的高职应用复合型英语人才培养

随着全球经济发展的一体化，英语已成为各国、各民族、各文化相互沟通交流的纽带，经济一体化对区域经济的发展提供了不可或缺的机遇和挑战，培养复合型英语人才，服务区域经济已成为人们的共识。如何培养复合型英语人才已经成为地方高职院校人才培养的重要研究课题。

一、高职教育、英语教育与区域经济发展

区域经济（regional economy）指在一定区域内经济发展的内部因素与外部条件相互作用而产生的生产综合体。它是以一定地域为范围，并与经济要素及其分布密切结合的区域发展实体。区域经济反映不同地区内经济发展的客观规律以及内涵和外延的相互关系。高职教育指在一定普通教育基础上，为适应某种职业需要而进行的专门知识技能和职业道德教育，使受教育者成为适应社会职业需要的应用人才。高技能性理应成为其本质特征。

高职教育作为一种面向地方经济建设的高等教育，其传播知识、培养人才、推广科学技术都是围绕地方经济与社会发展展开的，因此，区域经济的特殊性必然影响到高职教育的发展。区域经济结构中的产业结构、技术结构、劳动力结构以及经济效益等决定和制约了高职教育的层次类型结构、质量水平、发展速度与规模。区域经济对于高职教育的发展起着决定性作用，其综合实力是高职教育发展的物质保障，现代经济社会对高等技术应用性人才的需求，是高职教育存在和发展的基础，为高职教育的存在和发展提供了空间。另外，高职教育也为区域经济提供人才与智力支持，促进区域经济繁荣。因此二者的发展是相辅相成的。

英语作为国际性的交流用语，其发展速度、强度和覆盖面与区域经济发展存在互动关系。经济发达地区的教育手段先进，知识的生产、积累、使用能直接面向经济发展要求，这就使得英语教育发展速度快、强度大、辐射力强，人们吸收外来信息、技术、文化和经验的速度与质量就有保证。相反，经济落后区域教育投入少，英

语教育覆盖面窄，师资队伍匮乏，教育观念落后，势必减缓对外来知识和技术的吸纳，进而影响其经济发展。

二、英语教育对区域经济发展的影响

随着地区开放程度的提高，境外企业及游客的增加，英语在国际交往及日常交流中的地位和作用日益凸显。改革开放以来，英语得到了迅速发展和大范围普及，为外语人才的培养打下了良好基础。外语人才数量的增长提高了从业人员素质，促进了区域三资企业、外商独资企业的发展和对外贸易的不断增长。

区域经济的繁荣昌盛与英语在当地的普及密不可分，发展英语教育带来的积极影响及其在经济建设中的特殊作用不可忽视。建设学习型城市，全面提高从业人员和居民的英语水平，以更加开放的姿态立足国内，面向世界。地方高职院校应时刻关注区域经济发展动态以及人才需求趋向，及时调整办学思路，加快人才培养步伐，扩大办学规模，提高办学质量和声望，力争为地区培养数量大、质量高、留得住的英语复合型人才。

三、高职教育人才培养促进区域经济可持续发展

经济要持续发展依靠的是人力资源和科技进步，教育是人力资本开发的重要手段，是科技进步最重要的动力。以美国和巴西的发展史为例，美国政府长期对教育的重视和巴西政府对教育政策的一贯失误是导致两国差异的重大原因之一。发达国家经济教育起步早、发展快、水平高，区域教育与经济互相促进作用表现得最为突出。从世界范围来看，高等职业教育的出现和大发展总是与该国（地区）经济高速发展相伴随。美国 20 世纪 40 年代开始设立的社区学院、

英国20世纪60年代大量出现的职业技术学院以及德国的高等专科学校、韩国的产业大学等，无不反映了这些国家当时快速的经济发展进程。

区域经济发展，必然带来对人力资源需求的增加，大力培养高素质劳动力队伍毋庸置疑是促进区域经济可持续发展的有效途径之一。

（1）可以提高劳动生产率,促进区域经济内部结构的良性发展。高职教育培养出来的高技能型复合人才，其知识属性决定了他们必定是高素质生产者，具备改进生产技术的素质和能力。对于新知识的追求、对新事物的敏感决定了他们善于采用新观念、新技术，从而促使整个企业乃至行业的优胜劣汰，实现产业结构变革，使其更好地适应经济发展水平。

（2）促进区域产业结构的调整和优化，全面提高区域内的产业素质。高职教育在这一过程中可以充当积极的角色，积极配合政府吸纳社会富余人员到高职院校进行岗位培训，提高人力资源质量，为当地培养大批可开发性后备人才。

（3）有利于区域经济科技成果的转化和利用。只有培养一大批有一定理论基础的高层次技术应用型人才，才能使科技成果得到及时转化和利用，提升其产品在国内乃至国际上的竞争力。

要成功地实现区域经济可持续增长，重要措施之一就是充分发挥高职教育的特有优势，尽可能多地培养高技能型复合人才，提高劳动者文化素质，实现区域经济发展中对人力资源利用的最大化。

四、应用复合型人才及其特征

（一）应用复合型人才的内涵

有人说："复合型人才，是指具有两个或两个以上，但一般是两个专业或学科的基本知识和基本能力的人才。一般来说，复合型人才主要有三种类型即跨一级学科复合型人才、跨二级学科复合型人才以及以一个专业为主、兼有多门学科知识的复合型人才。"也有人指出人们所说的复合型人才,也可视为"通才"。这同样是多层次的，如高层次复合型人才是指双博士、双硕士学位获得者，中层次复合型人才是指双学士以及学、硕不同学科的硕士学位获得者，低层次复合型人才是指掌握两个以上学科专业知识和相关技能的本、专科毕业生，例如机电一体人才、中英文秘书等。还有人指出，复合型人才培养就是"对学生实施跨学科、跨专业的教育，使学生既具有本专业扎实的基础理论知识、专业知识以及人、文、经、管等方面的知识，又具有本专业以外第二或第三个专业方面的基本知识与技能。"有关复合型人才的论述还有很多，这里不再一一列举。当然，随着经济全球化的到来以及科学技术的迅猛发展，职业种类的变化速度加快，即使同一种工作岗位，其内容也可能发生了巨大变化，工作岗位的要求越来越高，在这种状况下，要求人必须具备多方面的职业能力。当然，复合型人才本身又是具有层次性的，有高、中、低不同的层次。

如果说复合型人才强调的是复合的知识、复合的能力和复合的思维，那么应用型人才主要是强调对相关知识、能力和思维的创新性运用。前者更多的是知,后者更多的是行,两者统一于工作实践中。应用型复合人才的培养必须把专业教育与实践教学紧密结合起来。

至此，我们可以这样定义应用型复合人才：应用型复合人才是指理论基础扎实，知识面宽广，能在实践中熟练掌握社会生产或社会活动一线工作所需要的两个或两个以上学科基础知识和基本技能的人才。

（二）应用复合型人才的基本特征

从横向来看，应用型复合人才必须基础宽厚，知识面广。具体来说，应当包括多种学科基础知识的复合、多种专业技能的复合、多种基本能力素质的复合以及智力因素与非智力因素的复合。他们要有一定的知识宽度，要从以“够用”和“实用”为限的要求逐步向“基础扎实、技能多样、增强后劲”转变，从掌握职业岗位技能和技术等操作性知识逐步向掌握完整、系统和学科交叉的知识转变。

从纵向来看，应用型复合人才必须具有综合性的能力。应用型复合人才的工作是以“应用”为出发点和归宿的，而现实问题往往具有多样性、复杂性，加之二次创新大多出现在学科的边缘或者学科的交叉之处，具有多学科、综合性特点。所以，应用型复合人才要实现理论的实践应用往往不是简单地用一种专业基础知识就能奏效的。

从人才特征来看，应用型复合人才必须具有基础知识和基本技能的融合。不同类别、不同层次的应用型复合人才，其应用能力素质复合化应当有不同的要求。应用型复合人才具有多学科的知识，但这些知识绝非松散而没有联系，而是相互交叉、融合，形成新的知识，并成为新的思维方法和综合能力的萌发点。这不仅有助于解决本学科、本专业的问题，而且更容易有所创造。基础知识和基本技能能否融合并综合地发挥作用，是应用型复合人才的重要标志。

从以上可以得知，从用人单位的角度看，应用型复合人才与应用型单科人才相比，更能够适应多种工作岗位的需要，有利于降低人才使用成本。从人才自身发展的角度看，应用型复合人才比应用型单科人才更有利于在个人职业生涯中适应职业与技术变换的需要，扩大事业成功的途径。从人才培养的角度看，应用型复合人才的知识结构、能力结构的设计要比应用型单科人才更加复杂。

五、应用复合型英语人才的培养途径

应用复合型英语人才培养模式是针对一定的市场需求、对某一专业课程进行特殊调整与设置而形成的一种区别于传统教学方式与课程设置的人才培养模式。那么，如何培养“复合型”英语人才，并使之服务于区域经济发展呢？根据社会经济发展对复合型英语人才的需求，复合型英语人才的培养模式可以概括为“人文素质 + 专业知识 + 英语语言技能”。

（一）培养学生人文素质

人文素质培养有助于丰富学生的哲学、形象思维，它对于提高学生的社会公德心、职业道德以及身心素质有着至关重要的作用。因此，培养具有文化修养，综合素质高的复合型人才应该将人文素质教育课程放在基础教育的首位。常用人文素质培养途径如下。

1. 建构多元化模式

首先，专任人才培养方案制定过程中要注重人文素质课程的开设，如商务英语专业应开设有大学语文、思想道德修养与法律基础等人文素质课程，同时要不定期举办心理学、文学等方面的文化知识讲座，从而拓宽学生的文化知识面。通过多元化的培养模式，使学生具备基本职业素质。其次，要革新人文素质课程的教学方法，传统教学模式没有明确教学中学生的主体地位，学生在学习的过程中未能充分地发挥主观能动性,教学效率低下。因此,在教学过程中，要大力推行以学生为主体的讨论式、启发式、问题式等多元式教学方法。

2. 加强校园文化建设

首先，校园环境是校园精神文明建设的窗口，它对学生素质的提高起着潜移默化的作用。加强文化创造、优化教学环境、丰富校园生活等可以为学生创造良好的学习氛围，使学生能够在积极向上的文化中成长。其次，丰富的校园文化能够有效地拓宽学生的知识面，能够培养学生的审美观，提高学生的鉴赏力和创造力。最后，加强校园文化建设是加强人文素质教育、提高学生基本能力的重要手段之一。校园文化活动可以以社团、第二课堂等活动形式体现。

（二）培养学生专业能力

专业能力是指适应岗位的职业能力，它包括专业岗位知识和实践操作能力。培养专业能力必须以专业教学为中心。如商务英语专业人才除了要具备较强听、说、读、写、译等基本英语专业技能以外，还要熟悉国际贸易基本理论、业务知识和专业技能等。

1. 多元化设计课程，提高学生专业岗位知识能力

中国的国情和社会发展程度决定了中国的职业教育课程模式不同于德国的“双元制”和加拿大的 CBE 模式等，因此，在确定教育课程模式时不能生搬硬套国外模式。

要培养适应区域经济发展的具备较强的英语应用能力和商务操作技能，能从事涉外商务活动的高技能复合型人才，就必须深入分析区域经济的发展趋势及产业发展特点，以行业企业的岗位需要和职业标准为依据，按照实际工作任务、工作过程和工作情境开发与设置课程。以提高学生的职业能力和培养学生职业素质为主线，优化理论课程与实践课程的配比，合理分配必修课与选修课的比例与学时数。以工作任务为中心选择、组织课程内容，加强课程内容与实际工作之间的相关与对接，促进理论知识与实践技能培养的融合，提高学生的学习兴趣和就业竞争力。如港口物流人才培养需要学生具备较强的仓储配送、采购管理、集装箱运输管理、货运代理和港口码头服务能力，具备草拟英文合同、处理英文单据能力等。因此，高职院校物流专业要以培养仓储配送、采购管理、集装箱运输管理、货运代理和港口码头服务能力以及英语能力为导向来设置专业课程。

2. 多元化设计课堂教学模式，提高学生专业自主学习能力

不断改善教学方法与手段，突破传统的教学方法和课堂组织形式，按照市场需求和能力目标，通过师生的双向互动，充分利用多媒体教学，拉近课堂与工作场所的距离，激发学生的学习兴趣，提升课堂效果。在课堂教学中，教师要以培养学生的职业能力为中心改进教学方法，将专业教学与能力培养有机地结合，注重对学生职业关键能力和可持续发展能力的培养，从而提高学生专业自主学习能力。构建多元化课堂教学模式可以通过构建“3s”（即以社会为中心、以学生为中心、以学习主题为中心的体验式案例、互动教学方法）、“生生互动”（即由老师启发引导，学生讨论切磋）、“任务型教学”（即以任务为中心，通过完成任务来解决问题）等模式来完成。

3. 多元化实践教学模式，提高学生专业实践操作能力

多元化实践教学能够在有限的时间、有限的教学条件、在不增加学生学习压力的情况下提高学生的学习自觉性以及学习兴趣，同时能培养学生养成独立思考解决问题的习惯。职业资格人才化、课程教学与职业资格证书相结合的“双证书”模式、校企合作模式等都是实践教学模式的体现，它们能大幅度提高学生的专业实践操作能力。同时，对于各种社会实践、课内实训、集中实训、毕业实习、毕业设计等实践教学环节，要与行业企业专家共同论证，改进实践内容、方法手段、考核方式以及实训教材，形成以职业能力培养为主线、适应实际岗位需要、着眼于职业长远发展的实践教学体系。

（三）培养英语语言技能

培养复合型英语人才的核心是培养英语语言知识和技能。复合型外语人才要体现出语言优势。那么，如何培养学生英语语言技能以适应经济发展的需求呢？

（1）以服务区域经济发展为导向，优化课程，改革教学资源和方法。以服务经济为导向，了解物流、旅游等行业涉外方向所需要的专业知识和专业技能，通过工作任务来分析确定职业能力标准，根据职业能力标准来确定课程标准，有针对性地改革物流、旅游涉外专业课程结构和内容，突破传统教学模式。在课程建设上，要开设与专业相关的 ESP 英语课程。如物流专业学生除了要掌握专业技能以外，还要能够草拟英文合同、处理英文单据等，因此物流专业人才培养方案内应该开设基础专业课物流英语。在教学方法上，应该推陈出新，以学生为主体，教师为中心；重知识和重能力，变教师单方面的灌输为师生的双向互动，重视课外实践活动，积极开发第二课堂，如外语角、英语学习交流会等，尽可能为学生营造运用英语的环境，让学生能够在学中做、做中学，在实践中不断提高语言能力；完善教学，建立科学的外语教学评价体系。

（2）建设“双语”师资队伍。构建一支与地方经济发展相适应的双语师资队伍，把专业教学、外语教学和岗位实践有机地联系起来，真正做到“工学结合”。一是有计划地派遣青年教师到外资企业锻炼；二是有目的地让青年教师承担校内外实训基地的实践任务，承担物流、旅游企业的涉外人才培养任务；三是聘请一线优秀从业人员充实师资队伍，建立一支实践经验丰富、具有较高教学水平、相对稳定的兼职教师团队。

第五章　区域经济发展环境下高职英语教学改革创新

第一节　语言经济学视域下高职英语教学改革与区域经济发展研究：一个研究框架

随着经济全球化和高等教育国际化的发展，英语作为国际交往和文化交流的工具，愈发凸显出较高的社会经济价值。当前，市场对具有跨文化交际能力，有着高素质和复合型知识结构的应用型、国际化人才的需求，向高职英语教育提出了前所未有的挑战，提高英语教学的效率与效果，使高职英语教育真正适应国家经济和社会发展的需要是我们面临的重要课题。

在高职院校英语教学中，结合当地区域经济的发展情况实施改革，培养与当地经济发展相契合的英语人才，不但能够促进高职英语应用型人才培养，同时也能够对区域经济发展产生一定的促进作用。（李丽君，2016）高职院校要立足本地区特色，切实推动自身英语教学改革，培养高素质应用型英语人才，更好地为区域经济的建设和发展服务。因此，运用语言经济价值理论、人力资本理论和教育经济学等理论考察高职英语教学与区域经济发展的关系，对寻求高职英语教学和区域经济相适应发展的方法和路径有着重要的理论意义和实践价值。

一、国内外研究现状述评

（一）国外研究现状

美国经济学家马尔萨克于 1965 年首次揭示了语言与经济的关系，他认为语言本身是一种人力资本，语言作为人在经济活动中不可缺少的工具，具有同其他资源一样的经济特性，即价值、效用、费用和收益；语言技巧同其他技巧一样，可以看成是个人和社会通过投资能够获利的经济资源。20 世纪 70 年代和 80 年代，产生了从经济角度研究语言的需求。由于大批移民涌入美国和加拿大，两国政府每年都要投入一大笔资金帮助新移民融入社会、进入劳务市场，在这一背景下，很多学者先后开始了对双语教育、语言与收入、语言政策和语言规划等方面的研究，内容涉及：语言经济学和语言规划、语言政策的经济学分析、官方语言问题、外语水平与移民关系等。20 世纪 90 年代初，欧洲学者掀起了语言的经济学研究热潮。达茨曼（Christian Dustmann）分析了移民的德语掌握程度与其收入之间的关系；圣奥通从博弈论的角度分析了不同外语水平的成因；戈利（François Grin）在《欧洲的语言经济学研究：新近成果及其与加拿大的关系》一文中指出，欧洲研究不要局限于语言促进经济发展的一面，而更强调语言和经济的互惠互补作用，指出语言环境也是由经济力量的影响造成的。除欧美国家外，其他国家如澳大利亚、新加坡、牙买加等也有不少学者陆续加入了语言的经济学研究行列，研究者也不再局限于经济学界，越来越多的社会学界、语言学界和外语教育界人士对此也表现出了强烈的兴趣。

（二）国内研究现状

我国对语言的经济学研究近年来才刚刚开始。我国最早介绍语言的经济学研究的学者当属何自然（2012）、陈建民、祝畹瑾（1992）、戴炜栋（2011）和高一虹（1998）,在他们的有关著述中都谈及了“语言与经济”的关系问题，但均未作系统的论述。1999年，许其潮发表《语言与经济：一个新兴的研究领域》一文,借鉴国外的研究成果，结合我国的国情，第一次完整地介绍了该研究产生发展的基本情况及研究方法。随后，国内学者们开始了对语言作为经济变量的经济学研究：汪丁丁（2010）等从纯理论角度研究了语言与经济关系；宋金芳（2004）等通过分析西方学者的实证研究案例，论述了语言政策的成本和收益；宁继鸣（2008）等对汉语国际推广的经济价值做了实证研究；靳惠玲（2008）等分析了外语语言在河北省经济发展中的贡献。总体而言，已有关于语言与经济关系的研究基本上集中于用经济学的理论和方法分析语言作为人力资本所产生的经济效益、语言政策和语言规划等。

总体而言，这些研究取得了一些阶段性成果，为进一步研究奠定了一定的基础，但是目前在国内，语言对国家经济，特别是区域经济的作用常被忽视，研究多以评价国外研究居多，存在着较大的局限性：基于语言经济学视角研究英语教育教学改革和发展的理论和实证研究缺乏完备的理论研究框架，系统研究少，滞后于社会经济发展需求；鲜有学者涉足语言经济学与高职英语教育的研究，尚未实现语言经济学与高职英语教育创新研究的双向互动。

二、语言经济学视域下的高职英语教育研究

（一）我国高职英语教育研究现状

高职英语作为在校期间必修的公共课程，其内容的基础性和实用性是非常重要的。当前，我国高职英语教育发展规模空前，改革范围广、呼声高，但现状不尽如人意，教学耗时长，精力付出大，资源浪费多。换而言之，英语教育发生了“学用脱节”的现象，只是一味强调学生四大基础能力训练，即听、说、读、写，而对于是否有效地应用到企业工作中来解决实际问题，仍然存在很大的疑问，即学生的在校学习不能为后期的工作实践提供支持。（刘艳平，2015）

（二）语言经济学视角下的语言教育研究：基本理论依据

1. 人力资本理论

人力资本理论的核心概念是人力资本。当代主流经济学认为，凡是在市场中对人具有经济价值、能够货币化和带来收益的存量都算是资本，而人力资本就是这样一种资本。人力资本不是天生就有的，而是通过对人力资源投资形成的，主要包括各类教育的投资、医疗保健的支出等途径。

2. 教育经济学理论

教育投资是人力资本构成的最主要部分。教育的收益既包括个人收益和社会收益，也包括经济收益和精神收益。教育投资的最大社会收益就是它能促进国家经济的增长。个人的经济收益表现为：一个人受教育越多，获得收入的能力越强；受过教育的人有较多的变更职业的机会，或有较强的工作适应能力。

3. 语言经济价值理论

语言的经济价值是指语言使用过程中表现出来的能够有效表达和能被理解的互换性特征，主要表现在三方面：人们在语言的帮助下完成某项工作，从而获得经济效益；人们依靠语言从事某项职业或参与某项活动，从而获得经济利益；语言在人才市场中满足市场需求，从而获得经济效益，此时受雇者的外语熟练程度越高，其身价就越高，用于外语工作的经验越丰富，其待遇越好。

（三）语言经济学视角下的高职英语教育研究：基本假设

语言经济学视角下的高职英语教学与区域经济发展研究旨在研究区域经济发展对高职英语人才的动态需求，以及英语的经济价值与高职英语教育改革和发展的关系及其内涵，从而寻求高职英语教学与区域经济发展相适应的路径和方法。因此，运用语言经济价值理论、人力资本理论和教育经济学理论，从宏微观、跨学科、理论与实证等方面对与区域经济发展相适应的高职英语教学的课程体系、资源建设、教学模式与评价体系等进行系统研究（莫再树，2008），基于语言经济学理论，从新的研究视角和理论研究框架剖析高职英语教育中语言的经济价值，高职英语人才的动态需求与高职英语教学改革和发展的影响，构建新的高职英语课程体系，创新高职英语教学模式和评价体系，为高职英语教学改革提供新思路、新方法，为丰富语言经济学的理论提供了一定的案例支撑，为高职英语教学与区域经济发展的融合提供了建设性的范式，有利于提高高职英语教学的实效。

我们认为：高职英语人才需求、英语的经济价值与高职英语教育的发展正相关，而这种正相关客观上要求构建适合岗位需求的高职英语课程体系，发掘新的教学资源，创新高职英语教学模式和评价体系，寻求高职英语教学改革的新思路和新方法，培养高职英语应用型人才，以提升高职英语教学的内部效益，进而促进高职英语教学与区域经济发展相融合，提升其外部效益。

（四）语言经济学视角下高职英语教学与区域经济发展研究：主要内容

1. 高职英语教学和区域经济发展的现状及其关系调查研究

通过调研，获得完备的基础数据和第一手资料，建立并不断充实数据库。首先，对高职英语教学改革与区域经济发展的现状与关系进行调查与分析：对目前我国地方性高职院校英语教学的课程体系、资源建设、教学模式、教学方法与手段、评价方式等情况，以及它们对区域经济发展的影响进行调查分析，进而了解高职英语在区域经济发展中的经济价值和现实意义。其次，进行区域经济发展对高职英语人才需求调查与分析：对高职学生英语语言知识、实际操作技能以及跨文化交际能力等方面对社会所需的英语人才进行调查分析，从而准确定位高职英语人才培养的规模、规格和目标，培养适应区域经济发展的应用性英语人才。最后，调查我国高职英语教学评价标准，基于区域经济发展的现实和社会对英语人才的需求，构建有利于高职英语教学改革与区域经济发展相适应的评价体系。

2. 高职英语教学内部效益提升研究

基于语言经济学中的语言经济价值、人力资本理论以及成本—收益分析法，从微观层面研究高职英语教学，进行高职英语课程体系、资源建设、教学模式、评价体系等方面的改革。根据区域经济发展对高职英语人才需求的特性及各高职院校的实际情况，设计与区域经济发展相适应的高职英语教学规模、层次、课程体系、资源建设，确定高职英语师资队伍建设规模和结构，构建合理的教学模式，实现教育资源的优化配置，培养适合经济社会发展的多元化的高职应用型英语人才，实现高职英语教学内部效益的提升。

3. 高职英语教学改革与发展评价体系构建研究

高职英语教学目标是培养学生具有较强的阅读能力和一定的听、说、写、译能力，使他们能用英语交流信息，能借助词典阅读和翻译有关英语业务资料，在涉外交际的日常活动和业务活动中进行简单的口头和书面交流，并帮助学生打下扎实的语言基础，掌握良好的语言学习方法，提高文化素质，以适应社会发展和经济建设的需要。然而，目前我国高职英语教学评价基本上局限于对学生英语应用能力的考核，大多通过学生考试成绩来衡量和评估英语教学情况。我国高职英语教学模式、教学方法、课程体系评价还很不健全，而规范研究的学术规范（研究方法、评价指标等）是高职英语教育教学改革研究发展的标志之一，评价体系的创新研究则是探索高职英语教学改革发展方向与模式的重要环节。

4. 高职英语教学外部效益增大研究

向明友（2002）认为“优化配置的、实现效用最大化的言语”是真正意义上的最经济的言语。高职英语教育内部效益的提升促使其外部效益日益增大，客观上要求教学资源得到优化配置，基于语言经济学中的语言经济价值和区域经济发展的实际情况，从宏观层面研究高职英语教学与改革的政策和发展规划，实现高职英语教学资源配置最优化，使高职英语教育外部效益最大化。

（五）语言经济学视角下高职英语教学与区域经济发展研究：研究方法与技术路线

1. 研究方法

（1）文献研究法。通过对研究主题的有关研究成果进行充分搜集、鉴别、整理，从理论上对本研究主题进行深入理解，并取得相关的理论成果。

（2）调查研究法。通过问卷、访谈等形式了解高职英语教学的现状，剖析高职英语教学与区域经济发展的关系，以及高职英语服务区域经济发展的现实意义。

（3）成本—收益分析法。运用成本—收益分析法评估高职英语教学改革的成本和效益，提出高职英语教学与区域经济协同发展的路径和方法，从而提高高职英语教学的服务能力。

（4）实证研究法。从课程结构、教学内容、师资队伍和评价机制等方面进行高职英语教学改革实践探索，从而形成科学合理的高职英语课程体系。

2. 技术路线

语言经济学视角下高职英语教学与区域经济发展研究技术路线图如图 5-1 所示。

从语言经济学的角度来说，英语具有自身的经济价值，能够带来巨大的社会效益和经济效益，高职英语服务于区域经济发展的价值日益得到人们的关注。作为高职院校要能充分认识到高职英语和区域经济的紧密性，强化服务区域经济发展的意识，将语言经济学理论及成本—收益分析法运用到高职英语教育教学改革中，采取符合市场规律和区域经济发展的多元化策略，促进高职英语教育教学内部效益与外部效益的双向互动，实现使用价值与经济价值的良性转化。从国家到地方政府、学校以及师生，各个层面都要注重资源的优化配置，低成本，高产出，追求英语教学的最大效益化，才能满足国家对高素质应用型人才的需求，符合学生个体发展的需要，使高职英语教育教学走上可持续发展的道路。

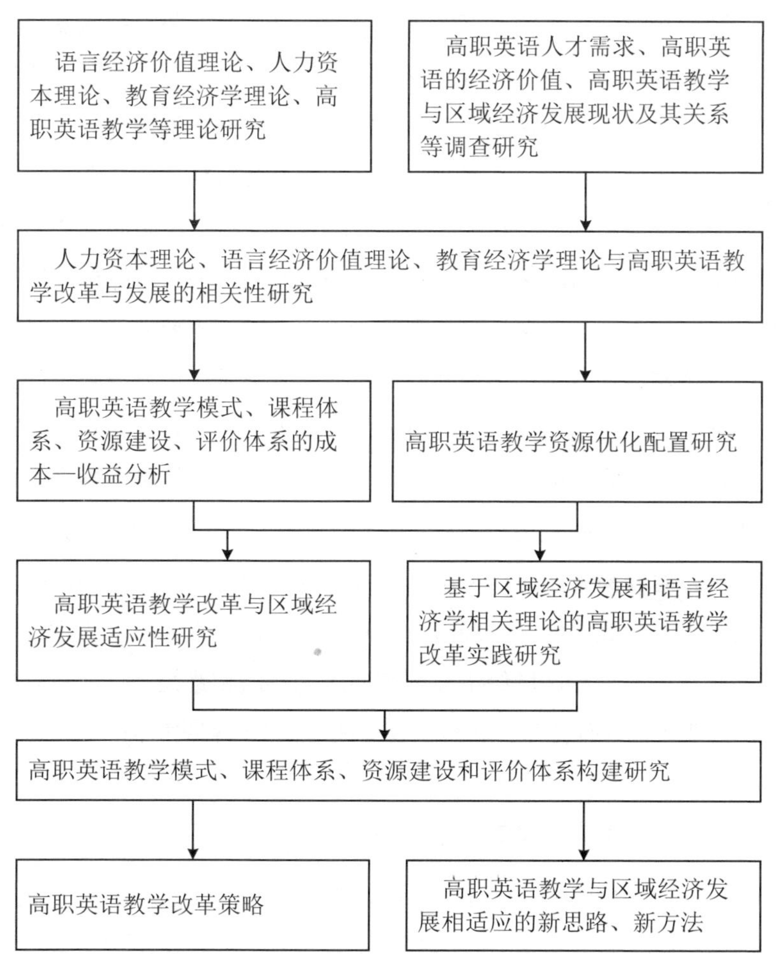

图 5–1　语言经济学视角下高职英语教学与区域经济发展研究技术路线图

第二节 区域经济发展环境下高职英语课程体系构建

随着经济全球化的迅猛发展，企业的国际化竞争日趋激烈，其生存和发展面临着新的挑战。企业的竞争即人才的竞争，国际化趋势的日益加强，促使企业不得不更加重视人才队伍的建设。为此，承担为社会和企业输送高素质专业人才的高等院校特别是高职院校越来越重视英语教学的建设。为顺应时代的发展，满足国际化市场的需求，培养具有跨文化交际能力的高素质复合型知识结构的应用型、国际化人才，成为当今高职英语教育改革的重要课题。以当地区域经济发展为背景，结合社会和企业人才需求，进行高职英语教学改革，培养与当地经济协同发展的英语人才，一方面能够促进高职英语应用型人才的培养，另一方面，也能对当地经济发展产生良好的促进作用。高职院校要立足本地区特色，切实推动自身英语教学改革，培养高素质应用型英语人才，更好地为区域经济的建设和发展服务。因此，从区域经济发展对高职英语的人才需求出发，寻求高职英语教学和区域经济发展相适应的方法和路径，从而建立相应的高职英语课程体系，有着重要的理论意义和实践价值。

一、高职英语课程体系现状分析

（一）高职英语课程体系处于一种零散、孤立、缺乏系统性的状态

目前高职院校从总体课程体系布局看，专业技能教育体系比较完善，尤其是在当前工学结合、理论实践一体化的教学改革实践中，

专业技能教育体系更具有科学性、系统性，而人文素质教育课程包括高职英语课程体系依然处于一种零散、孤立、不成系统的分散状态，没有与国家对高等院校培养高素质人才的总体目标融为一体，没有纳入学校教育的整体规划，没有列入学生的培养目标，与高职英语课程相匹配的人文精神的培养没有渗透进专业教育内容等等。如果仅仅把人文素质教育理解为人文学科教师或者学生管理部门的事情，离开了整个学校教育的整体，高职英语教育以及人文素质教育将很难达到良好的效果。

（二）高职英语课程设置与区域经济发展需求不相适应

现代社会的发展速度和文明程度在不断提高，对个人的语言交际能力提出了更高要求，国内外的现代企业对人的语言沟通技能越来越重视。良好的语言沟通能力不仅能使自己成功一半，也能给企业带来丰厚的收益。然而，在现实工作中，高职学生对语言沟通能力和社交礼仪等方面的表现并不乐观。高职教育“以就业为导向，以能力为本位”是内涵非常丰富的概念。这里的就业并非简单的“技能就业”或“生存就业”，这里的“能力”并非简单的“岗位能力”，其内涵所指的是体现综合能力的就业，也就是职业教育宗旨与人文素质教育内涵要义整合后的共同体现，是企业、社会对人才的共同要求，是教育对象的主体性要求，也是区域经济发展对高职教育的要求所在。因此，高职英语课程体系的设置必须把除了上级规定的英语必修课以外的人文素质课程列入人才培养方案之中，同时，也要将其作为学生毕业的必修课来考量。各个学校应根据自身的情况，因地制宜，因时制宜，摸索出适应区域经济发展的高职英语课程体系。

（三）在课程体系设置上，忽视校园活动、社会实践对学生语言综合运用能力的提高的作用

目前，我国的高职院校与大学院校相比，起步晚、底子薄、规模小、投入少、教育资源相对短缺，面临激烈的市场竞争，高职院校在课程体系设置方面普遍存在一定的功利主义思想，忽视校园文化课程、社会实践活动对学生语言综合运用能力提高的作用。作为一种育人环境和氛围，校园文化可以丰富学生的文化知识，提高学生的综合素质，培养和塑造他们的人文精神，达到引导人、陶冶人、塑造人的目的。在课程体系方面增设校园文化活动课程，可以使学生在享受文化娱乐活动乐趣的同时，潜移默化地受到心灵的洗涤，极大地帮助学生树立正确的人生观、价值观和道德观。高职院校学生有更充裕的时间参与社会实践，这些实践也应当纳入高职英语教育课程体系之中，成为以传统文化为依托，进行提高语言综合运用能力的好时机，让学生在社会实践中完善自己、丰富自己，增加对社会的认识，促使正确的世界观、人生观和价值观的形成和确立，使他们走出“自我”的狭小天地，增强使命感和责任感，从自己的言行开始，一点一滴，促使他们将文化知识转化为人文精神和职业素养。但当前的高职教育明显忽视了社会实践在这方面的作用。

（四）高职院校的课程体系对人文素质教育重视不够

“十年树木，百年树人。”教育最本质的问题是育人。高职英语课程是高职人文素质课程的重要组成部分，高职人文素质课程设置的优劣直接决定了高职英语课程设置的好坏。近年来，高职院校积极响应国家号召实施素质教育，注重加强对学生人文素质的教育和培养，增加了一些人文素质教育方面的课程，但在课程体系构建过

程中，许多高职教育仍不同程度地存在着重技能、轻人文，重专业、轻基础，重智育、轻德育的倾向，许多高职院校除国家硬性规定的思想政治课程外，其他人文素质教育课开设得非常少，或是根据现有教师的专长、能力，简单开一些选修课。另外，在专业建设上，为了体现专业特色，往往加大专业基础课或专业课的比重，加大实习、实训课程的比重，在总体教学学时的框架内，挤占了本来就少之又少的人文课程。这使得学生人文素质的教育和培养在一定程度上受到了严重的影响。具体表现为目前高职学生人文素质水平整体不高，人文知识缺乏，意志薄弱、言行偏激，缺乏责任意识、敬业精神、诚信意识、奉献精神、吃苦精神，对中华民族的优秀文化遗产了解甚少。尽管他们有着良好的专业知识，但适应社会的能力并不强，在扑朔迷离的社会中他们茫然失措，在复杂多变的人际关系中他们孤立无助，在成功面前他们无法自持，在遭遇挫折时他们往往无法自救。近年来大学生犯罪现象屡见不鲜无不说明了这一切。因此，在设置高职英语课程体系时，也必须重视人文素质教育，有必要引入有助于高职学生德育建设相关的其他人文素质课程，加强高职英语人文素质课程的建设。

二、区域经济发展环境下高职英语课程体系改革

（一）高职英语教学改革的要求

我国教育部制定的《2003—2007 年教育振兴行动计划》提出“大力发展职业教育，大量培养高素质的技能型人才特别是高技能人才”，把高职的人才培养目标定位在高端技能型人才。这就要求高职公共英语教学在教学目标设定、课程体系建设、教学内容组织、教学模式和方法的选择以及考核评估模式上与之相适应，使之符合

高端技能型人才培养在能力和素质方面的要求。教育部高教司出台的《高职高专教育英语教学课程基本要求（试行）》（以下称《基本要求》）指出，高职高专英语教学的目的是“经过 180~220 学时的教学，使学生掌握一定的英语基础知识和技能，具有一定的听、说、读、写、译的能力，从而能借助词典阅读和翻译有关英语业务资料，在涉外交际的日常活动和业务活动中进行简单的口头和书面交流，并为今后进一步提高英语的交际能力打下基础”。《基本要求》对我国高职英语教学起到了积极的指导作用，全国各个高职院校按照《基本要求》设置英语课程，主要是培养高职学生听、说、读、写、译的基本能力，为今后进一步提高英语交际能力打下基础。

但是，我国高职教育的深入发展和高职人才培养的重新定位对高职英语在高技能型人才培养的能力和素质方面提出了更高的要求，即在有针对性地对学生进行英语基本技能的训练的同时，侧重于有关专业技术的需要，加强专业知识和技能的培养，提高学生在实际工作中某一职业岗位应用英语的能力。可见，增加英语教学的职业内涵是指与学生的专业或今后的工作需要相关联时，当前社会对高职英语教学的一个必然要求和趋势。

（二）高职英语教学改革的方向

高端技能型人才是我国人才培养战略的重要组成部分，同时，经济全球化趋势和我国改革开放的深入要求高端技能型人才具有国际化的素质和能力。因此，国际化能力和素质培养是高职英语教学改革的重要方面。英语作为高端技能型人才不可或缺的能力和素质，在高职人才职业技能培养中起到了重要的作用。但作为基础英语课程，教师必须要对其服务于学生职业技能和综合素质培养的定位有清醒的认识，不能夸大英语课程的作用。在教学改革中要坚持四个“服务于”的课程定位原则：服务于学校的办学目标、服务于院系的专业目标、服务于学生的个性化需求、服务于区域经济发展要求。

在四个“服务于”的基础上，根据高职学生的专业要求和特点确定高职英语的课程定位、培养目标、教学要求、课程设置、教学模式、教学评价模式。在课程定位上，要依据学校的办学宗旨和院系的专业要求，为高技能人才培养目标服务，着重培养学生的职业素质，提升学生的职业能力。在培养目标上，着重培养学生英语的实际应用能力，侧重职场环境下的语言交际能力和跨文化沟通能力。在教学组织和安排上，根据学生的专业需求实行分类指导，体现课程的开放性，根据学生的学习能力实行分层教学，以满足不同层次学生的学习需求。在教学内容的组织开发上，关注学生的职业需求，组织和开发与学生未来职业相关的教学内容，同时关注需求的差异性，满足多样化需求。在教学模式上，充分利用现代信息技术构建适合个性化学习和自主学习的教学模式。在教学评价上，将形成性评价和终结性评价结合起来，注重过程化、多元化，建立以职业英语能力证书为导向的评价体系。

（三）高职英语课程体系改革策略

1. 明确市场导向，创新办学理念

以就业为导向，深化高职英语课程改革，是高职教育发展的必然趋势。高职高专教育以服务为宗旨，以就业为导向，以培养技能应用型人才为目标。目前，高职高专教育办学理念已初步形成，但高职高专英语课程的发展却趋向于边缘化。为了使高职毕业生更好地适应社会主义市场经济的快速发展需要，促进高职教育健康全面地提高，我们应进一步创新办学理念，重视高职英语课程的发展，提高高职毕业生的英语应用能力，明确就业市场的发展方向，切实深化高职英语的课程及教学体系改革，创新高职教育人才培养模式。

2. 剖析现状，重构课程体系

随着就业市场对高职高专毕业生需求的增加，重新确立以就业为导向的高职英语教学目标与任务已迫在眉睫。虽然我国的高职英语教学一直处于不断建设与改革之中，但是对于影响和制约高职学生职业岗位英语应用能力和水平的因素还有待进一步探究。目前并没有建立以就业为导向的相应课程设置、教学内容、教学组织、教学安排和科学的教学评估体系。传统的教学把英语视为单一文化基础课程，忽视了基础英语与行业英语的接轨，忽视了教学内容的职业特色。教学上还是以教师为中心，课堂教学方式单一，以传授理论知识为主，忽略了学生的主体性，忽略了对学生实践能力的培养。教学评价手段还是以笔试为主，缺少形成性评价及激励机制，导致学生学习英语的积极性不高。面对这些制约教学改革的问题，我们应重构高职英语课程及教学体系，将高职英语课程建设和英语学科的核心素养以及当前社会对高职学生英语职业能力要求结合起来，创新高职人才培养模式，建立相应的课程设置、教学内容、教学安排和教学评估体系，以此为基础编写高职英语教材及讲义，重构高职英语课程体系。

3. 调研市场，确定课改思路

为了扩大高职高专毕业生的就业市场，我们调查了解了就业市场。目前，社会上企事业单位需要的是应用型、技能型人才，看重的是毕业生的动手能力，要求毕业生在精通本专业的同时，应具有与本专业相关的职业英语能力，能看懂相关专业的说明书，具有流利的口语交际能力。因为高职高专毕业生进入企业后，所从事的工作多为操作国外进口机器的工作，这就要求毕业生不仅要掌握机器的工作原理，还要能看懂机器的说明书。另外，高职毕业生在从事涉外工作时，用人单位对高职毕业生的英语口语交际能力也提出了更高的要求。通过对企事业单位的调研，确立高职高专英语的课改目标是培养学生的就业能力，提高学生的职场竞争力。以职业技能为核心，重新进行课程设置，将高职英语课程体系改革和当前社会对高职学生英语职业能力要求结合起来，将职业因素融入教学内容、教学方法及教学手段中。注重模拟职业实践，在基础英语的讲授中融入职业因素，以培养职业能力为首要目标，努力加强对学生英语职业能力的锻炼与培养，加速高职高专教育课程体系从传统的以“课程标准为导向”到以“就业为导向”的转变。

在一年的基础英语教学中，构建以岗位能力为核心的课程体系和职业技能、理论素养并重的质量评价体系，建立“基础知识+专业知识”的课程结构。除了要讲授基本的基础语法、常用的应用文体、日常的交流技巧等，还要渗透专业知识。在教学内容的讲授上，选用适合高职高专的教材，侧重课堂教学的实践环节，加强情境教学，模拟工作环境，让学生亲身体验和熟悉职业环境，使学生不仅懂得书本上的理论知识，更懂得如何将这些知识运用在职场环境中，从而取得较好的教学效果。

4. 明确思路，致力课程建设

结合高职英语“教、学、做”相结合的项目教学法，明确教学思路，进行高职英语课程及教学体系建设。

（1）明确目标与任务，构建新课程体系。高职教育的目标是培养生产、建设、管理、服务第一线需要的技能型人才。明确高职英语教育是岗位技能教育，确立公共英语教学目标与任务，要由单一的灌输教育转向互动式教育，理论和实践相结合，强化学生的就业意识和就业能力。配合专业建设与企业合作，与各个专业的未来职业需求结合，咨询专业人士、行业专家对毕业生的英语能力需求进行分析提炼，开发出符合毕业生需求的任务情境，提炼出典型工作任务。对各个项目进行学习情境设置，具体到每一个任务的方法和手段设置，开发课业文本，设定小组活动内容、时间安排、各种配合手段等。根据拟定的目标，针对课程内容、教学模式、教学方法等，构建适合区域经济发展的全新的高职英语课程体系。

（2）突出实用性，设计课程内容。第一，以真实工作任务为载体。内容选取遵循的基本线索是：求职、调研、计划、实施、总结。每一环节的教学内容都要以真实工作任务为载体。在教学过程中，主要采用角色扮演、情景模拟、分组、合作等方式尽心训练，要求学生转换角色，以“职业人”“社会人”身份去完成各项任务。

第二，增强就业竞争力，提高职业综合素质。在教学中要融入求职面试等内容，发掘学生的创造性和积极性，选择能够提高职业综合素质的任务，以点带面，精讲多练，举一反三，对职场规则形成认知。

第三，以任务和文本为载体进行学习情境设计。学习情境包括文化娱乐、就医问诊、旅游度假、求职面试、订货签单、工作安排等，在不同的学习情境中可以对很多基础能力进行复习和巩固，做到温故而知新。

（3）打破学科界限，因课施教。打破学科体系的界限，按照以技术应用能力、职业素质培养为主线和“英语基础理论融合职业素质要求”的原则设置课程和精选内容。遵循学生职业能力的形成规律和认知规律，采用“任务驱动”教学模式，根据教学内容创设与实践工作密切相关的学习情景和任务，引导学生在完成任务的过程中掌握知识、提高能力，让学生在教中学、在学中做，实现“教、学、做一体化”。突出以社会需求为目的，以使用为特点，倡导教学互动的体验式教学模式。在教学方法上采用开放式教学法，把课堂教学和岗位实践结合起来，鼓励学生参与课程的设计、评价，学会自主学习方法。在教学内容和策略上，要贴近实际需求，注重实践技能培养，基础英语掌握和巩固模块以“够用”为原则，提倡“精炼”。教学中要强调语言的实用性，以培养学生用英语进行社会与涉外业务交际的能力。重点培养学生就业背景下的英语沟通能力，强调把英语教学与学生实践操练结合起来，探索英语课程的职业化。推行分级教学，对不同水平层次的学生使用不同的教学内容，对不同的学生进行有针对性的教学。本书探索将高职英语教学分为两个阶段，即通用英语阶段与职业英语阶段，然后通过虚拟情景训练进一步加强英语知识的运用。结合公共英语课程的特点，创新性地提出以就业为导向的高职英语模块化教学研究体系，根据学校的专业设置和对应的职业岗位需求，建立体现职业教育教学理念和教学模式的行业英语课程体系，建立高职英语实践教学体系。

（4）采用多样化方法指导学生。

实物展示法——通过展示文件、播放录像，使学生对所学知识有感性认识。

网络教学法——建立课程学习网站，在网上提供佳作欣赏、试题库、电子教案以及视频等学习资源，通过 QQ、博客等形式为学生解答疑难问题。

社团活动法——与学生社团合作开展活动，开拓第二课堂，如英语角、英语比赛、自编英文报纸、英文歌曲比赛等方式，为学生提供多种实践平台和锻炼机会。

资源搜索法——指导学生掌握使用图书目录搜集资料的方法，掌握使用百度、谷歌等互联网搜索引擎的方法，掌握专业网站资源的搜索方法。

小组任务法——指导学生分成学习小组，在团结协作中完成各项讨论、情景模拟和角色扮演任务。

三、区域经济发展环境下高职英语课程体系构建

（一）高职英语课程体系构建的基本理念

1. 高职英语课程体系的内涵

高等职业技术教育是培养技术应用性人才的高等教育，是高等教育中具有较强职业性和应用性的一种特定的教育类型。高职教育是以能力为本位，旨在培养学生的实际操作能力、强调实践和实训教学、基础教学与专业教学交叉进行的高等教育。高职英语是培养技术型人才的高等英语教育，旨在训练生产、管理、服务第一线所需的语言交际能力和应对各种涉外局面的语言应用能力。

高职英语课程体系是针对高职院校各专业学生设计的知识结构，服务于学院所确立的人才培养目标。课程体系科学与否不能简单地以其知识含量的多少来衡量，而是要看其是否有利于学生的素质和能力的培养。从满足社会需求和终身教育需求的教育思想出发，结合高职院校专业实际，研究外语教学的自身规律，高职英语课程体系可分为基础英语阶段、专业应用英语阶段和专业英语阶段三个阶段进行教学。其核心在于提高学生英语综合应用能力，着重解决基础英语与专业英语如何衔接的问题。

2. 高职英语教育的基本特征

2000 年，教育部颁布了《高职高专英语课程教学基本要求（试行）》，明确提出了“应用为主，够用为度”的高职英语教学原则，强调打好语言基础和培养语言应用能力并重，强调语言基本技能的训练和培养实际从事涉外交际活动的语言应用能力并重。

2002 年，国务院发布《国务院关于大力推进职业教育改革与发展的决定》（国发〔2002〕16 号），要求职业教育“注重培养受教育者的专业技能，钻研精神，务实精神，创新精神和创业能力”；“培养出适应社会经济发展和企业实际需要的复合型、应用型人才”。这就要求高职高专英语教学活动必须注重对学生实践技能的培养，将高职英语教学与职业教育特点相结合。

2004 年，教育部颁布了《教育部关于以就业为导向深化高等职业教育改革的若干意见》，明确了我国高职教育“以服务为宗旨，以就业为导向，培养高技能人才”的发展方向，特别强调高等职业院校必须把培养学生的动手能力、实践能力和可持续发展能力放在突出地位，突出学生技能的培养。根据该文件的宗旨，各高职院校积极开辟人才培养的新型模式——建立校内校外实训基地。校内校外实训基地建设规模大小、数量多少、设施配备先进程度，成为衡量一所高职院校办学优劣的重要标志。

2006 年，教育部颁布了《关于全面提高高等职业教育教学质量的若干意见》（教高〔〔2006〕16 号），标志着高职教育重心从重规模向重质量转移。该文件明确指出要积极推行与生产劳动和社会实践相结合的学习模式，把工学结合作为高等职业教育人才培养模式改革的重要切入点，带动专业调整与建设，引导课程设置、教学内容和教学方法改革。人才培养模式改革的重点是教学过程的实践性、开放性和职业性，实验、实训、实习是三个关键环节。“改革教学方法和手段，融‘教、学、做’为一体，强化学生能力的培养。”文件还提出：课程教学内容要符合技术领域和职业岗位（群）的任职要求，教学手段要融“教、学、做”为一体，强调教学过程的实践性、开放性、职业性，培养应用性专门人才。与此相适应，课堂教学设计的任务应是做类似未来的工作，通过实践教学平台，学习、训练未来岗位所需的知识和技能，力争毕业生“零距离”上岗。

2010 年，国务院颁布了《国家中长期教育改革和发展规划纲要（2010—2020 年）》。作为规划未来教育发展的纲领性文件，该文件就有关高等教育的发展和改革做了新的重要的部署，明确了发展职业教育的重要性，第一次将职业教育放到与学科教育并重的位置。

该文件也指出了现阶段我国的高等职业教育存在一定的问题：教学机制脱离生产实际，订单教育、产学结合尚未有效实施；培养目标没有真正面向各行各业，缺乏准确的定位；产学结合没有真正落到实处，没有形成企业参与职业教育的有效机制等等。文件中所提出的教育改革发展“二十字”工作方针“优先发展，育人为本，改革创新，促进公平，提高质量”是教育系统今后十年深入贯彻落实科学发展观、深入贯彻落实党的教育方针的重大思路和重大任务，也是教育系统今后十年工作共同遵循的指南。

从上述国家政策法令可以得知，高职英语教育具有打好基础与学以致用相结合的基本特征，从而使得它具有两重基本的任务，首先是帮助学生夯实语言基础知识，其次是帮助学生提高实际生活中的语言运用能力，特别是在日常涉外业务中的英语综合应用能力。英语的实际综合应用不仅仅需要语言知识和技能，更多的还涉及语言背后的文化，这就要通过语言课程培养学生的不同文化意识，通过文化差异更好地理解语言应用语言，通过语言培养学生的正确文化观。与此同时，还要创造和谐的英语语言环境，鼓励学生学习的积极性。此外，培养学生的学习的主观能动性也是高职英语教育的一项重要任务。通过语言学习培养学生的学习主动性将会贯通于所有课程的学习，也为日后的终身学习奠定良好的基础。学生通过语言的实际应用，自主地探索深层次的文化修养、国际化的思维方式，从而形成正确的价值观、世界观和人生观，体现了高职英语的工具性和人文性，这正是区域经济发展环境下高职英语教育的任务所在。

3. 能力本位基本理念

能力本位教育思想（Competence-Based-Education，CBE）是流行于北美的一种职业教育模式。能力本位教学模式自 20 世纪 80 年代末从北美地区引进以来，对我国当代职业教育的发展产生了十分深远的影响，成为我国当前职业教育中举足轻重的教学理论。能力本位教育思想的实质是强调以职业技术能力为基础，按职业分析和工作分析得来的职业能力本身的结构方式组织教学，重视职业技能的获得。其最大的特点是教育紧紧围绕使学生具备某种职业必需的能力而展开。在这一理念下，整个教学目标的基点是如何让受教育者具备从事某一特定职业所必需的全部能力，使学生所学的知识、技能与职业岗位的需求相一致，毕业后能迅速适应就业岗位的需要。这直接呼应了市场的要求，满足了行业、企业的人才需求，顺应了区域经济发展的趋势。借鉴该模式的思想和理论，可为我们探索如何提高高职英语教学质量、培养符合区域经济发展要求的职业人才带来新的启示。

2000 年，教育部高教司出版的《高职高专教育英语教学课程基本要求（试行）》指出，高职高专英语教学的目的是“经过 180~220

学时的教学，使学生掌握一定的英语基础知识和技能，具有一定的听、说、读、写、译的能力，并为今后进一步提高英语的交际能力打下基础”。根据这一要求，结合能力本位教育的思想，高职英语教学目标应做出相应的调整。首先，按照“实用为主，够用为度”的指导思想，处理好基础与应用的关系，合理分配教学时间。其次，要把培养学生的英语综合应用能力作为高职英语教学的中心任务，随着中国加入世贸组织，世界一体化进程进一步加快，社会对人才的英语听说能力要求将会越来越高。但在高职英语教学中，也应注意把握好能力要求的“度”，要侧重培养学生的“实用能力”，要在有针对性地对学生进行英语基本技能训练的同时，侧重加强对学生专业知识和技能的培养，提高学生在实际工作岗位应用英语的能力。最后在此基础上，兼顾学生拓展能力和人文素质的培养。

（1）面向全体学生，注重素质教育。高职英语课程的设置必须要着眼于全体学生，关心每个学生，激发学生学习英语的兴趣，帮助学生建立学习的成就感和自信心，使学生在学习过程中锻炼英语综合运用能力，提高实践能力，培养创新精神。

（2）遵循语言发展规律，培养语言应用能力。高职英语课程的设置要遵循语言发展规律，培养学生的综合语言运用能力。其目标是以学生语言技能、语言知识、情感态度、学习策略和文化意识的发展为基础，培养学生的语言综合运用能力。根据国家教育部颁布的《高职高专英语课程教学基本要求》的“统一要求，分级指导”的原则，从词汇、语法、听、说、读、写、译等方面全面具体描述了各级别的要求，同时把课程教学内容分为三个阶段，即“基础英语阶段 + 专业基础英语 + 专业英语”阶段，这种设计体现了高职基础英语教育阶段学生能力发展循序渐进的过程以及基础英语和行业英语课程要求的有机衔接；贯彻“学一点、会一点、用一点”“听、说、读、写、译并重”和“边学边用、学用结合”的原则，突出学生对英语语言技能和运用能力的培养。

（3）尊重学生的个体差异，因材施教。形成“以学习为中心，以学生为主体、教师为主导”的教学模式，使用形式多样的教学方式组织教学，以实现教师作为设计者、指导者和监督者，学生作为执行者的角色转换。

（4）丰富课堂教学活动，提倡实践型、应用型教学。高职英语课程应积极倡导任务型的教学模式，采用互动性、参与性较强的教学方法，鼓励学生参与教学活动、体验语言实践。让学生在教师的指导下，通过感知、体验、实践、参与和合作等方式，实现任务的目标，营造良好的课堂语言实践氛围，使学生通过语言实践掌握语言知识，学会语言技能，做到“学、会、做”。

（二）高职英语课程体系的构建原则

高职院校英语课程体系构建需要按照“系统、切近、互补、全程”等原则进行构建，具体要遵循以下原则。

1. 与区域经济发展相适应原则

高职英语教学的根本目标是服务于区域经济，高职英语课程体系必须与区域经济发展相适应。首先，高职英语课程体系的对象是高职学生。高职教育是高等教育的重要组成部分，但高职院校的学生与本科院校的学生英语水平相差甚远，这就要求在设计的过程中不能完全照搬本科院校的课程模式，而是从学生的实际水平出发，并结合高职人才培养的要求，参考行业、企业用人标准，不断提高学生的英语水平，为学生走上岗位的可持续发展打好基础。其次，课程结构要以高职教育为基础，针对高职教育特色进行开发。高职教育培养的人才是生产和服务第一线的应用型人才，不是研究型人才，因而课程结构设置要以应用能力的培养为主，凸显高职特色。最后，要针对区域经济的发展。高职院校的人才培养归根结底是为区域经济服务的。区域经济发展的不同时期，需要不同的人才，高职教育培养的人才要紧随区域经济发展需要的变化而变化，因此高职英语作为高职人才培养整体课程的重要组成部分，其内容设置也必须与区域经济发展相适应。

2. 综合性原则

首先，课程内容不仅仅是语言知识，而是以语言为载体，在学习语言知识的同时也涵盖了对历史、地理、风俗、礼仪文化等知识的学习，把多个领域的知识综合在英语课程内。其次，技能的培养也应是综合性的培养，不应以某项技能为主而是综合性的平衡培养，这就要求课程设置上要体现综合性，即要包含听、说、读、写、译等多个方面的内容，才能达到共同训练并最终实现英语综合应用能力的提高。最后，课程形式多样的综合。单一的课程形式会使课程变得枯燥，不同形式的课程可以极大地提高学生对该课程的兴趣，必修课、选修课、第二课堂、实践课等综合性的课程形式，更容易实现课程的目标。

3. 合理性原则

首先，课程内容的合理。高职学生整体英语水平较低，虽已完成了中学阶段的学习任务，但并没有完全掌握中学阶段的英语语言知识，所以在高职英语基础教育阶段要增加基础知识部分，在高级阶段要增加文化社会及科技知识。因此，课程内容既不能是旧知识的重复，也不能是脱离学生基础的空中楼阁。其次，课程体系的合理。

高职英语的基础阶段和提高阶段的课程要互补，必修部分课程和选修部分课程要互补，理论部分要以实践部分为补充。最后，课程的运行的合理性。课程的开发一定要以能否合理的运行为基础，要以必要的硬件设施和软件设施及条件为前提，这样才能保证课程的正常进行。

4. 互补性原则

高职院校英语课程体系构建必须坚持显性课程与隐性课程互补的原则：显性课程即是指被纳入教学计划体系的正式课；隐性课程是指以间接的内隐的形式对学生潜移默化产生影响的非正式的课程。显性课程具有强制性的特点，隐性课程则具有渗透性的特点，要将两者有效地结合起来，以互补的形式发挥其各自的功能，共同实现教学目标。要“按照英语课程的教学目标选择和设置课程，使各门课程在功能上互补、互相配合、互相支援，形成整体效应”。

5. 可持续发展原则

高职的英语课程是中学英语课程的延续，是为了满足学生进一步学习英语的需求。当然高职英语不是学生英语学习、应用的终点，只是整个人生学习的一个阶段，因此它应为学生的后续学习奠定良好的基础，以满足学生终生学习的需求。因此，高职英语综合课程的开发要坚持可持续发展的原则。再者，课程内容，特别是选修课的内容不能一成不变，要结合学生的实际需要和社会经济的发展适时做出调整，在淘汰老内容的基础上不断增添新的部分，使学生真切地感受到课程内容紧随时代发展的变化。高职英语课程体系应贯穿高职学生学习、生活全过程。要根据不同年级学生的心理特点、专业特点，开设相应的课程：对于大一学生，要开设一些能使其尽快适应新环境的课程和活动；对于大二学生，要开设一些涉及学生兴趣爱好和提高学生审美情趣的课程和活动；对于大三学生，则要开设对口就业、适应社会方面的课程和活动。

（三）高职英语课程体系的设计思路

1. 高职英语课程结构的构思

结合课程目标，可将高职英语课程体系的课程结构设计为语言知识技能与通识教育相结合的构成模式，见图 5-2。

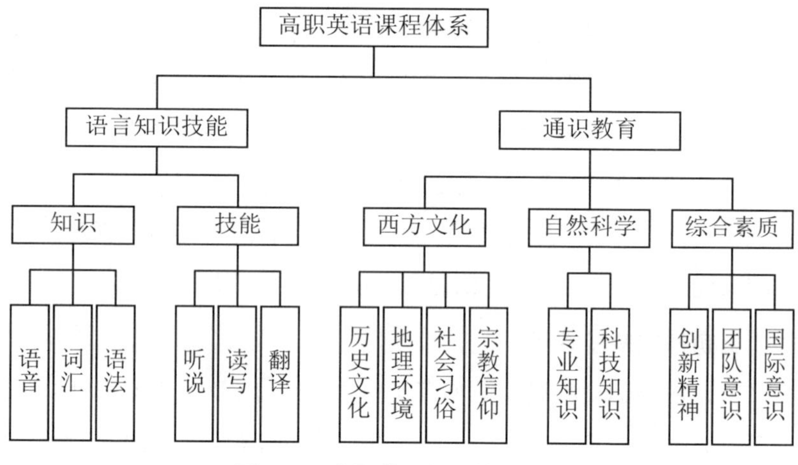

图 5–2 高职英语课程体系构思

2. 高职英语课程体系设计思路

结合“能力本位”理念，高职英语课程教学体系具体分为基础英语阶段、专业应用英语阶段和专业英语阶段，各阶段的技能训练分别有所侧重。按英语听说读写的不同课程类别，将教学过程划分为以下几个教学阶段并确立相应的教学培养目标与课程设置。

（1）读写课型。

第一阶段：第一、二学期，语言基础阶段。重视语言基础教学，为终身学习打下扎实的基础，全面培养英语读、写、译综合技能。

第二阶段：第三学期，基础英语与专业基础英语衔接阶段。要使学生在有一定英语语言知识和语言运用能力的基础上逐步接触和掌握专业基础知识，进行双语教学，为下阶段难度较大的专业英语学习打下良好的基础，完成基础英语到专业英语的良好过渡。

第三阶段：第四学期，开设专业英语课程。在这一阶段，要求学生学习和掌握难度较大的专业英语知识，教师在授课过程中应坚持全英文教学，营造良好的语言环境和氛围，使学生在英语知识与专业相结合的语言实践过程中，逐渐掌握用英语从事专业资料的阅读、翻译、外贸接洽、收发信函、处理涉外事务的能力。

（2）听说课型。高职教师在英语课堂教授过程中，遵循以学生为学习主体，培养学生发现问题、分析问题和解决问题的能力，精心设计、组织，充分利用有限的课堂时间的原则，有效地起到主导作用，使学生通过两年的学习掌握听说技能，并在各阶段有所侧重。

第一学期：侧重培养英语学习兴趣，采用灵活多变的教学方法。一是教学生如何听、如何说。二是听力课程的讲授由浅入深，听说教材多为学生自己熟悉的内容、自己会说的内容。

第二学期：侧重培养学生的语感。教师讲授听说方法，学生变被动听为主动听，课堂教学生动活泼、形式多样。

第三学期：侧重高职英语听力各题型的训练。介绍听力各题型的形式、规律、常见问题和对策，加大各个部分的训练量。

第四学期：侧重高职英语应试技巧的讲解，备战高职英语过级考试以及相关职业资格考试。

（四）高职英语课程体系构建策略

1. 基于核心素养构建“模块化”课程

高职英语学科核心素养是指高职英语学习的语言能力、文化意识、思维品质和学习能力。语言能力是指在社会情境中借助语言来理解和表达意义的能力。文化意识是指对中外文化的理解和对优秀文化的认知。思维品质是指人的思想个性特征，反映其在思维的逻辑性、批判性、创造性等方面所表达的水平和特点。学习能力是指学生主动拓宽学习渠道、积极调适学习策略、努力提升学习效率的意识、品质和潜能。

表 5–1　高职英语课程“模块化”课程框架表

	主模块	子模块	课程模块
基于核心素养构建“模块化”课程	核心模块	语言能力模块	英语听说、英语翻译
		思维品质模块	英语精读、英语写作
		文化意识模块	英语国家概况、英美文学鉴赏
		学习能力模块	外贸英语函电、国际商贸英语、专业英语
	拓展模块	语言能力模块	英语口语
		思维品质模块	英语演讲、英语泛读
		文化意识模块	英文影视赏析
		学习能力模块	科技英语、雅思口语

2. 基于能力本位构建“显隐结合”课程

（1）基于职业能力视角构建“显性课程”。职业教育的目的在于培养合乎社会需要的人才，这是基于职业活动导向的基本点。基于职业能力视角的职业教育重视社会应用型人才的培养，并且注重人才人文素质的提升，使其德才兼备，从而具有较强的就业和择业能力，在以后的职业生涯中表现出充分的灵活性。以能力为本位意味着职业教育不是片面地追求学生实践技能的提高，而是重视学生能力的提升。能力是知识学习和技能掌握的前提，同时能力的提升依赖于知识学习和技能掌握。重视提升实践技能还不足以提高学生的职业能力。能力观区别于技能观，能力观涵盖了对学生素养的要求。这些劳动素养是现代劳动者素质结构的一部分，包括学习能力、创新能力等。以能力为本位的教育教学活动观，把人的学习视作一个整体，注重从整体上提升学生的职业能力、专业能力。

以区域经济发展为契机的高职英语教学内容突破了已有学科课程之间的界限，在习得英语基本读写译能力的同时，将英语教学融入各专业知识当中，综合各种所需要的知识与技能，这种教学内容的安排有助于把专业知识内容与技能综合起来，有助于学生专业能力、职业能力以及综合素质的提升，这符合职业教育的特点。职业教育在技能培养过程中为了教学的方便常把各部分教学内容分阶段展开教学，在高职教育高年级阶段通过组织实习和毕业设计培养学生解决问题的综合能力。这种对课程的设计也需要根据实际情况进行调整，在高职教育高年级阶段应注重学生英语综合能力的培养，这种安排能够逐步提高学生的学习自信心，也能为学生后期的实习和毕业设计打好基础，还能应对职业选择时的一些问题，使学生能灵活满足岗位的需求，进而提高自身的就业能力。

通常学校课程是指明确的、事先编制的课程，即显性课程（explicit curriculum）、常规课程（regular curriculum）或正式课程（formal curriculum）。随着我国高职教育在理论和实践方面的发展，人们认识到区域经济发展需求、就业市场需求和行业企业工作岗位需求应成为高职课程体系建设的依据。如前文所述，基于职业能力视角，高职英语显性课程建设应立足于四个“服务于”的原则，即服务于学校的办学目标、服务于院系的专业目标、服务于学生的个性化需求、服务于区域经济发展要求。依据高职学生未来职业发展、不同阶段的岗位功能性需求和区域经济发展人才需求，科学地构建显性课程体系。

表 5–2 高职英语显性课程体系框架表

课程种类	教学目的	开设学期	学时数	必修 / 选修
基础英语	培养学生的听说读写基础应用能力	第一、二学期	120	必修
职场英语	培养学生通用职场英语交际能力	第一、二学期	120	必修
行业英语	培养学生基于岗位需求的行业英语交际能力	第三学期	30	选修
欧美影视赏析	培养学生听力和优秀影视作品鉴赏能力，提高学生跨文化素质	第三学期	30	选修
英美文化	培养学生跨文化交际能力和跨文化素养	第三学期	30	选修
涉外礼仪与商务现场翻译	培养学生在未来职场涉外英语环境中的英语交际能力	第二、三学期	60	必修
专业英语	培养学生用英语从事专业交流的能力	第三、四学期	60	必修

（2）基于职业活动导向构建“隐性课程”。隐性课程是相对显性课程而言的。隐性课程亦称潜在课程（patent curriculum），其定义最初是由美国教育社会学家 Jackson P. 在专著《Life in Classroom》中正式提出的，指学生在学习环境（包括物质环境、文化环境、人际环境）中所学到的非预期或非计划性的知识、价值观念、规范和态度。这些因素看似无形，却对学生起着潜移默化的重要的影响作用。英

语隐性课程是显性课程(即课堂教学)的延伸和补充,它通过间接的、内隐的方式激发学生英语学习的动机,使英语学习由被动转为主动。总而言之,英语隐性课程是指影响学生英语学习和英语运用能力的一切有利因素的综合。

英语隐性课程的内容非常丰富,能够有利于学生英语学习和发展的物质因素或无形的非物质因素都属于英语隐性课程的内容。良好的教学环境能够让学生产生积极向上的学习动机,激发学生的学习兴趣。先进的教学设施,如多媒体教学课件的应用以及计算机网络在英语教学中的应用、微课程的开发等等,都能增强英语学习的趣味性,从而产生良好的教学效果。师生关系、生生关系、校风学风也是英语隐性课程的内容,良好的人际关系和学习风气能够促进学生整体学习兴趣的提高,形成良好的英语学习习惯。

英语隐性课程具有许多组织形式。例如浓厚的学习风气,是通过学校对学生长期耐心的教育和学生长期的努力而形成的,是全校老师和学生长时间共同努力的结果,其形成过程具有多样性。为了学生能够树立正确的人生观、价值观和学习英语国家的文化知识,多数学校特意安排一些特殊形式的英语讲座、各种英文表演和比赛,方便学生了解英语国家的基本情况,开阔学生的视野,对学生进行人生观、价值观方面的教育,使其在人生道路上明确方向。校园内部英语教育报刊也能够让学生学到课本以外的知识,了解社会的发展和科技创新,促进学生的全面发展。除此之外还有报刊宣传栏、网站宣传栏、漫画宣传栏、交流会、校友会、联谊活动等各种形式。

基于职业活动导向,按照高职英语教学听、说、读、写、译五个要素的要求,可以就以下五方面建设高职英语隐性课程。

(1)充分利用新闻媒体。充分利用互联网、电台、校报等校内新闻媒体，丰富高职学生英语学习的渠道，营造浓厚的英语学习氛围。充分利用国际互联网的英语学习网站资料，完善高职院校英语学习网站建设，增加高职学生英语自主学习栏目；充分利用好“外语角”“英文小报”等栏目，营造浓厚的学习氛围。校园英语电台也是英语隐性课程的一种有效形式，应维护和完善校园英语电台设备，进一步提高播音效果；吸纳部分英语学习成绩比较优秀的同学组建英语栏目；选派部分教师担任英语电台播音的指导教师。开辟英语学习专栏，主要内容包括英美名篇名著赏析、英语学习心得交流、学生优秀英语作文鉴赏以及国家大学英语教学指导性原则、意见介绍等。

（2）加强英语角的管理。第一，高职院校应重视英语角这一隐性课程的建设，组建由外语学院、学生处、教务处、研究生院、校团委牵头的英语角建设领导小组，落实专人、划拨经费对英语角进行管理。第二，组建专门的英语角指导教师队伍，也可组织以英语为母语的外籍留学生担任兼职辅导老师，使校园英语角更有吸引力。第三，固定一定的时间、提供专门的场所。第四，有的放矢、突出重点地组织每次英语角活动，可结合高职学生思想状况和学习状况，确定好的交流主题，有针对性地组织有关国际国内焦点问题的交流讨论。第五，扩大参与面，区分不同学生的英语口语层次，可将英语角分为三个区（初级区、中级区和高级区），进行分类指导。

（3）开展各种英语讲座。高职学生的文学、文化知识相对较为贫乏，因此，组织各种各样的名片名著赏析、外国文化知识等方面的讲座对同学们来说是非常有吸引力的。另外，关于英语学习方法和英语考试方面的讲座是非常实用的，也会激发高职学生英语学习的兴趣，有助于高职学生英语学习的进步。

（4）举办丰富多彩的课外英语活动。课外英语活动可激发高职学生学习英语的积极性和主动性。可以通过组织演讲比赛、英语茶话会、英语电影配音大赛、英语背诵比赛、外语角联谊会、英语文艺演出等形式，为广大同学提供展示英语水平、演讲才能的平台。同时，在集体活动中，加强学生在团队精神、竞争意识、创新精神等方面的素质教育，强化学生参与，寓教于乐、寓学于乐，收到实效。

（5）实现多媒体现代教育教学方式的应用及资源共享。高职英语隐性课程建设，离不开高职院校硬件设施的完善配套。高职院校应加强建设与高职英语课程建设相配套的多媒体教室、语音室、视听室以及自主学习中心等硬件设施，力争做到重在建设、加强维护，落实使用效率；加强数字图书馆的建设，狠抓数字图书馆外语文献（各学科门类）建设工作；建立图书馆外语学习资料中心，为高职学生学习英语提供良好的平台；按照精品化、专业化的要求建设英语资料学习中心，提供系统的英语学习的文献及资源支撑。

3. 基于价值引导构建“显隐结合、知行合一”的高职英语课程体系

高职教育“以就业为导向，以能力为本位”，是内涵非常丰富的概念。这里的就业并非简单的“技能就业”或“生存就业”，这里的“能力”并非简单的“岗位能力”，其内涵所指应该是体现综合能力的就业，实际上就是职业教育宗旨与人文素质教育内涵要义整合后的共同体现，是企业、社会、区域经济发展对人才的共同要求，亦是教育对象的主体性要求。对于企业而言，是企业文化、企业精神、职业道德、劳动技能、工作能力、组织能力、人际协调能力、创造力、团队精神等方面在人才身上的集合；对于社会而言，是理想信念、思想认识、公民意识、道德品质、法制意识、民族精神、爱国主义、集体主义，以及职业能力、创新能力、学习能力等方面在人才身上的集合；对于人才而言，是生存、实践、学习、发展，是适应性就业，是拓展性“乐业”，是人的价值的实现，是个性发展需求等的体现。因此，应基于价值导向构建“显隐结合、知行合一”的高职英语课程体系。高职的学制一般是三年制，实践教学与理论教学课时之比为4 ∶ 6或者5 ∶ 5，随着工学结合、行动导向理念和模块化教学、一体化教学、顶岗实习等教学模式的引进和推广，用于实践教学的学时呈逐渐上升趋势，在课堂教学中用于隐性课程的课时相对较少，因此，整合显性课程与隐性课程，必须兼顾学习、教育、时空三方面因素，围绕核心课程，建立由数门与之关联的课程形成的支持课程群，从而改变专业本位下的课程结构体系，立足于课程、学生与区域经济这三大设计基点，最终实现“高素质应用型人才”的培养目标。同时，在学校教育这样比较完整的学习系统中贯彻“多样性课程”理念，强调显性课程和隐性课程的完整规划，形成多样化的教育情境，让学生在耳濡目染中学习，潜移默化，达到“职业人”与“人文人”“知行合一”的完美结合。

四、区域经济发展环境下高职英语课程体系实施

高端技能型人才是我国人才培养战略的重要组成部分。同时，经济全球化趋势和我国改革开放的日益深入，要求高端技能型人才具有国际化的素质和能力。因此，国际化能力和素质培养是高职英语课程体系改革的重要方面，英语作为高端技能型人才不可或缺的能力和素质，在高职人才职业技能培养中起到了重要的作用。高职英语作为基础课程，承担着促进人的全面发展，培养合格公民，为专业学习和形成就业、创业和岗位能力服务，为学生终身学习打基础，为区域经济发展人才需求提供保障等重要职能。

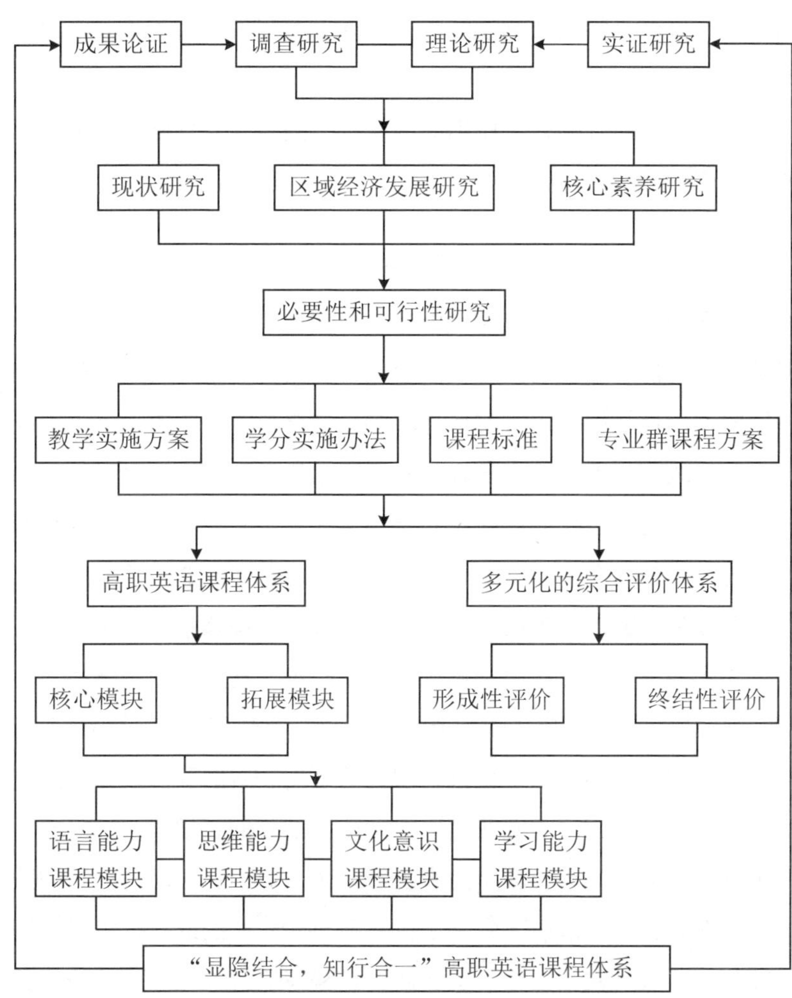

图 5-3 “显隐结合，知行合一”的高职英语课程体系的构建

（一）修订《高职英语课程教学大纲》

《高职英语课程教学大纲》是英语课程教学的指导性文件，它由两部分组成：《基础英语教学大纲》和《专业英语教学大纲》。根据以上三阶段英语课程体系的实施步骤，需要对《基础英语教学大

纲》进行修订，将原来的180学时的基础英语教学改为120学时的基础英语教学+60学时专业基础英语教学。同时，对相应的听、说、读、写、译几部分的要求作相应调整并明确对专业基础英语词汇、知识量及技能掌握的要求。

（二）增强课程体系的实用性，优化课程设置

高职教育的目的是培养技能型、应用型的复合型人才。实用性是英语课程体系设置的关键，主要表现为语言内容的实用性和语言技能的实用性。根据内容实用性原则，结合各专业的需求，进行教学内容的改革，不同教学阶段制定不同的教学内容。教材是教学内容的主要体现，教材的选择应完全符合人才培养的需要。而目前两阶段的英语教学在内容上缺乏衔接，大大影响了专业人才的培养，因此，教学内容改革势在必行。在三阶段的课程体系中，第一阶段的教学内容与教学方法已经较为成熟和完善，它是按照我国第二语言习得的规律经历了多年的改革而成的，可为学生后续的英语学习，乃至终生的语言学习打下基础，现仍可延用。目前亟待改革的是第二阶段处于基础英语与专业英语之间衔接部分的教学内容，应着重对第三学期的基础英语教学内容进行改革。对于这一部分内容的改革，笔者认为可采取以下做法：可采取自编教材的形式，组织英语教师与专业教师共同合作、认真研讨，编写适合本专业人才培养目标的专业基础英语教材；在选材方面注重选择常用的专业词汇、术语（如标的物、术语、流程等简单而多用的名称）以及简明易懂的专业基础知识，并注意避免在专业知识方面太过深入以致于与后续的专业英语教材重复，从而弥补专业与基础英语之间缺乏过渡的不足，为专业英语做好铺垫和衔接；与此同时，在英语语言知识和技能要求方面仍然保持第三册的要求，学时应以60学时为宜。不同的

专业使用不同的专业基础英语教材，如国际商务基础英语、物流管理基础英语、旅游管理基础英语等等。这样使得学生在掌握一定英语语言基础的前提下，有个逐步了解和接触专业英语的过程，同时更好地掌握一定的常用专业英语术语，从而顺利过渡到难度较大的专业英语学习阶段，切实解决过去基础英语与专业英语没有过渡致使许多学生丧失学习兴趣，甚至放弃专业英语学习的难题。

（三）实施“基于工作过程”的高职英语教学

基于工作过程的高职英语教学是在专门设立的与工作场所、工作过程相似的教学情境中，进行英语专业实践运用教学的模式。该模式旨在实现英语教学过程与工作过程的融合，培养学生的综合职业能力，使学生毕业时能从容面对新的社会需求。

近年来我国高等职业教育发展很快，产教结合、工学结合、学校与企业深度融合构成高等职业教育人才培养模式的特点，各院校各专业都有完备的实验室、实训基地。基于工作过程的英语教学要充分利用这些资源，将高职英语教学内容与具体行业主要岗位（群）的工作过程相结合，通过校内实训形式创设工作情境、模拟真实的职场环境，或通过校企合作、校外见习等多种形式开展教学活动，实现基础英语会话、专业英语应用、专业技能培养的有机统一，真正做到“理实一体化”。

（四）利用现代化技术手段完善课程内容

随着计算机技术在教学中的应用不断发展，网上辅助教学已成为现代英语教学必不可少的一部分。利用网络覆盖面广、灵活性强等特点，开通英语网站为高职英语课程的网上辅助教学提供便利。可在网上开设的系列栏目包括精泛读教学讲解、写作、教与学、学生来稿、开阔视野、问与答等。

（五）加强隐性英语课程建设，注重显性英语教学与隐性英语教学的相互渗透

高职英语课程包括基础英语、专业基础英语、专业英语、职场英语、行业英语等内容，形式上包括理论课程和实践课程，这些课程也就是通常意义上的正规课程，即实实在在的以较为明显的形式表现出来的课程，又称为显性课程。隐性课程是相对于显性课程而言的一种学术概念，是学校课程的拓展和延伸，具体是指学生在学习环境（包括物质环境、文化环境、人际环境）中所学到的非预期或非计划性的知识、价值观念规范和态度。它渗透在教学大纲、教材、教学活动、校园文化、人际关系等各方面。显性课程与隐性课程相互补充，共同构成了一个有机整体。学生的学习过程是由显性课程与隐性课程共同作用的一个动态过程，其中隐性课程具有显性课程无法替代的作用。

隐性课程重视利用周围环境中各个方面的教育因素去开发学生的生理潜力和心理潜力，使学生在“润物细无声”的氛围中慢慢地被潜移默化、熏陶感染。高职院校英语隐性课程的开发和设置有利于激发学生学习英语的兴趣，提高学生的学习热情，使学生在其有限的时间里，学到专业必备的知识，具有较强的专业适应性，又具有不断充实更新自身知识的能力，从而较好地解决高职院校英语教学中的困境问题。

高职英语教师应树立隐形课程观念，加强隐性课程建设：为丰富学生课外英语学习内容，提高学生英语学习兴趣，促进课堂英语教学，激发学生英语学习潜能，开展并鼓励学生参与多种课外活动，如举办学习方法交流讲座；鼓励学生参加英语角、外教讲座、观看

英语原声电影；引导学生收听英语广播、参与英语网络活动；为即将参加过级考试的学生举办备考讲座等等。此外，还可针对每学期教学重点,为学生设计并开展多种竞赛活动,如朗读竞赛、书法竞赛、听力竞赛、词汇竞赛、写作竞赛、演讲比赛、英语知识竞赛、英语辩论赛等。

（六）加强课堂教学管理

以职业活动为导向的教学环节更加注重学生的自主性以及项目组织。因此，课堂教学管理对于高职英语课程具有特别意义。在以项目组织作为教学环节时，教学管理不仅要十分规范，同时还要注重教学管理的文化内涵，让高职学生在项目活动中自觉地调整自身的行为，以达到适应教学活动需要的目的。

加强课堂教学管理是保证课堂教学效果的关键。高职教育有其职业性特点，高职学生通常在课堂上偏于活跃。因此，需要在课堂中针对学生的特点，从教学内容的角度出发，保障课堂教学的秩序和效果。加强课堂教学管理关键在于引导学生的学习活动，使其朝着有助于教学的方向发展。引导学生的学习活动不等于给学生施加外在的压力，迫使其服从教学安排，这种课堂教学管理不利于培养良好的师生关系，也不利于提高学生的学习积极性。引导学生的学习活动,既要尊重学生的需求,同时也要依据学生的特点,因势利导,因材施教。

在高职教学活动中，高职学生的厌学行为是比较常见的，放任自流、难以管理的现象普遍存在，这给课堂教学管理带来了很大的压力。良好的课堂教学秩序和氛围是提高学生学习兴趣的关键。因此，加强课堂教学管理除了合理地利用制度、规范外，还需要真正把握教学活动特点。教师在课堂教学中既要充当知识的传授者的角色，还需要扮演课堂管理者的角色，让学生学会在课堂中自我管理，从而与教学活动较好地融合在一起，实现教学活动的目标。

为培养高素质的技能型人才，促进区域经济可持续发展，高职英语课程体系改革势在必行。课程体系改革是一项系统工程，应从思想理念、课程内容、教学方法、教学手段及辅助教学活动等方面进行全方位的改革。只有这样才能真正完成从应试教育向素质教育的转变，从而为社会培养出高素质的应用型人才。

第三节　区域经济发展环境下高职英语教学模式改革

随着经济全球化和高等教育国际化的发展，英语作为国际交往和文化交流的工具，凸显出较高的社会经济价值。当前，市场对具有跨文化交际能力，有着高素质和复合型知识结构的应用型、国际化人才的需求，向高职英语教育提出了前所未有的挑战。英语已成为高职院校学生必备的基本技能，同时也是学习国外先进技术、加强对外交流合作的工具。高职英语作为高职公共基础课和必修课，其地位显得尤为重要。高职院校培养的是应用型、技能型、复合型人才，教学中应注重应用知识和技能的传授，培养学生的创新精神和实践能力。高职英语教学有着自身的特点：讲求实用，针对性强，注重实践，强调学以致用。然而，目前高职英语教学还存在着一些问题，高职院校毕业生的英语技能同社会实际需求还有较大差距。要使高职英语教学上一个新的台阶，高职院校要立足本地区特色，切实推动教育教学改革，培养高素质应用型人才，更好地为区域经济的建设和发展服务。高职英语教学应结合当地区域经济的发展情况实施改革，培养与当地经济发展相契合的英语人才，不但能够促进高职英语应用型人才培养，同时也能够对区域经济发展产生一定的促进作用。高职英语教师要明确 21 世纪高职英语教学的发展方向和培养目标，进行全面深入的教学改革，建立科学合理的教学模式，采取多样化的教学方法，切实提高英语教学的效果，为高职英语教学探索出一条新道路。

一、高职英语教学模式的现状

现在的语言教学往往只注重形式而忽略语言的意义与功能。在英语课上，通常是教师对课文进行讲解，学生除了回答一些问题外，可参与的活动不多。大部分学生一言不发，只是消极地听讲，处于被动局面；有的学生对材料不感兴趣，因而大脑没有受到外界的良好刺激，处于抑制状态，对外界的信号渐渐产生抗拒。结果是有的同学上课精神不集中，甚至打瞌睡。听力教学也是如此，虽然使用了现代电教化教学手段，在教室听录音或是在语音室授课，但同样缺乏师生相互交流的机会，这样的教学不能说是成功的。从国内许多高职院校来看，教学内容、教学手段大部分还是沿用以前的模式，英语教学同大多数大学课堂一样，按照大集体式的课堂授课方式，在学期结束之时用考试的方式来检测学生的学习效果。可是受到高职院校学生生源的限制，当前大多数的高职院校学生的英语水平和学习情况普遍不佳，同时高职公共英语课程采取的大班制授课方式的局限性，使得那些英语水平较差的学生更加跟不上教师的教学步伐，慢慢脱离了英语的学习队伍；而对于那些有一定英语学习基础的学生来说，这种形式下的教师的英语教学并没有任何的新颖之处，也就慢慢失去了英语学习的热情。通过对这些常见的高职学生英语学习存在问题的深入分析，可发现传统高职公共英语教学模式改革的必要性和迫切性。如前文所述，目前我国高职公共英语课堂有以下几种教学模式。

（一）传统英语教学模式

如前文所述，传统的英语教学模式 PPP，即讲解、练习和输出）。这种教学模式注重知识传授的系统化，可以使比较多的学生能够在比较短的时间里，获得大量的知识，授课对象多，信息量大，知识系统强。讲授法还有助于培养学生的逻辑思维能力，能够在传授知识的同时寓思想教育于教学之中，有针对性地开展思想教育、人格教育等，全面培养学生。

（二）多媒体辅助下的传统公共英语教学模式

如前文所述，计算机辅助教学（CAI）或多媒体教学是一种新型现代化教学方式，也是未来世界教育技术的新趋向。CAI 的兴起是整个教育界进行信息革命最有代表性的产物。计算机辅助教学具有形象性、多样性、新颖性、直观性、丰富性、趣味性等特点。这种教学形式能把有关文字、图形、图表、声音、音乐、语言等按一定的逻辑次序，根据预先的安排或现场反馈把这些资源逐步呈现给学生，使英语课“费时较多，收效较低”的现象得到极大的改观，同时它能激发学生的学习兴趣，使他们能真正成为学习的主体，变被动学习为主动学习。

（三）“任务型”教学模式

如前文所述，以任务为中心的语言教学思路（The Task-oriented Approach）是近 20 年来语言交际教学思路（Communicative

Approach）的一种发展形态。它把语言应用的基本理念转化为具有实践意义的课堂教学方式。“任务型”教学模式是指教师根据课程的总体目标并结合教学内容，创造性地设计贴近学生实际的教学活动，吸引和组织他们积极参与。

（四）分级英语教学模式

如前文所述，分级英语教学模式是一种新的教学模式，它是根据国家 2000 年颁布的《高职高专教育英语课程教学基本要求》而探索的新型教学模式，是国家对高职高专层次的毕业生英语学习必须达到的要求和标准，要求各类学校必须贯彻执行的。

二、区域经济发展下的高职英语教学模式改革

教学模式（teaching model）是 1972 年，哥伦比亚大学的乔伊斯和威尔在专著《教学模式》首次提出的。他们最早将教学模式引入教学研究领域，认为“教学模式是构成课程（长时间的学习课程）、选择教材、指导在教室和其他环境中教学活动的一种计划或范型”。而美国的另一些研究者则认为“所谓教学模式，就是为完成特定的教学目标而设计的具有规定性的教学策略”。美国学者玛丽艾里斯冈特在教学模式中将教学模式的研究划分为教学计划、教学目的以及师生活动和知识习得的组织方式。国内学者从不同的研究角度对教学模式进行界定。赵亮认为教学模式决非仅仅是一种教学理论、思想或某种具体的教学方法，而是为实现一定的教学目标，使外语教学系统中各相关变量在互动中实现的一种组合关系。隋铭才把教学模式定义为对教学理论和教学过程中各要素本质及其相互关系等的形象性表述。它为语言教学提供了一个理论的实体框架，一个可解释教学过程各要素本质或特点的图式，一个可供教师学生参考使用

的操作蓝图，也是对整个教学过程研究的图式总结。

国内的对教学模式的论点可归纳为三类，第一种将教学模式界定在方法范畴之内，认为模式就是方法，或者多种方法的综合；第二种认为，模式与方法是区别联系的，不同时间点和不同条件下各种方法所组成的各异的顺序和结构就是不同的教学模式；第三种认为教学模式是在一定的教学思想的指导下对教学客观结构做出的主观选择。

英语教学模式是为完成特定的英语教学目标而设计的具有规定性的、相对固定的师生活动范式。这种范式能够指导师生之间的教学活动，为教学活动提供理论依据，系统制定教学目标、教学操作过程以及教学评价等教学环节所应该具备的活动方法和基本模式。在此模式的指导下，教师能够比较容易地展开英语教学活动。理想的教学模式应体现以学生为中心，融“教、学、做”为一体的教学理念，注重培养学生的语言应用能力，加强对听说能力的培养和训练。院校应积极引进和使用计算机、网络技术等现代化教学手段，开发和利用数字化教学资源，构建适合学生个性化学习和自主学习的新的教学模式，培养学生的自主学习能力；借助虚拟现实技术构建仿真的职业工作场景，提高学生的职场交际能力；采取灵活多样的教学方法，因材施教，加强教学互动与学生协作学习；重视学习方法和学习策略的指导，调动学生学习的积极性；要营造良好的英语学习氛围和组织丰富多彩的英语课外活动，指导学生参加国内外各类英语技能竞赛，使之成为英语教学的有机组成部分。

因此，高职英语教学改革的方向是培养适应新世纪发展需要的人才，要使学生能够通过在校英语的学习，具备一定的运用语言的能力，毕业后能很快适应新的工作岗位和日常生活的需要。

（一）教学目的改革

1. 建立适应学生水平的阶段性教学目的

高职英语教学目的是让学生打好基础，注重语言的操作性输出训练以及应变能力。但是这个目的不是一成不变的，不同时期的教学应具有不同时期的时代特征，体现社会对人才的需要。高职的学生群体参差不齐，一刀切的统一教学目的只能用于评价个别学生的学习质量。学生对英语学习的认识不同，知识储备不同，学习能力不同，以及在学习过程中其他因素的制约会影响学生学习的程度，统一的教学目的在不同的学生身上会产生不同的效果，距离目的过远的学生势必会怀疑自己的学习能力，挫伤学习的积极性。阶段性的教学目的在实施上是需要配合一定教学组织形式的。传统的大班教学限制了学生的个体发展。教师针对的只是全班的平均水平，对各个学生的关注度有限，因材施教也只是理想中的状态。阶段性的教学目的要求把学生按照学习能力、对学习英语的认识以及知识储备等各个维度进行划分并分组教学。在掌握必备基础知识的前提下对学生的个体发展进行个别教育。阶段性教学目的的设置还应该搭配科学的评价方式。不同阶段的学习进行分阶段测试，再整合各个阶段的教学目的进行综合性的目的评价。把教学目的细分到学习的每个阶段，划分每个阶段重点的学习目的，这样可以做到因势利导，更加充分地发挥学生能动性，提高学生的学习兴趣。

2. 建立高度适当的前瞻性教学目的

维果斯基的倡导发展性教学，提倡教学的难度应该比学生现有的水平略深，并且经过学生的努力能够顺利达到。这段现有的水平和经过努力能达到的水平之间的差距被称作最近发展区。教学目的在某种程度上是社会、学校、家庭、个人对学生教学效果的一种目的性预测。这种预测的产生有一部分出于主观的期望，因此会产生很多教学目的脱离教学实践和学生能力水平的现象，甚至忽视了学生的现有知识储备及学习能力，这样的教学目的脱离了发展的基础。高度适当的前瞻性教学目的要求在教学过程中较为准确地了解学生的知识储备量，以及学生的个体学习能力，经过一定努力所能达到的水平。在外部考量社会对人才的需求标准、高职学生的职业前景；在内部，要综合学校的地域、办学特色以及教学资源的最大效果化，教师的知识能力、教学能力及实践能力的操作化，学生知识基础、学习能力、学习动机以及发展目标的明确化。在这些基础上，设定高度适当的前瞻性教学目的，能够培养学生努力学习的信心，激发学生更深层次的学习激情。

3. 以市场调研为基础，实现专业定位，确立培养目标

以大连为例，大连的经济发展比较迅速，同时该地区和国外的经济交流与互动日渐频繁，当地的一些企业也开始积极开展国际业务。需要大量的精通国际贸易和英语实务的人才，商务英语人才需求缺口急剧扩大。因此在该地区的高职院校中可以开设商务英语教学专业。初期阶段，该专业的设置主要是培养学生的听、说、读、写等能力，考察的主要内容也是学生的英语水平，学生真正掌握的英语商务知识比较少，且缺乏良好的操作能力，单纯地培养出了较多的外贸专员。随着经济的深化改革和发展，该地区对英语人才的要求更加细化，岗位职责更加明确，此外，相关高职院校对市场实施了调研，适当地调整了英语专业的方向和课程设置，适度增加了商务训练课程在教学中所占的比例，对外贸单证员实现了重点突出培养。随着经济的发展，我国的对外战略逐渐从出口型向全球经营发展，对商务人才的需求更加多元化，英语专业的岗位更加细化。

除了以上专业的设置外，还增加了涉外文秘和旅游英语等多个英语专业。

（二）课程设置改革

改革高职英语课程设置，实行 ESP（English for specific purpose）解决方案。

高等职业教育与学生未来的具体社会定位有关，与学生未来的谋生、工作和发展有关，它的课程设置必须具有特定的目的和方向。高职高专英语教学的最终目的，是使学生在今后的职业中能够迅速适应工作需要。因此，在学生具备一定英语基础后，要切实加强职业英语培训。显然，如果我们的高职高专英语教学真正是把目标瞄准“社会的发展和经济建设的需要”，那么仅仅满足于毕业生有一般的听说读写综合技能看来是不够的。ESP 教学应该是高职高专英语教学改革的方向。我国老一代的英语语法家章振邦教授（2003）明确提出“需要对我国外语教育作战略性的调整，要点是把普通英语教学任务全部下放到中学阶段去完成，以便学生进入高校时便可专注于专业英语的学习”。复旦大学程雨民教授（2002）也强调指出：“我国面临外语教学转型期，即基础外语教学的重点将由高校转到中学”；“中学培养基本外语能力，高校结合专业进行提高”。因此，高职高专英语教学应打破大学英语公共课和专业课界限，调整教学内容，使大学英语公外课和专业英语课融为一体。这样可极大地提高学生的学习兴趣，从而形成一个渐进提高英语交际能力和扩展专业知识的教学过程，做到在有限的时间内提高学生英语的综合能力和实用能力。高职高专类学生由于本身的职业导向，完全按照 EGP 的模式来进行教学可能会导致我们调查中所发现的种种问题，ESP 才是解决这类学生英语学习效率低下的有效途径。ESP 理论起源于

20世纪60年代后期，属于专门用途英语，是基础英语的一种自然延伸，也是一个完整的教学体系。其以实用为目标，与专业相结合，侧重培养学生的相关职业英语运用能力。高职高专EGP教学并不是越多越好、越全越好，而是要突破系统性、完整性，按照“实用为主，管用为目的”的指导思想，做到恰到好处。学生必须掌握一定的英语基础知识，这样才能进一步发展其英语应用能力，但高职英语教学时数的限制决定了在教学过程中，教师必须把握好基础知识传授的“度”，处理好基础与应用的关系，合理分配教学时间。要解决教育标准与课时数的矛盾，培养出高质量的英语应用型人才，就必须削减EGP的课时数，把重心放在ESP上，由单纯的理论课程过渡到理论与实践结合，突出专业特色。当然，提出专门用途英语绝不是要替代或削弱基础普通英语教学，它们不是对立的或互不相容的。EGP教学和ESP教学是为实现同一教学目标的两个层面。我们要坚持从学生实际出发调整教学内容、教学进度，讲求实效。

（三）教学过程改革

1. 构建动静结合的教学操作性过程

大班教学是夸美纽斯大教学论里面提出的一种教学组织形式，这种教学形式一直被沿用至今，结合赫尔巴特的五段教学法，形成了我国高职现行教学组织形式的理论源泉。然而高职的教学目的已经确定了所需培养的是实用性、操作性人才，这种授课方式势必导致学生相对于高等教育阶段来说理论知识不够精深，相对于职业教育来说又缺乏能动性，造成两难的尴尬境地。动静结合的教学组织过程要求在高职英语教学中，应注重英语的工具性及实用性，结合高职的教学目的性，尽可能地把时间留给学生，让学生做学习的主人、行动的主人。教学过程是教师教和学生学的共同过程。学生是教学过程的主体，教师的教学活动应该以学生为主，要关注学生的阶段性特点、性别差异、知识积累水平以及学生对职业的定位来因材施教，教师只作为辅导、引导学生学习的指导者。小组教学模式、情景教学模式、合作式教学模式、以就业为导向的教学模式以及信息化教学模式如今都在强调学生的主观能动性。高职教学目的的特殊性要求学生具有熟练的操作技能，因此在教学过程中应该增加学生实践的机会，使学生尽早地接触与职业相关的学习、培训。鼓励校企联办的办学模式，学生在学习期间可以在相关企业进行适当的实习活动，方便其在学习了理论知识以后第一时间到实践中去检验知识、练习操作。

根据不同的学习目的制定教学组织过程，有的放矢，在教学的过程中关注每个环节的教学侧重点。英语学习的目的在于掌握语言的听说读写译基本技能，单纯地讲授所训练的技能太过于单一；等级考试所占的比重过高，使得学生过分关注等级考试而忽视英语的工具性和实用性。因此教学过程中教师必须侧重于英语的实践性训练，鼓励学生张嘴、动手，把高职英语教学做出自己的特色。

2. 创设多样化的教学过程

传统的公共英语教学带来的是学生所缺乏的专业内的知识含量，仅仅了解最基本的读写远远不足以为就业添翼。在实际教学过程中，教师应该增加各种情景的演练以及角色转换，使学生能够提前投身于所选职业中，提高应用能力。比如，计算机专业可以在公共英语的基础上增加计算机专业英语的教学含量，帮助学生增长专业知识，在学公共课的同时也能够提高专业水平。大多数高职院校的英语教学是以基础英语教学为主的，只有个别院校开展了职业性相关英语教学。为满足高等职业教育英语课程的教学要求，在开设基础英语教学的同时应开设行业英语教学。突出实用性、针对性、工具性，引导学生关注学习内容，让学生在内容学习过程中习得语言，扩大词汇量，完成把教学重点从单纯的教学语言本身过渡到通过行业知识来获取外语语言能力的转变。英语教学条件的设置应该从高职英语教学的特殊性出发，将专业教学和英语教学结合起来，发展出一种可以适应未来就业的分层英语教学条件，帮助学生完整掌握基础知识并且获得行业知识，从而帮助学生实现就业的理想。

3. 密切结合区域经济发展，实现课程的一体化

高职英语是直接面对社会、民众和企业的一门教育，高职英语教育事业同区域经济之间有着十分密切的联系。在经济的发展和技术的更新中，以及在经济结构的转变以及产业链升级中，我国的企业逐渐开始从劳动密集型产业转化为知识密集型和技术密集型产业，这些变化带来的是对兼具专业职业技术和与时俱进的社会技能的高质量的人才的需求。国际化大环境之下要求工作者必须具备基本的语言素养，这无形中提高了对高职毕业生的英语要求。

通过在高职院校中开展多种形式的英语技能比赛、职场英语比赛和商务英语比赛等，将比赛中的技能知识转化为专业知识，同时在教学过程中进行反映，实现英语知识在学生中的传递。教学的主要表现为：在比赛中重视学生的积极参与，帮助学生具备开口说的勇气和能力，有效帮助学生检验自身知识。教师在教学中要结合学生的专业技能和工作需要，有效激发学生的学习动机，培养学习意志。在课外通过晨读和朗诵以及外语角活动等，提高学生的口语能力，强化学生的语言输入意识，保证良好的语言输出和足够的语言输入。平时除了在课堂上进行训练，还要将教室作为教研单位，开展晨读，提高学生的听、说等实践能力。英语课程实践和教学改革需要借助互联网实现信息的广泛互动，在多媒体和教学软件中选择有声有色的语言材料，在触、听、视等方面进行互动，为学生提供声、像、图的交互训练语境，促进学生的交际意识和能力。

（四）教学方法改革

1. 实施高职英语模块化教学，培养学生的英语专项能力

为了把高职公共英语教学和职业相关内容有效地融合在一起，笔者认为通过把高职英语按照其内容和情境分为若干个模块比较适宜，每个模块对应学生的不同专业背景、实际岗位需求，并设计相应的职业任务和项目，学生通过这种在模拟化的职业情境中的英语训练，无形中提升了知识的运用能力和问题的解决能力。例如有关职场入门和职业礼仪方面的内容，可以设计以下职业模块。

听说模块：学生向他人介绍自己；学生之间彼此认识；在不同的生活场景中大家互相介绍认识，比如商业活动、旅游服务等。

写作模块：个人信息的书写；为自己心仪的职位书写求助信。

阅读模块：能够掌握一定的文化常识，知道多种国家的礼仪文化、喜好以及忌讳。

翻译模块：能够辨认不同的名片信息。

针对各个不同模块的英语学习内容，使得学生能够结合自身的学习特点有所侧重，最大限度地学习英语学习内容，学以致用，将所学的理论知识投入实际的生活之中去，实现英语教学工作的最终目的。令学生能够体会到学习的真正意义，打破传统的死读书的局面，强调学生对于学习的灵活掌握。这些不同的英语学习模块，将英语的学习内容进行了有效的分类，使得学生的英语能够有侧重点，增强学生英语学习的效率，全面增强他们的就业能力。

在模块化教学当中，分层教学是非常有效的教学方式，可以让优秀学生组成团体相互学习，共同促进。让一般的学生也组成团体，由老师进行专门的指导，重点培养和关注，加强教学力度，用独特的方法引导他们能力的提升，使得重点课程模块、能力拓展模块和其他课程模块组合成为一体。模块化教学有助于学生提高职业的实际操作能力。譬如：重点课程模块里面的英语口语和中英文翻译的课程学习，运用“学生自我学习”“课堂表演”“外国的原版电影”等，能够快速地提高学生的英语学习能力，有助于学生提早适应社会。不同的高职学生在英语学习中的学习情况和专业要求不同，有的岗位注重交流，而有的岗位注重写作和翻译能力。因此，为了适应学生的其他岗位实践需求而设立了“英语听力”“英语写作”等课程模块。针对学生部分知识要点的弱点问题以及他们自身对于未来工作能力的需求趋向，开展英语听力以及文章写作这些课程。这种不同类型的模块化教学方式是一种新式的英语教学方式，对于培养高综合素质的未来就业人才有着巨大的影响。

2. 实行高职英语课堂教学的职业化，提升学生的综合职业能力

学生在学校中的学习以他们的课堂学习为关键的部分，所以，对于学生的学习状况来说，能够将他们的课堂学习效率提高是提升他们学习成绩的有效方式。通过以学生的基本学习状况为基点来采取分类别的授课方式，将学生的学习主体地位突显出来，辅之以教师的方法建议，赋予整体的课堂教学环境以生机活力。这就要求教师有较高的内容掌握能力，有针对性地培养学生的就业能力，提升他们的整体素质。为英语水平较低的同学进行基础提升，多多练习听说读写方面，从基础培训上展现职业能力，为专业英语等方面的学习铺垫好基础，争取做到“三化”。第一，岗位英语画面化：模拟职业现场，设置常见的情景，锻炼学生的英语基础能力；第二，专业英语模块化：根据不同专业领域划分出商务英语、法律英语、建筑英语等，然后依据不同领域的不同要求，开展有计划、有目的、有侧重点的英语学习；第三，人文英语趣味化：主要内容包括与梦想、道德、就业相关的名言名句、电影歌曲、书籍艺术品等等，让同学不仅能够提高英语水平，也能提升自身的人文修养，让英语学习变得更加有魅力。

3. 采用交互式教学方式，提升学生英语口语沟通交流能力

在英语教学的实际中，对话教学方式是教师经常会用到的一种增强学生英语口语表达能力的方法，它能拉近教师与学生之间的距离，创造良好的师生关系，最大限度辅助学生掌握好英语学习的关键内容，培养他们相互交流的意识，促进他们的沟通进程。通过将普通生活中利用到的英语交流内容转化为专业的职业英语表达，目前的高职高专英语教材上所包含的口语学习内容主要分为日常生活交际用语、表达谢意与歉意、沟通喜好与兴趣。虽然其中也涉及一些专业的商业用语，但是这些微小的部分远不足以适应学生将来工作所需。所以，在一定程度上，教师可以通过专门性的教学内容的选择来对学生进行培训，为他们将来的工作岗位提供专业对口的专门性人才。

在教学中可以充分地把公共英语教学与现代多媒体信息技术整合起来，建立互联网英语学习平台，促进教师与学生之间进行双向互动，了解彼此的动态及相关信息，这样可以大大提高教学质量，使得英语学习更加高效化，不再局限于课堂与教科书，而是开放式的、自由式的、便捷式的学习。这种双向互动的形式多种多样，有文字性交流、音频式交流、视频式交流等等。将教师、同学、教学资源、教学设施四种因素构建成一个整体的网络系统，在这个系统里，彼此之间都可以互相帮助、互相学习、互相协作、互相竞争，每一个个体都扮演着不同的角色，通过这些互相的关系，共同为提高自身英语水平的目标而努力奋斗。教师借助这个系统，不仅可以轻松地制定相应的学习任务，督促和检测学生的学习情况，减轻自己的工作量，也可以在部分同学迷茫或者跑偏的时候给予及时有效的帮助和指导，促进师生关系融洽和谐。

4. 采用项目教学法，促进学生英语阅读能力可持续发展

社会生活的信息化、经济活动的全球化，使得掌握作为国际通用语言的英语已成为21世纪生存、求知和发展的必备条件之一。而在网络技术迅猛发展、信息化程度日益深入的今天，只有提高英语阅读理解能力才能最大限度地理解和获取信息。英语阅读能力是听、说、写、译的基础，英语阅读训练是英语学习的核心，高职英语阅读教学是培养学生成为能利用英语快速获取各种信息，并具有高职专业知识技能和外语交际能力人才的有效途径。高职英语教师在平时的教学中需要有针对性地解决学生将会在未来工作中面临的问题，可将项目教学法引入高职英语阅读教学中，以期解决高职学生阅读学习中存在的主要问题，即通过激发学生英语阅读的兴趣，增强学生的自主、合作学习能力，增强学生的阅读技巧，扩大词汇量与知识面以达到提高学生英语阅读能力的目的。高职英语阅读教学以职业能力为核心，以项目为导向，以任务为驱动进行教学。在开展阅读课前，首先确定项目任务，并且根据各个专业的特点确定适合使用的项目任务。然后老师给学生布置预习任务，督促其去预习，任务主要集中在对语篇整体大意的理解、对篇章结构的把握上。同时，学生把生词划出来，先不去看生词表，而是在语境中去揣摩其意，通过对上下文的理解去猜测。在阅读课堂上，进行项目过程的实施。

教师不再是单纯的讲解者，而是逐步引导学生发表他们对课文的理解，从内容到结构，从整体到部分再到段落，最后落实到难句和重要词汇。由面到点，这样的阅读过程很科学、很自然，容易实践，学生从被动地接收信息变成了主动的学习者和体会者，在老师的引导下明白如何去欣赏一篇文章，学到了阅读的方法和技巧。在课后任务布置上,教师布置该项目相关的任务,来提升学生相关的听、说、写、译能力。如在“产品说明书”这一阅读项目教学的课后任务布置中，教师可要求学生选择与其专业相关的一个产品，用英语书写一份产品说明书，以提升其英语写作能力。项目教学的最后一项是进行项目效果评价，在完成了指定的教学任务后，需要使实施整个项目的师生清晰地了解项目的质量情况，也就是要求评价该项目的效果和学生学习的效果，可以是生生互评、师生评价和网络评价相结合的多元化评价方式。这样学生在进行英语阅读过程中，其综合能力得到了大大的提高，也培养了学生自主学习的能力以及团队合作的精神与意识，促进了学生阅读能力的可持续发展。

学生毕业后要从事与本专业相关的工作，所以在英语学习中要有意识地与其专业挂钩。在阅读教学中教师应多选用与学生专业相关的英文资料，多补充专业英语词汇。学生在阅读中既能锻炼阅读技巧，提高阅读速度，同时有针对性地补充了专业英语知识，也提高了对阅读的兴趣。在课下阅读中，学生也要多进行针对性强的专业英语阅读训练，为就业提早做好准备。

（五）教学评价改革

建立以职业能力为目标的课程“评价体系”模式。在高等职业教育系统里，不仅需要在教学过程中坚持以职业能力为导向，而且在评估机制里也需要坚持职业能力的方针。要构建一个高效的高职英语评估机制，先要明确评估的制度，该制度必须是根据高等职业教育中公共英语课程的教学目标制定的。目前我国大部分高等职业教育院校都未建立自己的英语教学评估机制，而是简单地把国家教育系统制定的英语应用能力等级测试作为本校的英语教学评估，该测试机制的结果好坏就是本校英语教学质量的高低。这种做法虽然有一定可取性,但是片面性很强,并不能全面地反映教学情况。所以，高等职业院校应该根据自己的实际需要，建立一套能够系统反映学生的英语学习状况和教师的教学问题的评估机制。建立这种机制不单单是为了测试学生的英语基础技能，还能帮助学生加强英语的实际运用技能，提高自身的职业能力。采用动态的、多元的职业化教学评价来检验高职英语的教学成果和学生的英语掌握程度，既能督促高职院校提高教学质量，也能使高职学生满足用人单位的需求，真正做到高职教育助推区域经济的发展。

1. 构建职业化评价机制

高等职业教育的英语教学主要是为了将来的职场应用，如果教师能够开展相应的岗位任务现场模拟，以此来测试学生的英语运用技能，设置专业性强的英语交流任务，根据同学的表现情况给予相应的分数，那么该机制在促进提升职业技能的同时，还能考察同学在模拟现场交流沟通时的综合表现和应对能力，即爱岗敬业、集体协作思想、职业素质、交际技能、创新思维等，一方面能体现出学生的英语功底的水平和对短语、词组的灵活运用，另一方面，能够体现出学生交流内容的充实度与模拟情景融合度。另外，这个评估过程不仅仅局限于教师的参与，学生也可以加入进来，对不同同学的表现给予自己的观点和点评。被评估者也可以从不同同学的表现里汲取经验，完善自己的综合表现，通过对比的过程不断反思和提高。所以，职业化评估机制展现了建构主义的价值观，该评估机制的主要特色是：满足我国最高教育机构颁布的《高职高专英语课程教学综合规定》里提高形成性测试和总结性测试共同组成的评估机制的标准，同时可以顾及英语基础应用技能和职业技能的提高。

2. 实行以证促学的评价方式

高等职业教育的改革要求高职公共英语教学注重以适应职业实践需求为指导方向、以足够使用为限度。这种教育方针体现出公共英语课的最终目的是为专业课程的学习、受教育者的未来就业提供辅助作用。至今，在大部分的高等职业教育机构里，英语水平测试，也就是等级证书考试，依旧是普遍选择的一种评估方式。高职院校的学生首先必须通过英语 A 级考试，之后可以选择参加大学英语四、六级考试。学校将英语过级考试的结果作为对学生英语知识学习的评价标准。如果是职业英语层次，也就是对专业英语水平需求难度大的专业，允许依据不同需求制定不同的职业等级证书。诸如国际贸易专业，对英语的作文水平和交流技能都是高标准，因此能够开设剑桥商务英语（简称职业等级证书制度）；国际观光行业、驻外助理还有国际宾馆等行业都需要英语口语能力强的职员，而且通常是社交英语口语能力强的职员，对此，我们可以考虑开设剑桥通用英语等级职业证书考试。修订教育的方针政策，同时规范职业等级证书的制度，以此来对同学的英语水平进行评估，最终做到借助考证督促学生学习的目的，为学生的将来就业增加有利条件，提升学生对英语学习的热爱和积极性。

3. 实行多元化评价方式

多元化评价机制的内涵在于评估的角度多元、评估的对象多元、评估的准则多元、评估的策略多元。其中，评估的角度多元是指教师在进行教学评估的过程中，不仅要评估学生的英语功底、英语技巧等方面，还要评估学生对英语课的上课情绪、积极性、听课技巧、自我认可度、集体协作思想、独立思考能力等方面。

建构主义理论认为，受教育者是对外来知识重组的执行者，不同的英语课程，其评估策略也应有不同的实施措施，将教师对学生的单方向评估转变成学生互相评估、自我评估和教学评估综合起来的评估形式。多元化的评估机制能够舍弃传统的纸上评估测试方式，在教学评估过程中运用多种可选择的评估方案，诸如情景再现、教师点评、同学协作、书面测试、交流互动、互换职务等等。

4. 实行动态发展的评价方式

依据现今的“把职业需求作为指导方向、把实现人生价值作为宗旨、把职业技能作为目标、把岗位实践作为主要路线”的高等职业教育方针，构建激励学生综合素质整体提升、可持续发展的评估机制，时刻跟踪学生的学习状况，并同时注重学生的自我提升、学习动机、学习情绪，提高学生的职业素养和技能层次，更好地适应当前社会对高职人才提出的多元化、综合型需求。教师的教学热情高涨，更有利于教导同学掌握学习的方法和处理难题的策略；促进学生培养职业技能，不仅仅局限于理论知识，更加注重实践的需求，以此提高学生本身的综合技能和素质修养。事实上，我们很难看到学生在学习上互相竞争的场面，看到的更多的是，态度颓靡，混混度日，尤其是在高职院校，这种现象更是常见。学生缺乏自控力，教师也没有给予及时的指引、约束等。然而在假期里，学生到各行各业的企业里进行实习后，学习态度立即发生了很大转变，对英语课的兴趣也越来越浓厚；此外，还有一部分同学在进行了专升本考试后，立刻认识到教师所教的内容有多重要。这种种情况都是暗示教师不能只用静态的眼光看待学生的学习情况，要对学生进行冷静、客观的指导评估，从不同角度综合评估，这样的方式对学生来说也是种公平公正的对待方式，有利于帮助学生树立学习英语的信心。

第四节　区域经济发展环境下高职英语数字化教学资源建设

随着计算机应用、网络技术和多媒体等信息技术越来越先进，功能日益强大，我国教育信息化程度不断加深，对教学的辅助作用越来越明显，数字化教学资源在高职英语教学中的作用也变得越来越重要。积极将数字化技术应用于英语教学，用高科技手段助推、创新英语教学，能提高英语教学的效率和效果，激发学生对英语学习产生更大的兴趣。目前，我国多数高职院校的英语教学仍然采用传统的教学方式，以教师讲授为主，学生被动接受，这导致了学生学习动力不足，英语综合能力尤其交际能力很差。运用信息化教学可以活跃英语教学，使学生对英语学习产生浓厚的兴趣，由被动学习变为主动学习。近些年来，为了积极推进高职英语教学改革，很多高职院校实现了校园网无盲点全覆盖，建立了数字化语言教室，这些举措在高职英语教学中已经发挥了良好的作用,对“教”和“学”有很大的帮助，改变了已往教师讲授的教学模式，为高职英语教学的现代化、信息化和数字化，提供了良好的平台。然而，数字化教学资源是教育信息化的重要基础，因此高职院校只拥有校园网、多媒体语音室等硬件数字化教学设备是不够的，还要拥有优秀的数字化教学资源软环境，否则这些优质的硬件环境难以产生最佳的教学效果，应用数字化教学资源将会是高职英语教学的发展方向。

数字化教学资源是指经过数字化处理，可以在多媒体计算机及网络环境下运行的多媒体教学材料。按信息的呈现方式划分，数字化教学资源可分为数字化幻灯、数字化投影、数字化音频、数字化视频、数字化网上教学资源等。构建数字化教学资源，对于有效地利用已有的学科研究成果非常有好处。数字化教学资源库的产生，对于改革传统的授课模式、提高学生的学习效率非常有帮助，可以提高学生的自主学习程度，使其具有更主动的学习欲望。除此之外，学生可以有更广阔的想法，改变传统教学中以教师单向传播为主的教学方法，学生有了自主思考的空间与余地，充分调动了他们的积极性、自主性，对教师的看法及意见提出挑战，形成以辩而学的方式，既有利于学生的自身发展，同时也是对教师不断进修与学习的鞭策。这也就印证了我国古代的“教学相长”的道理。

一、区域经济发展环境下高职英语数字化教学资源建设必要性

（一）高职英语数字化教学资源建设的现状

随着我国高等职业教育事业的蓬勃发展和英语课程教学改革的进一步推进，一大批优秀的教材相继面世，为高职英语教育注入了新的理念和活力。然而在平面教材推陈出新的同时，英语数字化教学资源库的建设却相对滞后，特别是有高职特色的教学资源库更是缺乏，高职英语教学的现状明显落后于21世纪媒体时代的要求。近年来，各高职院校纷纷着手建设自己的英语数字化教学资源库，但是与数字化校园硬件建设相比，教学资源尤其是教学应用中的优质资源相对比较有限，资源共享率、资源利用率不高成为制约教学效

率提升的瓶颈。其存在问题主要表现在以下三个方面。

1. **数字化教学资源尚未形成良好的建设机制**

数字化教学资源建设的主体是建设机制的承载者，职业教育数字化教学资源的建设主体具有层次性，包括教育部、地方教育行政部门、企业、学校和个人。主体之间的相互协调是良好建设机制的体现。当前，我国尚未形成良好的职业教育数字化教学资源建设机制，主要表现为各级教育行政主管部门、企业、学校和个人在开发教学资源的过程中各自为政。尽管我国已在各个层面建设和开发了许多英语数字化教学资源，但从高职英语数字化教学资源建设的总体情况来看，已有的数字化教学资源中个性化的优质资源相对较少，内容单一，缺乏针对性和系统性。在数字化教学资源建设过程中，由于尚未形成良好的建设机制，对英语教学资源建设缺乏简单明确的标准，重复建设、无序散存等问题时有发生。在教学过程中，特别是高职院校的教师和学生很难便捷地获得丰富的数字化教学资源。

2. **数字化教学资源的共享机制不完善**

资源的共享问题是职业教育数字化教学资源建设的瓶颈。在缺乏共享机制的情况下，各高职院校专业教师根据教学要求自发或有组织地开发 PPT 课件、视频等教学资源的低水平重复建设现象不可避免。职业教育教学内容与通识教育教学内容相比，标准性较强，个性化较弱。因此，对教师而言，教学资源的共享性更强。对学生而言，尽管网络已非常普及，数字化教育教学资源比较丰富，但由于没有良好的教学资源集成和网络学习平台，学生利用网络学习的状况令人并不满意。自 2012 年全国职业院校信息化教学大赛扩大至高等职业院校以来，有多项高职英语作品参加信息化教学设计和信息化课堂教学比赛。据统计，2017 年湖南省仅参加高职英语信息化教学设计比赛的作品就多达 45 组，单设比赛组别，有 2 组作品参加国赛。然而，这些优质的信息化教学资源，并不能充分共享，更难有效地运用到高职英语教学中。

3. 职业教育数字化教学资源利用不充分

促进数字化学习的普及是建设数字化资源的根本意义，数字化学习的广泛性是数字化教学资源实现其价值的基础。教师的教学过程对学生的数字化学习起着决定性的作用。首先，教师对数字化资源特别是网络教育资源的利用情况并不乐观。在实际教学工作中，高职院校教师已经较为普遍地使用多媒体课件辅助教学，并利用网络搜集教学资源，部分教师也根据教学需要自制数字资源，但总体上对网络教学资源的利用仍显不足。虽然很多高职院校已经建设有现代的多媒体语言实验室，而且经过多年的建设，高职院校已开设多门英语精品课程，但是对已有的英语数字化教学资源缺乏最大限度共享的环境，这些教学资源没有得到充分利用，从而造成“高档设备低档使用”的教育资源的极大浪费。教师作为学习活动的引导者，在引导学生利用网络教学资源方面更是缺乏有效的指导；学生普遍反映很少利用网络资源进行课程学习，而且教师也没有在这方面做要求，更没有告诉他们如何利用网络资源进行学习。

（二）新世纪高职院校英语课程改革的基本要求和趋势

教育部高教司 2000 年 10 月颁布的《高职高专教育英语课程教学基本要求（试行）》指出，高职英语课程要遵循“实用为主、够用为度”的原则，“注重培养实际使用语言的技能，特别是使用英语处理日常和涉外业务活动的能力”。近十年来，在我国高等职业教育发展的新形势下，以贯彻高等职业教育“以服务为宗旨，以就业为导向，走产学结合的发展道路”的办学方针，实现培养高素质的技能型专门人才为目标的《高等职业教育英语课程教学要求》孕育而生，并被作为指导各高职院校组织高职高专英语教学的主要依据。

《高等职业教育英语课程教学要求》提出："高职英语课程以培养学生实际应用英语的能力为目标，侧重职场环境下语言交际能力的培养，使学生逐步提高用英语进行交流与沟通的能力。”该要求强调了高职英语课程培养学生的学习兴趣和自主学习能力的重要性。在课程设置与教学模式上，该要求建议“以岗位需求为主线开发和构建教学内容体系”，把现有的高职英语教学“分为两个阶段，即基础英语阶段与行业英语阶段”。2009 年，高职高专英语类专业教学指导委员会主任委员刘黛琳指出，高职英语精品课建设的主要问题之一是“网络教学资源不足，欠针对性，缺乏教学互动”。她特别提到了高职英语教学要“利用计算机、网络技术等现代化教学手段，构建适合学生个性化学习和自主学习的新的教学模式”，体现以学生为中心，融“教、学、做”为一体的教学理念。

从《高等职业教育英语课程教学要求》来看，当代的高职英语教学迫切需要体现时代特点，与网络技术相结合，搞好教学模式的创新。建设有高职特色的英语数字化教学资源库已经成为高职英语课程改革的重要内容。

（三）高职英语数字化教学资源库的建设是时代的要求

据中国互联网络信息中心（CNNIC）发表的中国互联网络发展状况统计显示，截至 2016 年 12 月，我国网民规模达 7.31 亿，全年共计新增网民 4299 万人。互联网普及率为 53.2%；我国手机网民规模达 6.95 亿，较 2015 年年底增加 7550 万人，网民中使用手机上网人群的占比由 2015 年的 90.1% 提升至 95.1%；在年龄结构上，

10~39 岁群体占整体网民的 73.7%，其中 20~29 岁年龄段的网民占比最高，达 30.3%；在学历结构上，网民中具备中等教育程度的群体规模最大，初中、高中 / 中专 / 技校学历的网民占比分别为 37.3%、26.2%；在职业结构上，学生群体占比为 25.0%。2016 年，中国网民的人均周上网时长为 26.4 小时。

从以上统计数据来看，当前在全国普通高等职业院校中，以九零后和零零后为主的在校大学生群体学习媒介存在着由传统的纸质化、平面化向电子化、网络化转变的趋势。高职英语课程本身具备的实用性、时代性、开放性和互动性等特点及其要达到的听、说、读、写、译等五方面技能考核要求，也必然使得英语学习的载体多元化、内容多样化。从一定意义上讲，高职英语数字化教学资源库的建设，不仅是高职英语教学改革的重要组成部分，也是高职英语教学改革与时俱进、可持续发展的有力保证。

（四）高职英语数字化教学资源的建设是区域经济发展的必然要求

随着我国经济和信息化技术的快速发展，职业教育在经济发展的大潮中发挥着越来越重要的作用，也逐步成为我国教育改革与发展的重要因素。高等职业教育需要紧密结合学生的职业需求和社会的人才需求，并且实现对区域经济发展的积极促进作用。因此，以区域经济发展为基础的高职英语教育也受到社会的密切关注。高职英语是讲求实用、注重实践、针对性较强的英语课程，具有其自身的特点，这些特点又会对高职英语教学产生影响，其中包括教学方法和手段的使用，教学活动的设计和安排等。高职院校中的传统英语教育教学已经无法满足当前时代背景下的学生发展需求和区域经济不断发展的需求。高职院校与普通高校在培养目标、教学内容、学生来源、学生心理以及毕业生去向等各方面都有明显的差异。高职在校学生学习英语的积极性不高、学习效果差、没有适合的教材、缺乏参考资料和个性化的数字化教学资源，种种现实困扰着英语教师，阻碍英语教学质量提升，导致不能为区域经济的发展输送合格的英语人才。然而，现在的高职学生对信息化技术的运用比较感兴趣，信息化技术能给他们提供形象直观、生动活泼，融声、光、色彩、图像、语言文字于一体的语言学习真实情景，使大脑加工处理信息的效率大大提高。同时，英语学科的特点决定着信息化技术在高职英语教学中发挥着越来越重要的作用。心理学家泰柯勒（Treichler）用实验证明，人类通过视觉和听觉获得的信息占其所获得总信息量的94%，人们能够记住自己听到和看到内容的50%，在交流过程中能记住自己所说内容的70%。可见，看、听、说是人们获得信息的主要途径。同理，在高职英语教学中应积极发挥信息化技术优势，建立数字化资源库，激发学生的学习兴趣，创设语言环境，培养学生的自主学习能力，有效指导学生充分利用信息化技术提高英语综合应用能力。高职英语数字化教学资源库是高职学生有效学习的载体，是高职教师实施教学计划的基本保证。因此，加快建设高职英语数字化教学资源，培养复合型英语应用人才，是区域经济发展的必然要求。

二、区域经济发展环境下高职英语区域数字化教学资源建设

教育部颁发的《教育资源建设技术规范》中指出：“教育资源建设是教育信息化的基础，是需要长期建设与维护的系统工程。”教育资源建设可以有四个层次的含义，一是素材类教育资源建设，主要分八大类：试题库、试卷素材、媒体素材、文献素材、课件素材、案例素材、常见问题素材和教育资源索引；二是网络课程建设，它

是按照学科知识体系以及网络教学的要求，对各种教育资源的综合集成；三是资源建设的评价，通过评价筛选优秀的教育资源；四是教育资源管理系统的开发。在这四个层次中，网络课程建设和素材类教育资源建设是基础，是需要规范的重点和核心；第三个层次是对资源的评价与筛选，需要对评价的标准规范化；第四个层次是工具层次的建设，网络课程和素材类资源的具体内容千变万化，形式各具特色，对应的管理系统必须适应这种形式的变化，充分利用它们的特色。教学资源建设包括硬件环境的完善；教学软件的研究、开发；立体化、开放式的教学资源库建设（包括软件资源库、媒体资源库、教学资源库、科研资源库、题库和 Internet 资源查询库等）；以及操作简单、交互方便、快捷的服务平台的建立等方面。

教学资源建设是信息化教学的基础，是课程建设的重要环节，因此教学资源建设一定要为教学目标服务，为学生自我学习、自我评价提供服务作用。在教学资源建设中应注意教学资源建设的集成性、规范性、专业性、扩展性、开放性和安全性。

（一）高职英语区域数字化教学资源建设的原则

1. 坚持引导性与主动性的结合

随着网络技术的高速发展，学生通过网络可以接触到海量的英语教学资源，学生在接受各类教学资源的推荐过程中，因为个人识别能力有限，难以对优质教学资源进行评定，这就要求应用教师发挥一定的引导作用，减少不良信息对学生的影响，主动搜集、挖掘、存储、传递优质的英语教学资源。此外，基于学生学习兴趣的高职英语教学资源个性化建设方法应该坚持引导性与主动性相结合的原则，高职英语教师可通过各类网络平台主动建设应用教学资源、信息，还可通过微信、微博、QQ、BBS 等网络平台选择资源引导学生进行学习。教师应根据学生的专业特点和就业岗位需求，实现数字化教学资源的充分共享，积极引导学生开展课余英语自主学习。

2. 坚持实用性与趣味性的结合

高职英语教学资源的建设要遵循实用性与趣味性相结合的原则。一方面，结合高职阶段英语教学目标、教学内容、学习兴趣等特点，选择符合高职学生专业特点的教学资源内容进行建设，为学生提供丰富的语言和文化背景知识，体现高职英语教学的实用性。在建设过程中，教师可以根据当前的校园网络教学平台、学习中心，通过学生的学习数据、教师的教学数据形成相应的资源信息，然后对其进行相应的分析、存储与计算，划分具体兴趣特点来为下个阶段的资源建设打下基础。实用性原则主要指英语教学资源的开发与建设需要适应高职学生的学习水平、就业方向。另一方面，高职英语数字化教学资源的建设应适合高中低不同层次学习对象的需要，内容生动活泼，能够激发学生的学习兴趣，为学生提供多姿多彩的生活背景和富有情趣的交际情景。高职英语教师可在充分调研的基础上，分析当前高职学生英语学习的兴趣点，例如，部分学生是就业导向型的，其英语学习兴趣点主要与商务英语、英语口语有关；部分学生因为深造需求，其英语学习兴趣点集中在英语等级考试上。要根据不同的学习兴趣点，有针对性地进行高职英语教学资源的建设。

3. 坚持共建共享与动态化发展的结合

在如今高职英语学习当中，师生的各类学习活动都需要网络的支持，实现云环境下教学资源的有效流动、共享才能提升英语学习的效果，数据价值主要也是不同类型数据在开放互动中激发的。高职院校英语教师彼此可以共建共享各自的教学资源信息，还可以跨学校合作实现教学资源互动共享，减少教师教学资源库的重复建设，推进优质教学资源的共享。资源推荐过程中教师可以鼓励学生一起与教师完善网络教学资源，学生可以通过网络平台上传最新的学习资源，这不仅推动了网络教学资源的动态化发展，而且提升了学生利用英语网络教学资源的主动性。

（二）高职英语区域数字化教学资源建设的内容

按照《教学资源建设技术规范》中的界定，数字化教学资源主要包括各类网络媒体素材、网络题库、试卷、网络课件、网络课程、教学案例、常见问题解答、资源目录索引以及文献资料等，而我们构建的高职英语教学资源库则要结合高等职业教育培养人才的特点，以高等职业教育的需求来确定教学资源的内容建设。高等职业教育培养的目标是培养各行各业所需要的高质量的高技能人才，而高等职业教育自身存在学制短与学习内容多的矛盾性。不论是理论学习还是实践学习都存在时间紧张，掌握深度和广度不够的问题，这直接影响到了培养人才的质量。所以，高职院校要加强建设针对性强的专业教学资源，除提供各专业“必需、够用”的各类型学习资源外，还要特别提供：有利于学习和掌握应用技能的资源类型，如专业图片素材、虚拟仿真课件、实况操作视频、情景视频等，以及相关专业的高新技术知识和各种最新动态、相关职业背景前沿等。针对高职学生的特点，结合高职英语教学的特色，可以按照以下四个模块来构建高职英语数字化教学资源。

1. 基础知识模块

基础知识是高职学生最薄弱的环节，因此这一部分非常关键。本模块下应该包括两个子模块：英语词汇模块和英语语法模块。

英语词汇是构成语言的基本单位，在语言学习中起核心作用。

英语词汇模块主要又分为理论知识模块和实践训练模块两个子模块。理论知识模块可以设置基本构词法和词汇学习策略两个专栏。根据高等学校英语应用能力A级考试要求，在基本构词法专栏中主要收录考试考纲要求的词汇。每个词汇后详细给出该词汇的构词法、词形变换、用法和例句，并配备语音系统，让使用者能够完整地学习词汇的音、形、义三个方面。同时配备自测系统，方便使用者在一段时间的学习后通过自我测验检查学习效果。在词汇学习策略这个专栏中，主要介绍与高职学生词汇量相关性较高的六种策略，即元认知策略中的主动学习策略，认知策略中的上下文策略、猜测策略、记笔记策略、用词典策略和编码策略等。在建设过程中，将文本、图形/图像、声音有机结合，对一个或几个学习策略实施相对完整的教学，辅助教师与学生的教与学，以便完成特定的教学任务。

语法部分应详细、完整地介绍各个语法项目的构成、意义和用法。在高职英语课程教学阶段需要进一步巩固加深的语法项目，主要涉及如下语法点：限定词、名词、形容词、副词、代词、数词、介词、动词、虚拟语气、非谓语动词、一致关系、句子种类（简单句、并列句和复合句）、强调句型、省略、倒装、标点等十六个方面。在高等学校英语应用能力A级考试中，虽然题目千变万化，但是万变不离其宗，这些题目其实基本上都是时态、形容词与副词、名词、一致关系和虚拟语气、非谓语动词、倒装句、复合句（连接手段）的各种变化形式。通过对历届考试真题中语法知识考点进行详细分析和统计，发现最常出现的考点是：非谓语动词、虚拟语气、名词性从句、倒装句（部分倒装）、时态等。高等学校英语应用能力A级考试语法考点所占比率具体见表5-3。

表 5-3　高等学校英语应用能力 A 级考试语法考点所占比率

语法测试项目	所占比率（%）
复合句（主语从句、定语从句、状语从句）	21
虚拟语气	8.3
时态和语态	10.8
非谓语动词（分词、动名词、不定式）	23.3
倒装句	2.5
一致关系	6.7
形容词和副词	5.8
强调	2.5
名词和限定词	2.5
倍数	1.7
省略	0.8
情态动词	2.5
反义疑问句	0.8
代词	5
介词	0.8

因此，在语法知识模块数字化教学资源构建时，可以按照表 5-3 中的语法测试项目来设置栏目，并围绕着这些项目制作和收集与素材有关的文本、图形 / 图像、音频、动画、视频等，目的是提供直观形象的资料，避免英语语法教学的枯燥乏味。按照这些语法测试项目分类建设多媒体素材，可以避免素材性资源无层次、无系统、针对性差的弱点，能给教师提供制作专业课件的素材，帮助学生认识、了解、掌握高职英语语法知识和基本技能。

2. **基本技能模块**

基本技能模块主要是指听说读写译五项技能。对这五项基本技能数字化教学资源的建设，主要包括两个子模块：理论知识模块和专项训练模块。理论知识模块，主要设置策略分析与应试技巧栏目。对各项专项技能的训练方法和要点先进行简单讲解，然后按照由易到难的原则设计专项练习。听力材料从语言简单的语速每分钟 110 词左右的材料开始，逐步增加语言难度和提高语速，直至语速每分钟 180 词左右的英语原版音频和视频材料。说的训练需要录音系统的支持，并提供大量独白和对话音频视频材料作为范本，启发学生进行独白、二人对话以及多人谈话，同时可以进行录音并保存文件，方便使用者检测口语的准确性和流利度。读写译的训练可以根据 A、B 级和四、六级考试的要求分级训练，分别建立阅读资源子模块、写作资源子模块、翻译资源子模块和相关题库。提供丰富的本地资源和网络资源链接，并给学生的作文和翻译作品提供发表和分享的公共平台，对所有使用者开放。

3. **职场英语模块**

高等职业教育英语课程教学要求规定，高职英语课程“不仅要帮学生打好语言基础，更要注重培养学生实际应用语言的技能，特别是用英语处理与未来职业相关业务的能力”。高职英语具有职业性，所以在高职英语教学中，应该处理好应试能力与应用能力的关系，学时与效能的关系，英语学习与专业学习的关系，教、学、做的关系。为凸显高职英语职业性特征，英语教师应加快自我发展，重组课程资源，加快数字化教学资源建设，探索适合的教学方法及提升教学“职业附加值”。在数字化资源建设过程中，专门增设“职场英语模块”。以与各专业相关的英语阅读和写作为主，帮助学生读懂与未来职业相关的英文资料，如产品资料、合同、标书等，学会用英语写作各种常用的应用文体如邮件、传真、信件等。在此基础上，可以设计一些职场英语口语和口译训练。高职院校的学生比较喜欢的就是视频教学资源。视频中真实的情景、真实的操作、真实的教师手势、体态和面部表情等，既能够传达教学内容，又蕴涵情感因素，加上语言，既能传情达意、感染学生，又能帮助理解、激发兴趣，使学生进入学习状态快，维持学习时间久。在高职英语数字化教学资源建设和应用中，能建设和应用好视频教学资源可以有效促进高职院校培养高质量的高技能人才。视频教学资源主要来自购买的 VCD/DVD 教学片，录制的卫星电视教学节目，拍摄的讲座、课堂教学、实验实训教学实况和专门制作的教学片等。高职英语数字化教学资源建设需要重视以下几种视频教学资源的建设。

（1）示范操作视频教学资源。高等英语教育具有实用性特征，其培养的是实用性英语人才，所以特别注重实践操作，为学生提供标准规范的操作示范，使学生能够反复观摩，领会要领，是非常重要的教学方法。高职院校的师生一致认为实训教学录像片可以将老师无法在课堂讲清楚的内容，尤其是一些细节烦琐的流程或抽象的概念原理清晰地展示出来，教学生动形象，有助于加深学生的感性认识。高职院校教学资源系统中的示范操作视频教学资源的收集除购买相关的优秀示范录像视频资源外，还要充分利用本校的优秀教师资源，由他们结合教学需要进行实际演示。在拍摄时，重点难点部分可以分解、放大动作细节，强调其关键技巧和需避免的错误，由技术人员录制后，转存到资源数据库中，供老师和学生在网上随时随地观摩领会。对于难掌握的要领，学生可以将动作反复揣摩直到掌握。这种示范性视频资源可以精心设计成教学片，也可以随堂拍摄。作为高职院校要特别重视这项资源的建设，由学科教师规划、撰写分镜头稿本，由电教人员负责拍摄、制作，争取建成本校所有专业的关键操作技能资源库。

（2）优秀课堂视频教学资源。高等职业教育的定位，决定了其对教师队伍的要求不同于普通高校，高职教师除了要具备一定的专业理论知识，相关的教育学、心理学知识和教师的基本技能外，还需具备较强的应用意识、较强的实践技能和适应市场需要的多专业教学能力。目前，就整体而言，高职教师最为缺乏的是实践技能和适应市场需要的多专业教学能力，因此，高职院校要重视将优秀教师的课堂教学视频建设成网络教学资源，使其他教师和学生可以随时随地观摩学习，尤其是学生可以重新学习课堂上没有完全掌握的重点和难点。

（3）提高科学人文素养的视频资源。高职英语教学中，学生除了需要掌握英语技能知识和英语技能操作外，还需要加强文化道德法纪等方面的修养，使他们走上工作岗位后甘愿吃苦耐劳、刻苦钻研、改革创新，成为生产管理方面的能手，这样才能体现英语语言教学的人文性，符合人才培养目标。实现这样的培养目标，仅靠在课堂上说教传授是无法达到良好效果的，所以高职院英语教师要重视利用校园网络资源库，有针对性地建设相关英语人文素养教育的资源，并引导学生学习，这样对提高学生的综合素质将大有裨益。

4. 英语等级考试模块

考试训练应该以考纲为基础，结合基础知识模块里的词汇和语法讲解部分，以精练和精讲历年真题为核心。客观题部分配备自动评分系统，主观题部分通过与教师互动和参考答案来评分。使用者可以先做，了解自己的得分情况，然后提供详细讲解并总结答题技巧和要点。最后提供模拟题库及答案。针对这一模块，配备题库和自测实时评分系统，构建词汇、语法、听力、阅读、写作、翻译和A级、B级、四级和六级共十个题库。听力和口语还需要配备音频视频播放器及录音系统。

（三）高职英语区域数字化教学资源建设的方法

由于外语教学的特殊性及其所涉及内容的广泛性，再加上特定的学习对象和个性需求，外语教学资源库具有鲜明的学科特色。中国教育技术协会外语专业委员会将外语资源分为三个维度：第一维度为媒体资源类型，包括视频资源、音频资源、课件资源、图片资源和其他资源；第二维度为语种（包括英语、德语、日语、韩语等）或者图片分类（包括社会生活、生活纪实、旅游民俗、历史文物、自然景观等）；第三维度为学科分类标准（包括自然科学、人文与社会科学等学科资源、听说读写译等外语教学资源）和广电行业节目分类标准（新闻类节目、娱乐类节目、教育类节目、服务类节目）等。

高职英语教学资源库的构建首先要立足服务于教师和学生群体。通过对现有的数字图书馆资源进行整合和扩充，以期达到促进“兴趣培养，课堂教学，学术研究，职业发展”的目的。首先要以外语教师为核心，并突出高等职业教育英语课程的特色。师生共建，资源共享，与时俱进，方便实用。主要的构建方式为：自己制作教案、课件、作业展示、flash动画、课堂笔记、试题库等，下载电子词典、语法书、英语简易读物、歌曲、配有中英文字幕的电影等链接国内知名英语学习网站、全国文化信息资源共享工程、国内外开放论文文库如Open Access、DOAJ、台湾开放论文等，购买教学光盘、试题库、英文版教育教学参考资料等。

另外，将高职英语数字资源划分为“在校学习”和“个人发展”两大模板。“在校学习”模块的内容包括：教学课件，教材音频、视频，小组作业展示，中英文电子词典，英语电子语法书，英文经典歌曲和带中英文字幕的英文电影，英文简易读物，英文原版书，历年 A 级考试真题及听力 mp3 下载，国内知名英语学习网站链接及介绍等。另外，依据《高等职业教育英语课程教学要求》的指导思想，设立行业英语专区，以各系部开设的专业为导向，收集涉外会计、动漫制作、建筑工程等实训素材和相应的职场英语及职场文化等知识。设立职场听说资源库和写作资源库，力求为学生毕业后从事英语语言背景下的职场相关工作奠定必要的专业基础。

“个人发展”模块针对部分学生有升本科和考级要求，设置“专科升本科”“大学四、六级”“商务英语证书考试”“公共英语考试”等专区，充实相关资源和网站链接。这一模块的特色是：力图通过整合和充实现有英语教学资源，为英语教师和学生提供有时代特点、内容丰富、形式多样、实用性强的电子图书和音频视频素材，使高职英语教学顺应网络化和电子化的发展趋势，增强英语学习的趣味性、互动性和开放性。同时也有利于创新高职学生基于网络资源的自主式、个性化的学习模式。在技术层面上，由于外语教师受其专业知识结构的限制，仅凭一己之力，要独立实现资源的搜索、共享，并开创基于网络资源的学生自主式、个性化学习的新模式，其面临的挑战是巨大的。可以预想，资源库的构建过程中，收集、整理和储存不同电子格式的海量信息和素材是一个浩大的工程。而且，甄别相关信息以适应不同专业需求也是个不小的难题。因此，在强调外语教师是构建资源库核心力量的同时，也要寻求学院相关系部教师和网络管理人员的技术支持与合作。另外，从长远来看，各个高职院校的资源库只有建立了共享机制，才能够体现出最大化的使用价值，也只有资源的共享和不断积累才能丰富高职英语教学的内涵，更好地实现《高等职业教育英语课程教学要求》所设定的教学目标。

三、区域经济发展环境下高职英语数字化教学资源建设的建议及对策

（一）积极遵守数字化教学资源建设标准

首先要在观念上明确遵守数字化教学资源建设标准对开发数字化教学资源具有不可忽视的重要作用。它不仅符合数字化教学资源开发的趋势，使数字化教学资源能够实现互操作和跨平台使用，增加数字化教学资源的应用范围，提高数字化教学资源的竞争实力，而且对推动数字化教学资源共享发挥了重要作用。数字化教学资源开发人员要理解这些标准，才能够积极配合国家和相关组织的工作，认真开展数字化教学资源建设标准的学习，并在开发教育资源时积极遵守。

其次，开发人员应该在实际行动中做到遵守数字化教学资源建设标准。在具体实施上，可以组织本单位人员在单位范围内积极开展学习和讨论，把数字化教学资源建设标准的意义和用法研究透彻；还可以组织人员参加教育技术标准化委员会组织的一些针对数字化教学资源建设标准的学习和培训，这样才能够在开发过程中更有效率。

（二）校校合作提升数字化教学资源建设的质量

目前我国的数字化教学资源质量并不高。如数字化教学资源大多都是由课程导入、课程内容、课程教案、课程大纲等板块组成，再就是添加一个动态论坛、留言板等。整个课程做下来几乎是课程

内容的简单罗列，交互性不强，可以说是重数量不重质量。倘若学校之间能够加强交流与合作，集中几门甚至是几十门课程的开发所用的人力、物力、财力，让数字化教学资源开发单位设计新的教学方法和教学手段，研发新的技术，加强教育资源中的交互性和科学性，这样开发出来的数字化教学资源质量将会高很多。这样不仅能提高数字化教学资源的质量，还可以减少资源的重复开发和增强资源共享，为促进我国的教育事业做出很大的贡献。

（三）校企合作提供数字化教学资源建设的保障

地方性高职院校由于受所处区域和经济实力的影响，数字化教学资料建设的力量相对薄弱。一些珍贵的教学材料和构想，缺乏有力的数字化技术支持，造成预期与结果严重不符。要解决这一问题，要从主观部门层面出发，引企入校，校企合作，共同参与数字化教学资料的建设。教师提供有效资源，企业提供高新技术共同开发数字化教学资源，从而达到双赢的效果。

在高职数字化教学资源开发过程中，有很多因素制约着数字化教学资源共享程度的提高，包括来自数字化教学资源的开发人员，国家政策和立法，高校和教师，市场竞争和社会环境因素等。如果要切实提高高职院校数字化教学资源的共享程度，发展我国的高职教育事业，我们应该着力解决这些问题。只有这样，实现数字化教学资源的真正共享才能指日可待。

基于以上所说的高等职业院校在教学资源建设中普遍存在的问题，高职院校应当在先进的教学与学习理论的指导下，依据统一的教学资源建设标准来建立起自己的教学资源系统，并根据高等职业教育的教学特点及学院各专业课程逐步配套教学资源库。高等职业教育教育教学资源系统的建成不仅可为教学带来丰富多彩的教学服务资源，对于提高网络化教学的效率也将起到重要的作用。建立一个统一标准的高等职业教育的教学资源系统，能够吸收国内其他高职院校甚至国外的教学资源，优化组合学院的课程资源，使教学资源能最大范围地实现共享，使每一位师生能够迅捷地从中获取所需的教学资源，这对高职教育的发展有着深远的意义。

高等职业院校的教学资源系统建成以后，教师能从网络上及时提取国内外各个领域的最新知识，编入自己的教案中向学生传授，而学生也能从中便捷地获得所需的学习信息。这样一方面能大大地促进教师在本专业领域的科研创新，使他们可以足不出户地不断更新、完善自己的学术思想和教学内容，取长补短、撷取精华，做出原创性的成果；另一方面，高职院校的学生也能在智能化和网络化的教学环境中自主地寻求他们所感兴趣的领域与知识，避免只局限于接受教师课堂中传授的知识，从而开阔思维。

高等职业院校的教学资源系统建成以后能使既有的教学资源满足教与学的要求，同时能使教师改变传统的教学方法，学生也能通过丰富多样的交互方式，共享最好的教师和课程。让学生积极主动地参与，随心所欲地调用其中的内容，有利于打破以教师为中心、以书本和课堂为中心的传统教学模式，逐步建成一个全新的、开放的、终身的教育体系，促进高等职业教育教学方式的变革，从而提高整体的教学效果。

总之，依托教学资源库的建设，充分调动全体英语教师和学生的积极性，以实现教学资源共享为途径，以锻炼英语教师的团队合作精神和培养学生利用网络资源自主式、个性化学习的能力为目标，在不断丰富和完善教学手段和资源的过程中，贯彻以学生为中心，融“教、学、做”为一体的教学理念，高职英语教学改革才能最终达到“培养学生实际应用英语的能力”特别是“用英语处理与未来职业相关的业务能力”的目标和要求。

第五节　区域经济发展环境下高职英语“双师型”师资团队建设

“十二五”期间，国家提出推进地方高校转型发展，鼓励地方高职院校以培养应用型人才为主要目标和任务，结合地方经济发展需要，设置主要面向区域经济、支柱产业、高新技术产业、服务业的应用型学科专业，为地方经济建设输送各类应用型人才。经济社会的发展对职业教育的需求越来越强烈，现代化建设对高素质技能型人才的迫切需求和全面实施素质教育、提高人才培养质量的要求给职业教育提出了新的更高的挑战。“双师型”教师队伍建设的研究和实践主要是为了适应对这类人才的培养。既能从事专业理论教学，又能指导实践教学的“双师型”教师是高职教育的理想教师类型。高职英语教育担负着语言知识传授和语言实践技能培训的双重任务。如何建设一支具有现代职教理念、素质优良、结构合理、专兼结合、特色鲜明、相对稳定、能满足高职教育发展需要的“双师型”英语教学团队，是摆在各高职院校面前的一个重要的课题。

一、高职英语“双师型”师资团队的内涵界定

（一）高职“双师型”教师的基本概念

“双师型”教师是一种行政称谓，主要针对职业学校专业课教

师而言，它有两个层面的说法：一是从整个教师队伍的结构来说，既有专职教师，又有兼职教师；既有来自高校的教师，又有来自企业的教师；既有侧重于专业理论教学的教师，又有侧重于专业技能教学的教师。另一方面，从教师个体来说的，如“双证”说、“双职称”说、“双能”说、“叠加”说等。参照国家教育部的“双师”素质说，高职英语“双师型”教师是指在职业教育领域中，同时具有“双师”素质的内涵本质属性和取得英语专业及关联专业“双证”的外延资格表征，并且经常从事英语专业教学和较高技术领域工作的专业课教师。

（二）高职“双师型”教师团队的内涵本质属性

关于团队的内涵，乔恩•R•卡曾巴赫提出：“少数有互补技能的人团结在一起，为了共同的目标、业绩目标和方法，而相互担当责任的人们组成的团体。”教师团队是为了培养优秀人才、科学研究等共同目标，拥有较强的合作精神的人员形成的正规的团体。德鲁克认为团队是一些相互补充，为统一目标和标准，共同承担责任并规避风险的集合。要促进高等职业院校整体教学水平的提高，更好地服务于区域经济，就必须提高“双师型”教师团队的整体发展效果。“双师型”理念的发展并不仅仅局限于职业教育中的某一个或某一类教师，而是涵盖职业教育中的整个教学队伍，其中当然也要包括高职英语教师团队。因此，高职英语“双师型”师资团队的建设不仅仅在于提高高等职业院校教学队伍中的某一个或者某一类教师个体素质要求，而是对整个高等职业教育英语教师队伍的全体素质要求。高职英语“双师型”教师团队有其自有的特色，见表 5-4。

表 5–4 “双师型”教学团队的特征及说明

特征	说明
有共同的教学愿景	建立和发展“双师型”教学的基础
团队成员优势互补	实现团队教师在研究经验、文化素养方面的优势互补
有和谐的团队文化	创建公平、公正、宽容、信任的教师团队，合作开放的组织环境，创新的文化氛围
有优秀的团队带头人	培养学生具有较强的领导、组织和协调能力
能优先培养实践能力	培养学生的专业技术能力，满足人才市场需求

（三）高职英语“双师型”教师的资格标准

教高厅〔2004〕16 号文的附件《高职高专院校人才培养工作水平评估方案（试行）》中提出,“双师型”教师应具备如下标准 :其一，有本专业实际工作的中级（或以上）技术职称，含行业特许的资格证书，及其有专业资格或专业技能考评员资格（以下简称“相应资格证书”）者；其二，近五年中有两年以上（可以累计计算，下同）在企业第一线本专业实际工作经历，或参加教育部组织的教师专业技能培训获得合格证书，能全面指导学生专业实践实训活动；其三，近五年主持（或主要参与）两项应用技术研究，成果已被企业使用，效益良好；其四，近五年主持（或主要参与）两项校内实践教学设施建设或提升技术水平的设计安装工作，使用效果良好，在省内同类院校中居领先水平。以上“双师型”教师资格的规定在高职院校师资队伍管理中被广泛援引。高职院校专业设置大致可以分为工科技术类和管理服务类，不同类别的人才培养和师资建设的要求并不相同，高职英语属于管理服务类，本书主要阐述管理服务类的高职英语“双师型”教师资格标准，见表 5-5。

表 5–5 高职英语“双师型”教师的资格标准

	教师职称及理论知识要求	技术应用能力	技术应用实践（具备以下条件之一）	实践教学胜任能力
中级	讲师，及时掌握英语专业新原理、新知识、新理念，三年内在省级以上刊物发表专业教研方面的论文一篇以上，并获得行业专家认可。	具备英语专业以及关联专业实际工作的中级技术职称（含相应资格证书）。	近三年内有两个月以上的一线基层管理或业务骨干的本专业实践；近三年主持（主要参与）一项英语专业或关联专业实践性课题研究，成果经行业专家认定，有实际借鉴意义；近三年主持（或主要参与）一项对内服务的实训基地建设、管理及运营。	全面指导本专业的实训、实习，并体现较强的管理水平、服务意识等职业特点。
高级	副教授（或以上），对英语专业或相关专业新原理、新知识、新理念有一定的研究。三年内在省级以上刊物发表该方面的论文一篇以上，并获得两名以上行业专家认可。	具备英语专业以及关联专业实际工作的中级（或以上）技术职称（含相应资格证书）。	近三年内有半年以上的部门负责人（或以上）等管理或业务的本专业实践；近三年主持（主要参与）一项英语专业的实践性课题研究，成果经行业专家认定，有实际借鉴意义；近三年主持（或主要参与）一项对外服务的实训基地建设、管理及运营。	创新指导本专业的实训、实习，结合区域经济发展与行业、企业人才需求对本专业的发展提出建议和设想。

二、我国高职院校“双师型”教师队伍建设的政策导向

（一）“双师型”教师队伍建设的政策要求

2005 年国务院颁布的《国务院关于大力发展职业教育的决定》（国发〔2005〕35 号）指出：“加强师资队伍建设。实施职业院校教师素质提高计划，地方各级财政要继续支持职业教育师资培养培训基地建

设和师资培训工作。建立职业教育教师到企业实践制度，专业教师每两年必须有两个月到企业或生产服务一线实践。制定和完善职业教育兼职教师聘用政策，支持职业院校面向社会聘用工程技术人员、高技能人才担任专业课教师或实习指导教师。加强‘双师型’教师队伍建设，职业院校中实践性较强的专业教师，可按照相应专业技术职务试行条例的规定，申请评定第二个专业技术资格，也可根据有关规定申请取得相应的职业资格证书。”“十一五”期间，政府投入 140 亿元专项资金，着力实施职业教育能力建设的“五大项目”。其中一个项目就是职业教育的教师素质提高计划，旨在能够大量涌现“双师型”的专业骨干教师。2006 年 11 月 3 日，教育部、财政部《关于做好 2006 年度国家示范性高等职业院校建设计划项目申报工作的通知》（教高厅函〔2006〕44 号）就明确要求“高水平的‘双师型’专业教师队伍建设，每个专业引进和培养 1~2 名专业带头人，培养 4~6 名骨干教师，聘请 4~6 名企业行业技术专家，制订具备‘双师’素质与‘双师’结构的专兼结合专业教学团队建设规划，开展多种形式的专业教师实践技能培训”。为进一步落实《国务院关于大力发展职业教育的决定》精神，2006 年 11 月 16 日教育部颁布《关于全面提高高等职业教育教学质量的若干意见》（教高〔2006〕16 号），指出要“注重教师队伍的‘双师’结构，改革人事分配和管理制度，加强专兼结合的专业教学团队建设”。2009 年 4 月 22 日，原教育部部长周济向全国人大常委会作了关于职业教育改革与发展情况的报告。他指出，经过教育部等部门的调研和研讨，我国已明确《职业教育法》修订的初步建议，其中一项建议就涉及了关于加强教师队伍建设的修改。2010 年 2 月 23 日，《国家中长期教育改革和发展规划纲要（2010—2020 年）》（公开征求意见稿）提出：“以‘双师型’教师为重点，加强职业院校教师队伍建设。加大职业院校教师培养培训力度。依托相关高等学校和大中型企业，共建‘双师型’教师培养培训基地。完善教师定期到企业实践制度。完善相关人事制度，聘任（聘用）具有实践经验的专业技术人员和高技能人才担任专兼职教师，提高持有专业技术资格证书和职业资格证书教师比例。”

（二）师资培训项目的开发与实施

从 2006 年至今，我国陆续出台相关法规和文件，对高职院校“双师型”教师的引进和培养等方面给予保障，如教育部、财政部《关于做好 2006 年度国家示范性高等职业院校建设计划项目申报工作的通知》（教高厅函〔2006〕44 号）、《关于全面提高高等职业教育教学质量的若干意见》（教高〔2006〕16 号）、《职业教育法》、《国家中长期教育改革和发展规划纲要（2010 － 2020 年）》（公开征求意见稿）都不同程度地对高职院校“双师型”教师队伍建设做出了规定。我国也采取了一系列措施，如投入大量的经费用于建设高职院校“双师型”教师队伍，启动“国家示范性高等职业院校建设计划”，开发多个培训项目对高职院校教师进行培训。到目前为止，我国已拥有 66 个国家级重点建设职教师资培养培训基地。我国上述宏观调控行为使高职院校“双师型”教师队伍的建设逐渐明朗化，“双师型”教师队伍建设的路径逐步规范化。

（三）教学名师和教学团队评选指标体系的建立

2007 年，教育部组织开展第三届高等学校教学名师奖评选表彰工作时，下发了“第三届高等学校教学名师奖评选指标体系”，指标体系分为本科部分和高职高专部分。至此，高职高专的教学名师评选开始有了自己独立的评选指标和标准。2008 年，教育部又组织开展了第四届高等学校教学名师评选工作，对高职高专部分的评选指标体系又进行了一次修订，进一步凸显了高职院校教学名师的高等职业教育特点，对高职院校教师发展的导向作用非常明显。在 2016 年的第十二届高等学校教学名师奖评选指标体系（高职高专部分）中，共有 5 个评选项目，包括教师风范与教学经历、企业经历与行业影响力、教学能力与水平、社会服务能力、教学团队建设等五个方面。五个方面都有具体的评选内容，并设有相应的评价分支，其中教学能力水平占 53 分，是权重最大的一项。评选指标也非常重视教学名师的社会服务能力和企业经历，各占有 15 分。具体内容如表 5-6 所示。

表 5–6　高等学校教学名师奖评选指标体系（高职高专部分）

<table>
<tr><th colspan="2">评选项目</th><th>分值</th><th>评选内容</th></tr>
<tr><td colspan="2">1. 教师风范与教学经历</td><td>10</td><td>政治立场坚定，以教书育人为己任；敬业爱岗，以全身心投入为常态；治学严谨，知行统一，师德高尚，为人师表。</td></tr>
<tr><td colspan="2">2. 企业经历与行业影响力</td><td>15</td><td>累计具有企业相关技术岗位 3 年以上工作经历，拥有至少一项中级（国家职业资格四级）以上有效职业资格；一直在行业协会（或企业、单位、机构等）中兼任相关技术职务或担任一定职务，在行业企业的技术领域具有一定影响力，且近 3 年取得有实质性的工作成果。</td></tr>
<tr><td>3. 教学能力与水平</td><td>教学效果</td><td>18</td><td>教学效果好。注重分析学生个体特点，坚持因材施教、个性化发展；关心学生成长，注重培养学生的职业道德和职业精神；教学设计重视学生在校学习与实践工作的一致性，积极开展行动导向教学实践；教学方法灵活多样，有效激发学生学习兴趣；通过导师制等形式提高学生自主学习能力；合理利用信息技术和现代教育技术，建立了先进的现代教学环境，提高教学效率。教学效果学生反映良好。</td></tr>
</table>

续表

<table>
<tr><th colspan="2">评选项目</th><th>分值</th><th>评选内容</th></tr>
<tr><td rowspan="3">3. 教学能力与水平</td><td>教学研究</td><td>18</td><td>教学研究能力强。学习、借鉴先进职业教育理念和经验，结合我国国情，积极研究高等职业教育教学特点与规律，发展高等职业教育理论；及时跟踪产业发展趋势和行业动态，制定科学的专业发展规划和实施方案；分析职业岗位（群）任职要求和变化，积极开展人才培养模式改革研究与实践，成效显著。</td></tr>
<tr><td>资源建设</td><td>10</td><td>资源整合能力强。有效整合社会资源，开展教学条件特别是实训实习条件的建设，开发实训项目，建设各类实训平台；编写先进、适用的高职（数字化）教材，开展以企业为核心的教学资源建设，并为其他高职院校共享，社会认可度高。</td></tr>
<tr><td>教学管理</td><td>7</td><td>教学管理水平高。根据高职教育特点，探索出校企合作、工学结合人才培养的有效教学组织、实施形式；教学做合一、生产性实训、顶岗实习等方面的机制、制度建设有创新举措；改革学生学习评价方法，利用信息技术平台，提高教学管理水平，成效显著。</td></tr>
<tr><td colspan="2">4. 社会服务能力</td><td>15</td><td>面向行业企业实际需求，开展相关培训、生产和技术服务项目，取得良好实际效果，服务收益高；独立或与行业企业合作开展技术应用性研究及应用推广，成效显著。</td></tr>
<tr><td colspan="2">5. 教学团队建设</td><td>7</td><td>利用自身影响力，有效吸引行业企业一线技术骨干参与专业人才培养，兼职教师队伍水平高；指导专业教师参与教学实践和项目实施，不断提高青年教师教学水平；重视师德教风建设，促进教师职业素质养成，带动形成良好的“传、帮、带”文化。教学团队建设水平高。</td></tr>
</table>

资料来源：2016 年第十二届高等学校教学名师奖评选指标体系（高职高专部分）。

2008年，高职教育国家级教学团队评审开始将高职教育单列，在“双师”结构的教学团队组成、专兼结合的制度保障、带头人、人才培养、社会服务五个方面提出了具体的要求。具体内容如表5-7所示。

表5–7 2008年国家级教学团队项目申报指标对比

	高职高专院校
团队组成	“双师”结构的团队主要由学校专任教师和来自行业企业兼职教师组成，以专业（群）建设为开展校企合作的工作平台。
带头人	善于整合和利用社会资源，能及时跟踪产业发展趋势和行业动态，准确把握专业（群）建设和教学改革方向，能结合校企实际、针对专业（群）发展方向。
人才培养	在实施工学结合、人才培养过程中，团队成为校企合作的纽带，通过学校文化和企业文化的融合、教学与生产劳动及社会实践的结合，将学校教学管理延伸至企业，保障学生半年顶岗实习的效果，实现高技能人才的校企共育。
社会服务	依托团队人力资源和技术优势，开展职业培训、技能鉴定、技术服务等社会服务，具有良好的社会声誉。
专兼结合的制度保障	通过校企双方的人事分配和管理制定，保障行业企业兼职教师的来源、数量和质量以及学校专任教师企业实践的经常化和有效性。

资料来源：2008年国家级教学团队评选指标体系。

三、高职“双师型”教师队伍建设的原则

（一）教学与科研相结合

高职院校的现代化发展坚持产学研相结合，但我国高职院校特殊的地位及其现状，让部分学者或主管教育部门轻视或忽略了其

“研”的重要地位和作用。这种现象突出表现在：上自教育主管部门，下自普通教师通常认为，高职院校的教师就是“师傅带徒弟”的“纯教书匠”，因而围绕“科研”展开的各种活动（包括教师高级职称的评定等）离高职院校较远。其结果是限制了教师个体的职业发展，严重影响了人才培养质量，阻碍了高职院校的长远发展。因此，高职院校“双师型”教学团队的建设有必要将课程教学与科研工作紧密结合，采取措施激励教学水平高、学术造诣高的优秀教师发挥他们在学术和教学中的优势，发挥典范作用，带动整个团队向更高水平发展，从而培养学生具有更高的专业素养，为社会培养优秀的专业人才，为服务区域经济打下坚实的基础。

（二）课程理论教学与专业实践教学相结合

高职院校人才培养目标的特殊性在于其专业实践能力的培养，因此“双师型”教学团队建设必须考虑到专业理论教学与专业实践的有效结合，实现知行合一。这一原则在运用过程中要注意的是：第一，时间分配要合理，即专业理论教学所花费的时间与专业实践所花费的时间应该保持一定的比例。第二，任务分配要适中，承担理论教学和承担专业实践教学的教师，要接受基本等量的教学任务。第三，教学评价要周全，即对教师而言，承担不同教学任务的教师应享受相对公平的评价标准、方法等；对于学生而言，既要对其专业理论知识的掌握情况进行考察，又要对其专业实践能力进行评价。第四，最关键的是，这样的结合不等于简单的相加，要注意积累和发现将两者结合起来的方式、方法。

（三）专业建设与区域经济发展相结合

高职院校承担着服务区域经济、支持行业产业发展的责任和作用。高职院校所设专业的建设必须结合地方产业的发展，根据地方的特色、重点或基础产业的发展状况，对高职英语及相关专业进行科学、有序、有效的建设，使人才培养、课程设置、师资建设与区域经济发展相结合，这是必须坚持的原则之一。

（四）教师专业素养建设与师德师风建设相结合

“双师型”教学团队建设是围绕专业建设展开的，教师的专业素养在这一过程中的重要性不言而喻。为人师者，道德风范也。团队教师中，不论是专职教师，还是兼职教师；不论是进行理论教学的教师，还是进行实践教学的教师，都应当具备高尚的师德风范，爱岗敬业，关爱学生，为人师表，教书育人。因此，“双师型”教学团队建设，必须坚持教师专业素养建设与其师德建设相结合的原则。

（五）教师个人发展与团队建设相结合

教学团队建设离不开教师个人发展，教师个人发展依托于所在教学团队的建设，教师个人发展是基础，教学团队建设是支撑，两者相互补充、共同发展。当教学团队为实现共同的组织目标与教师个人的奋斗目标相冲突时，教师个人的发展必须服从于所在教学团队的发展。要把重视和培育团队精神作为出发点和落脚点，把国家利益、集体利益、个人利益结合起来，在高职院校发展的同时兼顾教师个人的发展，构建起每位教师发挥主动性、实现人生价值的平台，挖掘全体教师的潜力和才智，提升高职院校的整体竞争优势。

四、国内外“双师型”教师队伍建设的经验借鉴

（一）国外“双师型”教师队伍建设的经验借鉴

国外在教师培养方面一直拥有“双师”的特性，并且在这方面取得了良好的效果，其中，在“双师”建设上，各个国家都具自身特色：美国的严格教师资格认定、德国的企业中培养人才、日本的法律保障高职教育、澳大利亚的教育学院培训等。

1. 美国

美国对本国职业教育的要求，主要有几个方面：其一，美国建立了职业教育教师的国家职业教育证书标准，职业教师的选聘制度和任职标准较为严格。其二，重视职业教师的工作实践能力。其三，拥有硕士学历以上的竞聘者必须有职业教育经验，拥有学士学位的竞聘者必须有 1 年以上职业教师相关领域的工作经历，才能够领取职业教师资格认证书。其四，良好的教师资格培养体系。在美国，不仅有全国性的职业教育与技术教育教师培养标准，还有各级地方性的职教培养制度。其五，注重职业教师的职前培训和职后培训工作，时刻保证教师的教学水平和教学质量，并以此作为教师晋升的标准，注重教师对职业教育的严谨性和重视度。其六，视兼职教师为美国职业教育的中坚力量，兼职教师对美国职业教育的发展作用巨大。

2. 德国

德国的科技、经济发展带动了职业教育的发展。在企业的生产活动中，职业教师培养始终贯穿其中。“双元制”职业培训模式（有企业和职业学校两个职业教育场所）是德国职业教育的典范，两种

不同的培训模式是“双元制”的重点，通过职业学校的学习，职业教师获得专业理论知识。另外，培训人员通过在企业和事业单位的实践，获得职业技能方面的培训。与美国相同，德国职业教师任职资格的获取也有严格的规定，必须经过严格的资格培训和教育理论的学习，同时还要进行与职业教育相关的考核。德国的职业教师培养模式中，职前培训和职后培训始终贯穿教育过程，保证了职业教师教学水平的质量。通过科学、合理、规范的考评制度，对职业教师进行客观评价和全面的剖析，提高职业教师的专业理论和实践知识。

3. 日本

日本在职业教师培养上有其独特的方式——职业教育立法，即通过立法来保障师资的科学性和完整性。首先，通过法律的形式，严格规定职业教师的任职标准，确定竞聘者的职业水平和教师资格认证的质量。其次，在选拔优秀的人才时，日本教育避免了不科学、松散、机械化的录用考核标准，确保人才不会流失。教师在取得职业教师资格之后，需要每年进行一次严格的考核。再次，对职业教师进行职业教师培训，在培训过程中，使教师掌握最新的知识。最后，日本用更高的薪酬来留住从事职业教育的优秀人才，以保证日本职业教育的质量和水平。

4. 澳大利亚

澳大利亚在“双师”教育制度上，通过多年的研究和探索，取得了十分瞩目的成绩，并制定出符合本国的职业教育体系。澳大利亚政府成立的职业教育学院为澳大利亚社会培养出优秀的技术生力军。在澳大利亚要成为一名职业院校的教师须经历以下几关：首先，澳大利亚拥有规范培训职业教师的机制，对刚刚步入职业学院的专业教师进行专门的职业培训，在培训过程中提高教师的理论水平，使之获得相关资格证书。在通过理论知识培训之后，进行相关的实践操作，培养教师的实践能力。其次，与德国相同，在入职前，教师都要经历企业的培训和实践，积累不少于三年的工作经验，同时获得大专以上的国家文凭和相关教育资格证书。兼职教师在澳大利亚同样重要。

5. 英国

“三段融合”和“三方参与”是英国职教师资培养体系的特点。职前培养、入职辅导、职后提高三段融合的模式使得教师能够得到终身培养；大学、职业学校、企业三方参与职教教师培训，培养出来的教师既能适合学校的要求，也能满足企业的需求。

6. 韩国

高水平的职业教育造就了韩国的“汉江奇迹”。为了吸引优秀人才从事职业教育，从而提高职业教育的水平，韩国政府高度重视企业对教师的培养，采取的有效措施主要有：建有教师到企业研修学习制度、激励在职教师到企业现场进修、积极从企业一线员工中引进人才作为职教教师的重要来源。

从国外的职业教师培养的成功经验可以看出，必须要拥有一个规范、合理、科学的职业教师选拔、培养体系，要将资金投入职业教育教师的培养上并落实到位，给职业教育体系打下良好的经济基础。在相关教育资格认定上，要严格把关，制定相匹配的考核制度。同时，兼职教师也是职业教育的中坚力量，要将这部分力量发挥出来，使其更好地投入职业教育的发展中，通过多种途径引进师资，并建立灵活多样的职业教师再教育和进修制度。

（二）国内"双师型"教师队伍建设的经验借鉴

应积极学习借鉴国家示范性高职院校在"双师型"师资团队建设方面的先进做法，根据高职英语自身的特点采取不同的专业教学团队建设模式加强团队规模、学历职称比例、"双师型"教师比例、专兼职教师比例等方面的建设。目前，我国在"双师型"师资团队的建设上主要有校企互聘模式、教师工程化模式、企业讲师制模式三种。校企互聘模式适合管理服务类高职院校，是在校企深度合作的基础上进行，以沈阳职业技术学院为典范。具体为专业建设校企双带头人，课程建设校企双骨干教师，校企合作双向兼职双重身份，校企双方提供双向保障。兼职教师承担专业课程教学的主讲和指导任务，专任教师被要求在企业兼职。教师工程化模式适用于工科类高职院校，强调教师的工程化背景和工程化培养。可以通过实施企业工程师招聘计划、企业访问工程师计划、校内讲师工程师互转计划、校企讲师工程师互聘计划、全员海外项目制培训计划等计划使师资队伍的工程化背景得到持续强化。苏州工业园区职业技术学院运用此模式成效明显。企业讲师制模式是指借鉴职业制度构建高职院校教学团队，企业讲师在企业中负责员工职业技术培训、新技术推广培训、渠道业务培训和员工职业素质培训保障。企业讲师作为一个职业认证工种，已经具有广泛的基础，IBM、思科、H3C、锐捷网络等知名企业都设置了企业内部的讲师岗位，并建立了取得相关任职资格的认证考核体系。高职英语"双师型"师资团队建设可参照第一种和第三种模式，先到企业挂职锻炼，培养职业素质，增加项目经验；接着考取行业企业的职业认证资格证书，进一步提升专业技能；最后通过企业的讲师认证考核，充分调动企业参与高职英语"双师型"师资团队建设的积极性和主动性，在双方共赢的技术培训平台上，实现校企双师互动、共同培养，较好地与企业的利益融合。除此之外，还应提高“双师型”师资团队的社会服务能力，依托团队的人力资源和技术优势，开展职业培训、技能鉴定、技术服务等社会服务，使其具有良好的社会声誉，提高服务行业企业的能力和服务区域经济发展的能力。

五、高职英语“双师型”师资团队建设目标模型

为充分发挥高职英语服务于区域经济的职能，建设高职英语“双师型”师资团队，必须理顺政校行企之间的关系，对政府、学校、行业、企业进行资源利用和有效整合，建立政府主导、学校主体、企业参与和行业指导的协同创新平台，树立共同的目标和愿景，探寻四者之间的长效合作运行机制，即完善的机构协同管理创新机制、多方共赢的利益驱动创新机制、互聘共培的人才培养创新机制和共育共管的考核评价创新机制，确保政校行企为“双师结构”教学团队的建设贡献最大的合力，实现政校行企四方在办学、育人、就业及研发方面取得多方共赢发展的局面。具体的建设模型如图5-4所示。

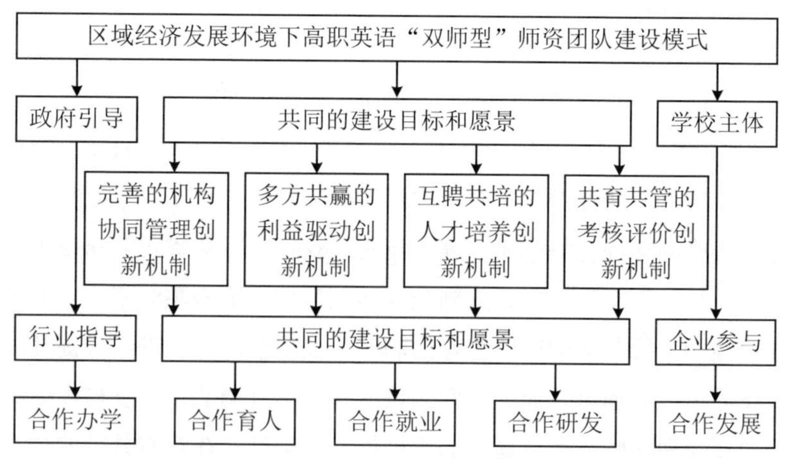

图5–4　区域经济发展环境下高职英语“双师型”师资团队建设模型

（一）政府引导

政府在高职院校“双师结构”教学团队建设中应发挥引导作用，政府需派专门机构统筹高职院校“双师结构”教学团队的建设与管理；协调高职院校、企业和行业成立相关的管理机构，制定政校行企在协同创新方面的优惠政策，并通过制度明确政校行企各方在“双师结构”教学团队建设方面的权利、义务和责任，同时在资金投入、项目审报和项目配套等方面给予大力支持。

（二）学校为主体

高职院校要借助政校行企协同创新平台，整合政校行企的优势资源，发挥各自的专业、技术、人才优势，明确“双师结构”教学团队建设的总体目标和愿景，树立开放式建设的理念，通过引进与培养并重的方式，创新“双师结构”教学西队的建设模式，并通过“双师结构”教学团队的建设，深化教育教学改革，改善办学条件，创新工学结合的人才培养模式，带动学校在课程开发、实验室建设、科研项目等方面的创新和发展。

（三）企业参与

基于政校行企协同创新的合作平台，企业要积极主动参与到高职院校“双师结构”教学团队的建设中来。一方面，高职院校可聘请企业中的能工巧匠到学校担任兼职教师，进行实践课程的教学；另一方面，高职院校可外派专任教师到企业进行教学实践锻炼。通过校企合作平台进行课程标准的开发，专业标准和职业岗位标准的制定，工学结合教材的开发、实践教学基地和实验室的共建，课题研究和专利开发等等。通过校企双向互聘共培的方式，来打造一支专兼结合、结构合理、业绩精良的“双师结构”教学团队，更好地解决企业生产和经营过程中的难题，同时为企业需要的人才打造良好的师资队伍。

（四）行业指导

行业协会是职业资格标准的主要制定者，是市场信息的传播者，是高职院校培养目标制定的参与者。校企合作的整个过程以行业协会为中介，通过建立行业培训中心，与高职院校合作开展在职员工的培训。行业应参与到高职院校人才培养方案的制定当中来，参与人才培养全过程，承担实践教学任务，参与教学管理与教学质量评价，接受学生实习，接纳优秀毕业生就业。同时加强教学与生产的结合，与企业和高职院校一起共建实践实训基地。

六、区域经济发展环境下高职英语“双师结构”教学团队建设对策

（一）树立与区域经济发展相一致的建设目标和愿景

现阶段高职院校英语双师型师资团队建设呈现出具备单一英语理论知识的青年教师较多，具备优秀科研素质、先进行业知识和过硬企业工作经验的中青年教师较少的现象，年龄结构不合理，学历结构、职称结构不平衡，严重影响到了高职院校的发展，阻碍了高素质应用型人才的培养，不利于区域经济发展。为此，有必要联合政校行企多方力量，产学研相结合，将高职英语“双师型”师资团队建设与区域经济发展目标相结合，创建一支结构合理、规模稳定、教育教学水平高、社会实践能力强的富有区域经济发展特色的“双师型”师资团队，为高职教育教学改革和区域经济发展贡献最大的力量。

1. 科学合理的结构

区域经济发展环境下的高职英语“双师型”师资团队应具备合理的年龄、学历、职称和专兼结构。在年龄结构方面：形成老、中、青年教师合理的梯队，实现以老带新，以新促老。在学历结构方面：英语专任教师要求必须具有硕士及以上学位，兼职教师的学历必须达到本科以上，以确保教学团队的教学质量。在职称结构方面：高、中、初级职称的比例要有合理的比例，其中专任教师应取得中级及以上职称。在专兼结构方面：专兼教师的人数比例应趋近于 1 ∶ 1，其中兼职教师的实际授课时数应达到专任教师授课时数的 1/5 以上，以破除兼职教师以往单单专注教学而无暇进行企业实践的窘境。

2. 清晰的建设层次

区域经济发展环境下的高职英语“双师型”师资团队包括双师素质教师、骨干教师、专业带头人及高层次人才和领军人物：双师素质教师是指具有教师资格证书和相关职业技能资格证书（或评定证书），具备较强理论和实践专业技能的教师；骨干教师是从双师素质教师中选拔出来的课程和专业建设的中坚力量；专业带头人是指具备优秀的教育教学能力、丰富的实践经验、突出的科研成果、能带动专业建设改革发展的领头羊。双师素质教师是基石，骨干教师是中坚力量，而专业带头人、高层次人才和领军人物是“双师型”师资团队的核心力量，对团队的生存发展和建设起着至关重要的作用。不仅如此，高职英语“双师型”师资团队的建设和管理不能一成不变，必须随区域经济发展变化而变化，根据区域经济发展趋势和行业、企业人才需求，建立健全专兼教师的进入和退出机制以及定期的考核评价选拔机制，使“双师型”师资团队始终充满活力。

3. 完善的培训支撑

为促进区域经济发展，必须借鉴发达地区高职院校优秀经验，突破地方保护，根据区域经济发展目标，大力引进优秀人才，实行优才教师引进计划，建设一支开放、互动、和谐的高职英语“双师型”师资团队。此外，还应进一步加强对本地高职英语教师专业理论知识和实践能力的培训，建设一个完善的培训体系，建立“双向互聘”及“互聘共培”的教师培养机制。对专任教师来说，应有计划地组织和安排其到相似地域经济发达区优秀高职院校进行学习，到知名企业进行教学实践锻炼，不断提高其实践技能；对兼职教师来说，要定期对其进行高职教育理念和教学能力的培训，不断提高其理论知识水平和技能传授的能力。同时应创造更多学术研讨、出国访问、共同承担企业横向课题的机会，加强专兼教师、教师和行业名家以及企业专家间的交流，促进双师团队成员间的互动，增强双师团队的凝聚力，实现行业、企业、学校之间的优势资源共享，不断提高人才培养质量。

（二）建立区域经济发展环境下高职英语“双师型”师资团队长效运行机制

1. 创建政府、学校、行业、企业协同管理创新机制

创建政府、学校、行业、企业协同管理创新机制，在制度上规范各成员的权利、义务和责任，在程序上规范各成员合作的过程，在职能上建立各成员间的沟通反馈机制，形成政府主导、行业服务、校企协同共建的高职英语“双师型”师资团队建设的运行机制。

（1）发挥政府主导作用，营造良好外部环境。充分发挥政府主导作用，由政府牵头，成立由市、区有关职能部门领导、学院院长和行业会长构成的政校行企“双师结构”教学团队建设领导工作小组。发挥政府的地区经济政策引领的作用，整合高职院校、企业和行业等各方优势的资源，为高职英语“双师型”师资团队建设营造良好的外部环境。工作小组下设办公室和高职师资研究会两个机构。办公室主要负责工作小组的日常工作，根据国家最新的高等职业教育的政策规定，结合当地的经济和产业特点，起草当地的高职“双师型”师资团队建设规划等政策性文件，定期召开日常工作会议等。高职师资研究会主要研究如何联合政校行企四方的力量，决策指导解决“双师结构”教学团队建设过程中的重点困难和问题等，与社会转型发展和现代化建设对高技能人才培养的需求相适应。

（2）发挥行业企业指导作用，创新“双师型”师资团队建设。大力发挥行业企业的指导作用，在政府的协调下，成立由市、区有关职能部门领导、学院部门领导、行业企业专家组成的“双师型”师资团队建设联盟，为团队建设过程中出现的疑难问题提供指导及解决方案。联盟下设秘书处、人力资源部和项目合作部三个部门，秘书处负责日常会议的组织和记录，撰写工作简报等；人力资源部负责“双师型”师资团队的组建和管理；项目合作部负责学校与企业行业之间项目合作的洽谈以及签订的协议。高职院校要协同行业协会、企业定期召开理事会全体会议、常务理事会议、校企合作工作会议等，就高职院校“双师型”师资团队的建设与产业对接等问题进行深入研讨，通过建立一系列日常的理事会工作制度，来推动政校行企的深度对话和协同合作，创新“双师型”师资团队的建设，为区域经济发展服务。

（3）发挥学校主体作用，提升团队综合实力。充分发挥学校的主体作用，成立由行业企业、高职院校各代表构成的“双师型”师资团队建设委员会，下设校企合作办公室、教学管理与就业办公室等，协同解决团队建设中教师“互聘共培”“共育共管”的问题，共同确定职业岗位标准、专业教学标准和课程标准，共同参与到教材编写、备课、授课和命题等环节中来，共同参与课题研究、实训基地共建等，有效提升团队的教学水平、科研能力以及专业服务产业及社会的综合实力。

2. 创建互聘共培的人才培养创新机制

在区域经济发展环境下，高职英语“双师型”师资团队要树立开放式的协同建设理念，打破教师为学校所有、企业员工为企业所聘的保守观念，建立健全政府引导、校企联合培养、企业引进和行业聘请的“互聘共培”的“双师型”师资团队人力资源协同创新机制。高职英语“双师型”师资团队主要由校内的专任教师和行业企业的兼职教师两大部分组成,要使团队里面每位成员都成长为”双师型“教师，逐步成长为骨干教师、教学名师、专业带头人、高层次人才和领军人物，必须采取外引内培的方式，在政府的引导下，建立高职院校与行业企业“互聘共培”的教师培养新机制。

（1）企业引进，行业聘请。高职院校可以从企业聘请一部分生产技术能手成为兼职教师，来弥补专任教师的不足，发挥兼职教师在实践教学中的优势作用。在条件允许的情况下，高职院校也可以从企业引进一大批行家里手、能工巧匠和技术人员，充实到专业教师队伍中去，同时建立企业兼职教师库，加强兼职教师的动态管理，加强对其教学过程和教学效果的监控，保证兼职教师的教学质量。高职院校可以从英语或关联行业聘请客座教授和行业顾问来指导“双师型”师资团队的建设，通过学术报告、讲座、现场指导等形式指导学科和专业建设等，让教师及时掌握行业发展新动向，最大限度地发挥行业在“双师型”师资团队建设中的指导作用。

（2）校企联合培养。按照工学结合、知行合一的人才培养模式，由政府牵头，积极寻求学校和行业企业广泛的合作空间，深化校企合作，充分利用学校现有的校企合作平台，创新师资培养的模式，与行业企业合作共建师资培训基地，一方面对本校的专任教师进行校本培训，另一方面，选派教师到企业顶岗实习和挂职锻炼，同时聘请企业的经验丰富的人员到学校来给教师进行企业一线生产知识和技能的培训；加强对兼职教师的高职教学理念和教学方法的培训，实现学校和企业行业人才设备资源共享双赢的良好局面。

3. 创建高职英语“双师型”师资团队保障机制

在区域经济发展环境下，高职英语“双师型”师资团队的建设除了要建立完善的管理机构、“互聘共培”的人才培养机制之外，还必须有坚实的保障机制。“双师型”师资团队建设应树立整体和系统的观念，不仅在教师的组成和来源上整合政校行企四方力量，在实际的建设过程中，更要吸收各方的优势资源，建立共育共管的考核评价机制。在政府的引导和监管下，高职院校、企业和行业共同制定“双师型”师资团队的培养方案，共同建设教师校内外培训基地，共同参与课题研究和社会服务，共同进行教师的考核评价和管理。

（1）共同制定教师培养方案。在“双师结构”教学团队建设委员会的指导下，高职院校要与企业、行业共同商量制定“双师型”师资团队的建设方案与建设规划，共同开发职业岗位标准，共同制定专业标准和课程标准，共同编写工学结合的教材。校内专任教师和企业行业兼职共同备课、授课和命题，让企业和行业的元素融入高职课堂，为区域经济发展培育优秀的师资力量。

（2）共建教师校内外培训基地。实训基地既是学生实训实习和技能考证的场地，也是教师参加培训和提高自身实践能力的场所。

在“双师型”师资团队建设委员会的指导下，学校、企业和行业在场地、人力、资金等方面充分合作，共建教师校内外培训基地。同时，团队成员要充分利用校内外培训基地的培训机会，不断提高“双师素质”。一方面，通过让教师下企业挂职锻炼，与企业人员轮岗的方式，使教师的专业实践技能在校外生产性基地得到锻炼和提高；另一方面，通过教学水平的实训，使教师的教学水平和高职教育理论水平在校内教学基地得到提升。同时，可以通过校内外的教师培训基地，借助基地的师资、设备等资源，积极与社会开展培训合作，最大限度地提升基地的使用效率。

（3）共同参与课题研究和社会服务。在政府的引领下，借助高职英语“双师型”师资团队建设联盟和理事会的力量，打造一支结构合理、业绩精良的“双师型”师资团队。团队成员必须能密切关注企业和行业发展动态，深化与行业企业之间的合作，通过项目合作和研发的形式，让教师与企业人员共同参与横向课题研发、专利申报等等，同时将研究的成果转化和应用到实际的生产中去，实现产学研用紧密结合的协同创新的人才培养模式，更好地为区域经济发展服务。

（4）共同进行教师考核评价管理。首先，要建立健全高职英语“双师结构”教学团队考核评价及管理办法，从制度上规范团队成员的考核管理。其次，要借助行业企业多方的力量进行考核，“双师结构”教学团队建设领导小组、“双师结构”教学团队建设联盟和“双师结构”教学团队建设委员会要联合起来制定考核标准和考核办法，考核应遵循“多方参与、细化指标、动态考核”的原则。在考核的过程中，政府要对教师的考核方案进行审核，对考核过程进行监控；高职院校主要是对教师的理论教学和实训教学的效果和教学质量进行评价；企业要对专任教师下企业的情况进行岗位考核；由行业协会等组成的“双师型”师资团队建设联盟和“双师型”师资团队建设委员会也要对“双师型”师资团队的产学研的成果和社会服务成果等进行考核评价。考核结果要与教师职称职务晋升、评优评先直接挂钩，逐步形成能上能下、优胜劣汰的岗位竞争机制。

（5）划拨专项资金，实施“保障工程”。加强资本运作，为高职英语“双师型”师资团队建设提供资金保障。加强社会联系，盘活校内外资源，积极争取政府财政支持，积极吸纳社会资本，建立多渠道、多形式的筹资模式，广泛筹措建设发展资金，缓解还贷压力,力争办学经费逐年增长,确保“双师型”教师队伍建设顺利完成。划拨专项经费，给予高职英语“双师型”师资队伍建设重点支持，严格专款专用。高职院校通过全面规划，政策引领，为其“双师型”教师队伍建设提供较为全面的保障，构建起“双师型”教师队伍建设的保障体系。

第六节　区域经济发展环境下高职英语评价体系构建

高职院校作为高等教育的组成部分，其教学既同属于普通高等教育教学范畴，又在实践性、职业性上有所凸显。高职英语教学与普通高校英语教学相比，既要体现其普适性，又要突出其实践性的特点。高职英语作为基础学科，与其他公共学科教学并驾齐驱。随着英语教学改革的深化，现代高职英语教学应在教学形式、教学内容、教学方法、教学评价等各个方面进行改革，顺应时代潮流，以适应不断变化的区域经济发展需要和行业企业人才需求。而教学评价作为衡量教学效果的手段，须能客观、准确地反映教师的教学状况和学生的习得水平。因此，构建科学合理的高职英语评价体系将有助于英语教学信息的及时反馈，进一步推动高职英语教学改革，保证高职教育人才培养的质量，促进区域经济发展。

近年来，随着社会产业结构的不断调整和变化，以及社会职业需求的多样化，培养高职学生的职业核心能力已成为当前职业教育改革的共识。随着高职英语课程教学改革的深入，突出职业核心能力的课程教学模式已经成为高职英语课程教学改革的重点之一。课程教学评价则是提高和保障教学质量的核心环节之一，单一的以考试为主的传统评价方式已不能适应现代职业教育的人才培养需求和区域经济发展的市场需求，突出职业核心能力的多元化综合教学评价方式逐渐成为高职英语课程教学评价改革的新趋势和研究重点。高职英语多元化综合评价是包括多方评价主体、评价教学效果、改进教学方法、更好地培养高素质技能型人才的一种途径。采用多种方式进行考核，既能够提高学生的学习兴趣，又能使考核成为学生配合教师完成教学活动的一种手段。因此探索与区域经济发展和高职人才培养模式相适应的课程考核与评价模式是十分必要的。

一、区域经济发展背景下高职英语多元化综合评价体系构建的必要性

（一）高职英语教学评价的现状

1. 评价观念存在偏差

高职英语的特点是以英语作为一个载体，将多种其他方面的知识融汇其中，为社会培养各种实用型人才，以促进区域经济发展与文化交流，重点培养学生的英语综合应用能力，重点构建多学科的

职业教育，采用多种实训方式手段，为学生营造出真实的工作环境，重视学生岗位能力的培养，与区域经济发展和时代实际特征紧密结合。然而，传统教学模式注重的是知识的学习与传播过程，强调教学的效果与最终的考核，因此，高职院校英语课程考核重点就放在考试上，并将考试评价作为主要的手段，重视终结性评价，忽视过程，不重视学习能力与学习过程的培养，没有发挥实用性功能，轻过程性评价。这种单纯地以笔试成绩（特别是期末考试、大学英语 A 级、四级、六级考试）作为考核的标准，缺少实践性指导与训练。重结果轻过程的评价观念，一方面忽视了学生在学习中的主体地位，不利于学生职业能力和创造力的培养；另一方面，也削弱了高职英语服务于区域经济的职能，无法培养出满足行业和企业需要的优秀的高素质应用型人才。

2. 评价目的和内容单薄

通过对某些高职院校公共英语课程的评价体系调研发现：教师和学生对教学评价的目的认识不够，认为教学评价只是教学环节的一部分，其主要用于考察学生的学习状况，激发学生的学习兴趣，判定学生的优劣。高职英语课程的考核内容一般只局限在考核词汇、阅读理解以及听说能力等英语知识技能方面，每年的考核题型千篇一律，仍然摆脱不了应试教育的局面。在高职英语评价指标中缺少对学生的团队合作、解决问题和自我管理等职业核心能力的考核，没有达到现代高职教育人才培养的新要求。当前高职英语课程评价内容大多侧重于知识领域方面，重视书本上知识的学习，忽视对岗位技能、职业素质等的学习与评价，课程设置和教学内容，与社会需求和企事业用人单位的要求存在一定差距，导致学生对知识学习仍然停留在浅层水平。

3. 评价主体错位且单一

（1）评价主体错位。现存的高职英语课程评价体系很大程度上是以学校的教师为评价主体，教师是根据学生的课堂表现、作业及期末试卷成绩对学生进行综合评价的，学生在评价中处于被动地位，忽视了学生的主体性，不利于调动学生学习的积极性及自觉性，影响了评价和学习的效果。

（2）评价主体单一。在课程评价主体上，很多教师意识到评价主体应多样化、多元化，但在实际操作中，多数教师仍然采取的是以教师为中心的评价方式，忽视了行业、企事业单位的用人标准和区域经济发展的人才需求。

4. 评价方法不科学

目前的高职英语教学中，课程评价以理论知识为评价标准，主要采用考试量化的评价方式，每学期评价学生成绩的优异主要依靠学生的平时表现和期末成绩，缺少对地方人才市场需求的调查和借鉴，缺少对企事业用人单位评价标准的考量，致使高职学生英语应用能力的评价缺位。这种单纯以分数决定学生成绩的课程评价方式体现不出学生学习过程的具体情况，不利于学生个体的发展，忽视了学生适应岗位的职业能力和岗位创新精神的培养。

（二）创新高职英语教学评价体系的意义

创新高职英语教学评价体系，构建多元化综合评价体系，应凸显以区域经济发展趋势为向导，以培养职业核心应用能力为中心，以学生、教师、学校、企事业用人单位为评价主体，学生和教师根据评判标准进行自身评价和相互评价，充分了解自身能力的不足，并及时改正。学校与企事业单位应进行有效的沟通和交流，将用人单位的要求和标准引入评价标准中，使评价内容贴近就业岗位要求，契合地方市场的需求，顺应区域经济发展趋势。

1. 有利于完善高职教育课堂教学评价理论体系

区域经济的快速发展对高职英语课堂教学评价提出了新的要求，目前大部分高职英语课堂教学评价在很大程度上依然是采用以教师为中心、以知识为本位的老方法。这就使得课堂教学的评价工作很难得到发展，而创新高职英语教学评价体系不仅包括评价方法及其结果，还包括评价的过程、评价的标准、评价反馈等。高职英语多元化综合教学评价的出发点和目标就是要使课堂教学评价科学化、市场化、规范化，注重以学生为中心，以能力为本位，要观察教师的整个教学过程和学生的学习过程。所以，在这种新的体系下开展高职院校的课堂教学评价有利于促进评价标准体系的合理化、科学化，评价过程的规则化，评价收集和反馈的全面化、可靠化。

2. 有利于提高高职英语教学效率

创新高职英语教学评价体系，构建高职英语多元化综合评价体系，对教师的教学提出了新的要求，通过与实际工作岗位相对应的模块化、情景化教学的课堂教学评价及时地了解教师的教学状态、教学效果和学生的学习过程及效果，对课堂教学中教与学的活动和效果进行价值上的判断，帮助教师很好地分析教学过程中出现的问题，总结课堂教学经验，激励教师不断改进课堂教学，提高教学效率。通过模块化、情景化教学下的高职英语多元化综合评价，加强高职课堂有效教学的方法、策略，教师也会自然而然地重视自身能力和知识水平的提高。这样就能把教师从大强度灌输知识和学生低效率学习的疲劳中解脱出来，师生在课堂教学中都会觉得轻松，学生也能在课堂上学习到各种知识，有效地提高了学生素质，为他们以后的终身教育打下了坚实的基础。创新高职英语教学评价体系，构建高职英语多元化综合评价体系，对深化教育改革、促进高职英语教育的可持续发展具有十分重要的意义。

3. 有利于提高高职英语人才培养质量

提高人才的培养质量，满足区域经济发展的人才需求，是高职院校永远追求的目标。当前社会竞争越来越激烈，对高职院校的毕业生的要求也就越来越高，毕业生不仅要有“必需”的理论知识，还要具有更强的实际动手能力。在区域经济发展的大背景下，高职英语的教学质量也引起社会上的广泛关注，高职英语多元化综合评价就是顺应区域经济发展的需求进行的教学改革，要求在课堂教学上培养创业能力在内的诸如与人交往、合作共事的能力、自我调节能力、创造性、责任感、分析问题、解决问题等能力，培养面向新世纪人才的“关键能力”，培养满足行业和企业所需要的人才。在这种改革的背景下创新高职英语教学评价是衡量教师课堂教学质量，保证和提高教师教学水平的一种较为有效的方法。这有利于提高高职院校人才培养的质量，是满足区域经济发展对高素质综合应用型职业技术人才的需求的有效手段。

二、区域经济发展环境下高职英语评价体系构建

（一）高职英语多元化综合评价体系构建的目标

1. 提升高职英语教学质量

教学是学校的中心工作，也是一种最基本的教育实践活动。教学评价最直接的功能就是改善、规范和提升教学工作本身。换言之，改善和提升教学质量本身就是教学评价模式的重要目标。对高职院校来说，其培养的是技术技能型人才。技术技能型人才有其特殊的

培养途径，例如大量采用实践教学。实践教学是高职院校的教学特色。实践教学的评价是高职院校教学评价的一个重点，也是一个难题。2005 年出台的《国务院关于大力发展职业教育的决定》就曾对职业学校的教学提出了特别的要求：“进一步深化教育教学改革。根据市场和社会需要，不断更新教学内容，改进教学方法。合理调整专业结构，大力发展面向新兴产业和现代服务业的专业，大力推进精品专业、精品课程和教材建设。加快建立弹性学习制度，逐步推行学分制和选修制。加强职业教育信息化建设，推进现代教育技术在教育教学中的应用。把学生的职业道德、职业能力和就业率作为考核职业院校教育教学工作的重要指标。逐步建立有别于普通教育的，具有职业教育特点的人才培养、选拔与评价标准和制度。”教学工作如何正常运转并得到有效的改善，无疑依赖于教学评价。教学评价能够帮助教师发现教学工作过程中存在的问题，并及时反馈给相关的当事人，从而迅速采取措施以规避和应对这些问题。教学评价对问题的发现往往是及时的、准确的，也是客观的，教学评价本身就是教学工作的一种保障。

2. 促进高职学生的职业发展

促进学生的职业发展是高职院校多样化教学评价模式的根本性目标。职业教育是一种专门教育，其使命就是在学生接受高职教育的基础上促进其职业发展，也就是成为某个职业领域的综合型高素质人才，以及适应区域经济发展的优秀毕业生。促进学生的发展是教育的永恒追求。学生的发展体现在个体的形成、素质的获取、能力的提升等许多方面。目前个体的发展上升到生命的高度，与生命的意义相关联。有研究者指出：“个体的生命发展是指个体从生命开始到生命结束过程中生理、心理及其身心整体所发生的一系列变化。

它是把个体生命发展的潜在力量变成现实个体的过程。发展在方向上既有积极的正向生长，也有消极的衰退；在形式上，既有自觉、自为的发展，也有自发的、强制性的变化。在生命发展的历程中，发展既有连续性又有阶段性，在阶段性中显示着发展的年龄特征。”高职院校教学评价的目标要聚焦于这一阶段学生的发展。这是一种以岗位职业能力为核心的特殊发展，是个体生命和生涯发展的重要阶段，也是核心内容。

3. 推动区域经济可持续发展

高等职业教育的目的是促进地区经济的可持续发展，结合市场需求和产业需求，培养与之相适应的高素质应用型人才。在人才培养目标的建构上，促进区域经济可持续发展目标更加具有现实意义，既体现在人才的可持续发展可以使人更好地适应这个不断变化的世界，也体现在区域经济的可持续发展能够为人才发展提供更好的成长环境。高职教育要促进学生可持续发展，体现了高职教育对学生未来的生存与发展的当下关怀。教学评价同样不可超脱学生的发展这一目标。好的教学评价不仅能规范和引导教学活动，而且能够促进教学目标的实现、保障教学质量，从而成为一种促进高职人才发展的持续不断的力量。高职英语教学应本着高职教育以能力为本位、就业为导向的精神，为学生可持续发展能力提供必要的支撑，培养学生具备一定的英语听、说、读、写、译的能力和综合素质，有助于学生适应区域经济发展及国际化的要求。因此，构建高职英语教学多元评价体系势在必行。

（二）高职英语课程多元化综合评价体系构建的基本原则

1. 多样性和多元化原则

我国各高职院校的英语教学情况复杂多样，因此，高职英语教学评价体系应是多维度的。教师应设计满足不同学生在学习需求、学习目的、学习专业等方面多维度的评价标准体系；动态调整评价维度，评价标准应根据具体教学情况补充或删减以适应区域经济发展需求和学校情况的变化。

高职英语课程应构建多元化综合评价体系，实现评价形式多样化和评价主体多元化，实现形成性评价与终结性评价相结合、定性评价与定量评价相结合、互评与自评相结合、综合性评价和单项评价相结合，以形成性评价、定性评价、自评、综合性评价为主要观测点。制定开放、多角度的评价标准，鼓励学生、教师和家长参与评价，实现评价主体多元化。多元化、全方位的评价有利于全面考察学生的学习状况，开发每一名学生的多种智能。

2. 适应性与职业性相结合的原则

高职英语课程立足于区域经济发展的大环境，服务于人才培养目标，培养面向生产、建设、服务和管理第一线需要，适应产业和企业需求且能令用人单位满意的毕业生，结合工学结合的特点，体现高职教育的职业性,具有直接的社会适应性价值。教育学视角的“适应性”是指“教育主体根据社会经济发展的要求和教育对象的需求，适时、主动地改变自身的特性和教育教学方式，以获得适应外界环境变化的能力和持续发展的能力”。面对社会经济发展对学生提出的越来越高的社会适应性要求，高职英语课程多元化综合综合评价体系的构建，应以评价学生实际应用英语的能力，特别是用英语处理与未来职业相关的业务能力为目标，注重对学生通过整个学习阶段培养的英语能力的评价，构建课后评价、课上评价和学生自评相结合的质量评价标准体系，更加注重培养学生在职场环境下的英语应用能力，以提升学生的就业竞争力和与社会的融合度。

3. 回溯性与前瞻性相结合的原则

动态交互评价是教师运用主动介入模式，持续地评价学生的认知发展过程，剖析教学前后认知能力的发展与改变，继而提供持续发展所需要的评价方法。动态评价将回溯性评价与前瞻性评价有机地结合起来，既重视学生当下的表现与成就，也不忽视学生未来的发展及潜能。当前各高职院校应根据时代发展和学校自身建设不断调整专业设置和发展目标，人才培养目标与课程标准不能长期保持不变。因此，高职英语教学评价体系改革应坚持回溯性与前瞻性相结合的原则，建立适应学校发展、满足未来岗位需求的课程质量评价标准，根据教学过程的条件和因素的变化而不断地调整与完善，动态监测学生的综合表现，将评价过程视为教师与学生之间共同构建意义的过程，关注主体性，关注整体与部分的联系，尊重学生个体差异和情感因素，保持对学生多维度评价的持续性，以评促教，以评促学，相辅相成。

4. 客观性与主观性相结合的原则

在评价过程中，教师应采取公平公正、实事求是、认真对待的态度，既要使用客观的评价手段和方法，也要发挥主观综合评价的作用，把客观评价和主观评价结合起来。客观性与主观性相结合的原则可应用于制订评价标准、选择评价方法和手段、分析评价结果等方面。

5. 定性评价与定量评价相结合的原则

定性评价是指根据学生一个学期或一个学年的综合表现给出综

合评价等级，是概括性的判断。定量评价采取量化方法对学生进行评价，一般采用书面考核或口语考试的形式，是基于数学分析的判断。教师在进行教学评价时，应把两者相结合，全面评价一个学生的学习状况，提高英语课程评价的效度与信度。在学生的学习和发展过程中，教师作为学生的指导者，应采用多维指标和多种方法对学生进行评价，帮助学生学习语言知识，还要引导学生进行反思或自我评价，使学生全面发展。

（三）区域经济发展环境下高职英语评价体系构建策略

建立多元化综合评价体系有助于培养学生的自主学习方法和能力，是提高学生语言学习能力的必要条件。构建高职英语多元化综合评价体系对高职学生的英语课程学习起着举足轻重的作用，是英语教学不可分割的一个组成部分。构建高职英语课程多元化综合评价体系旨在尊重学生个体，提高学生个人的自我能感，以推动学生学习兴趣的不断形成，构成良性循环；帮助学生增强自信心，获得成就感，改进学习方法，有效调控学习过程，培养良好的学习习惯，提高终身学习的能力。

1. 区域经济发展环境下高职英语多元化综合评价体系的评价形式

根据评价教学过程中的作用和功能，传统的高职英语课程教学评价可分为形成性评价和终结性评价。

（1）形成性评价的内涵和优点。形成性评价是一种全面“发展的”定性而非定量的评价，能关注到每个学生的个体差异与所取得的进展。形成性评价能在教育活动进行当中，对学生的学习进展情况进行监控与评价，为教师与学生提供反馈，并将评价中收集到的信息用于调整教学，以满足学生需求及提高教学质量。形成性评价是英语教学的重要组成部分和推动因素，它的任务是对学生日常学习过程中所取得的成绩以及所反映出的情感、态度等方面的发展作出评价。

形成性评价是教与学的双向评价，在对学生进行评价的同时，它能促使教师全面、深入和细致地总结课程、使用教材和教法等各方面的经验和教训，从而找出改进教学方法与提高教学质量的途径。形成性评价侧重运用知识和技能的过程，侧重将课本学习应用于生活实际，注重评价结果对教学的反馈作用，包括对学生学习和教师教学两方面的反馈作用。在形成性评价中，教师的职责是确定任务、收集材料、与学生共同探讨，在讨论中渗透教师的指导作用，与学生共同评价，教师是学习过程的组织者、帮助者与促进者。形成性评价有利于学生从被动接受评价转变成为评价的主体和积极参与者。

（2）终结性评价的内涵和优点。终结性评价是总结、归纳整个教学过程的评价，是在一个教学阶段结束时，了解整体效果、确定教学目标达到程度的手段，是对学生的学习结果进行的评价。终结性评价的主要目的是评定学生学习或发展成就的等级，也为判断教学目标是否合适、教学内容与形式是否有效提供了信息。终结性评价侧重对知识和技能的检查，侧重学习的结果；在终结性评价中，教师是考官，考试是为了选拔和甄别，师生之间难以交流，能看到的只有学习结果。

区域经济发展环境下的高职英语多元化综合评价打破了传统评价方式，提出了培养高素质综合型应用人才的课程观、以学生为本的教学观、形成性的过程评价观。多元化综合评价是高职英语中极具意义的组成部分，是教学的重要环节。评价具有连续性，可准确描述学生的学习表现。它尊重多元价值，倡导学生的全面参与和民主协商，使被评价者也成为评价主体，评价成为师生共同构建的过程。这种评价体系注入了人文科学内涵，提倡在多元方式下实施评价，而不是在严格控制的环境下实施标准化测试，从而使英语教育评价更人性化，也更能体现学生的独特性。

2. 区域经济发展环境下高职英语多元化综合评价体系的实施方法

区域经济发展环境下的高职英语教学通常以项目教学为主，重在培养高职学生的职业应用能力，根据地方经济发展趋势和企事业单位的用人需求，按照职业工作内容将课程内容分成若干个项目，每个项目主要采用源自真实职场情景中典型的职业工作任务的内容，培养学生的创新思维和独立分析问题、解决问题的能力。如何科学地评价学生基于项目教学的学习情况，使其发挥积极的导向作用，设计出科学的、灵活多样的评价方式是十分必要的。为此，高职英语多元化综合评价基于情景化项目教学可作如下设计：由形成性评价和终结性评价两大部分组成，形成性评价占 60%，终结性评价占 40%。形成性评价主要根据课堂表现 20%、出勤 10%、项目展示 30% 等比重对学生学习过程进行考核。其中项目展示可以分小组以抽签形式展示，从所学项目中任选一个，评价学生语言综合运用的能力。终结性评价是对学生的综合考核，是通过期末试卷，教师按照教学中所要求的知识目标和能力目标出卷，以闭卷的形式进行考核。为了公平地为学生的项目展示评分，设计出高职英语多元化综合评价考核表，具体见表 5-8。

表 5–8 区域经济发展环境下高职英语课堂评价考核表

<table>
<tr><th rowspan="2">序号</th><th rowspan="2">评分点</th><th colspan="5">总 分</th></tr>
<tr><th>自评
20%</th><th>组评
20%</th><th>教师评
20%</th><th>专家评
20%</th><th>企事业单位工作人员代表评 20%</th></tr>
<tr><td>1</td><td>工作完整、情境模拟合情合理（10 分）</td><td></td><td></td><td></td><td></td><td></td></tr>
<tr><td>2</td><td>语言得体性、连贯性、准确性（20 分）</td><td></td><td></td><td></td><td></td><td></td></tr>
<tr><td>3</td><td>脱稿、口齿清晰、声音洪亮（20 分）</td><td></td><td></td><td></td><td></td><td></td></tr>
<tr><td>4</td><td>书面材料完整、准确（30 分）</td><td></td><td></td><td></td><td></td><td></td></tr>
<tr><td>5</td><td>辅助手段如实物、ppt 等（10 分）</td><td></td><td></td><td></td><td></td><td></td></tr>
<tr><td>6</td><td>合作意识、协调能力、职业态度等（10 分）</td><td></td><td></td><td></td><td></td><td></td></tr>
<tr><td colspan="3">自评建议：</td><td colspan="4">学生签名：</td></tr>
<tr><td colspan="3">小组评价建议：</td><td colspan="4">组长签名：</td></tr>
<tr><td colspan="3">教师评价建议：</td><td colspan="4">教师签名：</td></tr>
<tr><td colspan="3">专家评价建议：</td><td colspan="4">专家签名：</td></tr>
<tr><td colspan="3">企事业单位人员代表评价：</td><td colspan="4">企事业单位人员代表签名：</td></tr>
</table>

（四）区域经济发展环境下高职英语评价体系构建

1. 高职英语多元化综合评价体系具体评价指标的设置

高职教育为区域经济服务的特殊性决定了评价标准的客观准确性，为此，必须设置具体的评价指标以保证多元化综合评价体系的顺利实现，具体包括：总体评价指标、教师自评指标、同行互评指标、学生评价指标、学生自评指标、同伴互评指标、教师评学指标等。

（1）总体评价指标，见表 5-9。为保障高职院校多元化综合评价体系的顺利开展，评价院校应在总体投入、过程指导及总体成果等方面设置相应的指标。

表 5–9　区域经济发展环境下高职英语多元化综合评价体系总体评价指标

形式	内容	高职英语课程	英语竞赛	实践技能拓展课程	小组活动	英语社团	英语社会活动
总体投入（30%）	设施设备（10%）						
	师资保障（10%）						
	资金投入（10%）						
过程指导（45%）	教学环节指导（15%）						
	教学管理（15%）						
	建设与改革（15%）						
总体成果（25%）	学生综合实践素质（10%）						
	专家评价（5%）						
	社会评价（10%）						
总分值							

（2）教师自评指标、同行互评指标，见表 5-10。针对教学环节的重要参与者——教师，其评价应包含教学前、教学中及教学后三个重要环节。因此，教师自评、同行互评可按表 5-10 进行。

表 5-10　教师自评指标、同行互评指标

环节	实施内容		评分
教学准备（15%）	教具准备（5%）		
	教学资源（5%）		
	教学活动设计（5%）		
教学环节（65%）	教学态度（5%）		
	教学知识点呈现（10%）		
	教学实践活动（50%）	听（10%）	
		说（10%）	
		读（10%）	
		写（10%）	
		译（10%）	
教学成果（20%）	书面材料汇报（10%）		
	实践活动汇报（10%）		

（3）学生评价指标，见表 5-11。学生是高职英语教学环节的主要对象，是教学效果最直观的体现和反映。学生可对教师及自身的学习状况进行一定的反馈，同时，还可以参考同学的评价标准，掌握自身的学习情况。

（4）学生自评指标、同伴互评指标、教师评学指标，见表 5-12。

2. 区域经济发展环境下高职英语多元化综合评价体系构建

区域经济发展环境下，实施多元化综合评价，单由教务处负责难以实施。教务处承担管理整个学校的教学工作，工作任务重。学校应积极联系地方政府、行业、企业、事业单位专家和教育界同行，

形成专门的评价队伍。结合区域经济发展的自身特点，建立起由学生、专家、领导、同行、企事业单位人员参与的评价队伍，制定相关的负责人，形成多元化综合评价体系，如图 5-5 所示。

表 5–11　学生评价指标

<table>
<tr><td colspan="3">教学态度（10%）</td><td></td></tr>
<tr><td colspan="3">教学方法（10%）</td><td></td></tr>
<tr><td rowspan="6">教学内容（60%）</td><td colspan="2">知识点传授（10%）</td><td></td></tr>
<tr><td rowspan="5">教学实践活动（50%）</td><td>听（10%）</td><td></td></tr>
<tr><td>说（10%）</td><td></td></tr>
<tr><td>读（10%）</td><td></td></tr>
<tr><td>写（10%）</td><td></td></tr>
<tr><td>译（10%）</td><td></td></tr>
<tr><td colspan="3">教学管理（10%）</td><td></td></tr>
<tr><td colspan="3">教学效果（10%）</td><td></td></tr>
</table>

表 5–12　学生自评指标、同伴互评指标、教师评学指标

<table>
<tr><td colspan="3">学习态度（10%）</td><td></td></tr>
<tr><td colspan="3">学习方法（10%）</td><td></td></tr>
<tr><td rowspan="6">学习内容（60%）</td><td colspan="2">知识点掌握（10%）</td><td></td></tr>
<tr><td rowspan="5">课程活动参与（50%）</td><td>听（10%）</td><td></td></tr>
<tr><td>说（10%）</td><td></td></tr>
<tr><td>读（10%）</td><td></td></tr>
<tr><td>写（10%）</td><td></td></tr>
<tr><td>译（10%）</td><td></td></tr>
<tr><td colspan="2" rowspan="2">学习效果（20%）</td><td>学习成果（10%）</td><td></td></tr>
<tr><td>学习能力提升（10%）</td><td></td></tr>
</table>

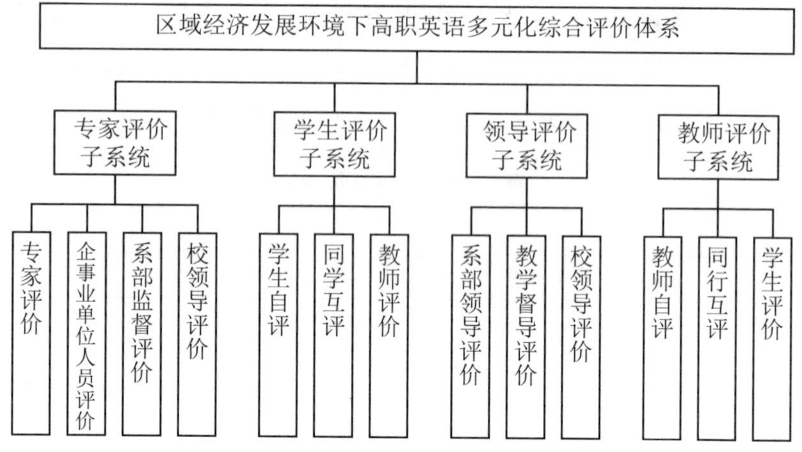

图 5–5　区域经济发展环境下高职英语多元化综合评价体系

区域经济发展环境下高职英语多元化综合评价体系中的每个子系统都要明确负责评价的领导。专家子系统必须要成立校、系部的教学监督专家，指定各系部负责教学评价工作的领导和相关人员，确定校、系部负责课堂教学评价的教师。多元化综合评价系统及其队伍建立后，由学校的教务处牵头组织和实施教学评价，并形成一定的规章制度，使高职英语多元化综合评价能够长期化、规范化、日常化。在实际的课堂教学评价中，有部分教师感觉压力大，甚至有抵触情绪，这就要求学校相关人员做好宣传和部分教师的思想工作，让教师从思想上能够真正地明确课堂教学的作用，提高教师自身的素质。对学生来说，参与评价可以让他们明白课堂教学评价的真正作用，让学生明白自己才是最终的受益者，从而使学生能够更好地在课堂上获取知识，锻炼自己的能力，让自己得到全面的发展。

3. 区域经济发展环境下高职英语课程整体评价体系构建

高职英语课程评价内容包括：学生学习英语的态度，学生上英语课的纪律，学生掌握英语知识的情况，学生应用英语技能的熟练程度，学生学习英语的方法，学生在学习过程中的情感以及学生在解决英语问题和联系实际方面所表现出来的态度、意识和价值观等。区域经济发展环境下高职英语课程整体评价体系如图 5-6 所示。

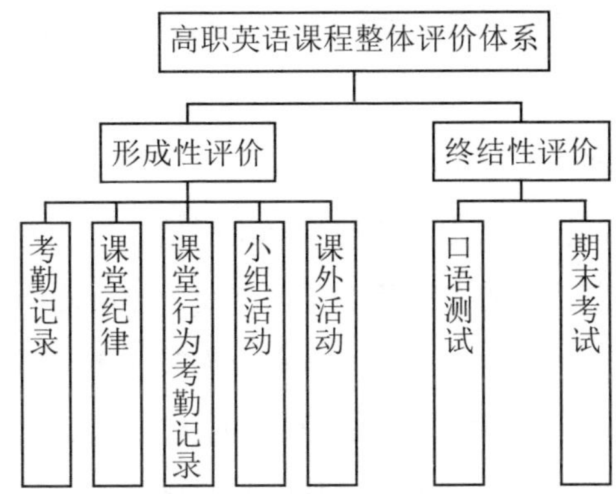

图 5–6　区域经济发展环境下高职英语课程整体评价体系

三、区域经济发展环境下高职英语评价体系实施

（一）高职多元化评价体系中英语教师的角色调适

高职教育的目的在于培养适应区域经济发展的高素质综合性技能人才，职业能力是高素质综合性技能人才身处某一职位时所必备的综合素质技能。为达到使学生的职业能力得到提高的目标，在实施多元化综合评价体系之前，教师自身需要先在教学过程中完成角色调整和适应。

1. 目标的引领者

有目标才有方向，有方向才有前进的动力，任何一件事的动力源泉都是其所要达到的目标。学习也不例外，只有首先认清楚这一问题，才能一步一步地向目标迈进。教师作为知识的传播者，其第一要务是要认清高等职业教育本身的目标内容，以此来明确高职英语教学为专业知识学习提供服务的观念，自觉结合专业知识和人才培养计划，并围绕该教学中心进行循序渐进的、有条不紊的英语教学；正确看待各种英语等级水平测试的真正意义所在，以及提高对学生综合职业素质的关注；教师应该时刻提醒学生进行高等职业英语教学的宗旨和市场人才需求标准，指导学生树立科学的学习理念。

2. 课程内容分析者和重构者

高等英语课程是学生所必修的基础科目，旨在为学生奠定好英语基础技能，为将来的专业英语学习起衔接过渡的作用，提升学生对英语的职业运用能力，尤其是与专业相关的岗位事务的交流沟通技能。所以教师首先要掌握学生的英语现状，进行有针对性的教学，与专业知识紧密结合，运用英语开展专业化探讨。这种形式的英语教学可以加强不同科目之间的互通，为专业英语的学习做好基础工作，让专业英语学习更轻松、更高效。

3. 科学的评价者

教学评估不只是一门学科的重要环节，也是确保达到治学目的的必要策略。高职英语教学评价机制应把英语实际运用的作用作为治学方针，采用与教学目的相协调的评估机制，构建形成性测试和总结性测试相适应的评估系统，让评估机制充分展现其重大的作用。具体来说，教师应该根据区域经济中行业、企业对人才的需求情况，设立相似的测试环节，注重对学生英语基础能力以及实际应用能力的考察和评估比例，使其规范化，也可以借助电子计算机设备，进行网络评估等等；增加评估对象，让每位参与者都可以在自评环节和互评环节充分发挥主观能动性。

4. 综合职业能力的促进者

高职英语课程的开设并不只是传授学生相关的知识内容，更重要的是培养学生将来就业所需的综合职业技能，在英语教学过程中锻炼学生多方面的能力，支持学生的长远发展，树立终身学习的理念。因此，如今高等职业教育的英语教师们要改变传统的管理者、监督者、教条制定者的身份，成为学生学习英语的引领人、创新思维的启发人、富有正能量的协作伙伴、趣味教学的带头人，真正做到把学生作为课堂的主人。如开展一次“我来做教师”的活动，以提高学生的口语表述能力和语言组织能力；开展小组讨论式的学习，培养学生的集体意识、互动技能；开展计算机网络学习，借助这些便利的平台分享更广泛的学习信息，提升学生的综合职业技能。

5. 教学的反思者和终身学习者

采取反思性教学可以让教师随时更正教学过程中的错误之处，也可以弥补不足之处，整体提升教学水平。教师进行教学反思，可以让英语教学不偏离服务学生将来就业的指导方向，采取有趣味的课堂教学形式，以培养职业技能为中心，以广大同学为主体，严格坚持提高学生综合素质的教学理念。此外，教师还需同步转变教学理念与跟进新的知识理论，定期学习进修，保持自我教学信息的先进性和科学性，根据社会对人才的需求结构，与进行专业科目教学的教师多多互动交流，在学生面前，以身作则，以己为表率，努力提升职业技能。

（二）高职多元化评价体系中学生的角色调适

我国的高等职业教育招生面很广，要求不高，学生的英语基础薄弱，英语水平参差不齐，学习积极性不高，大部分学生对于接受高等职业教育的目标不清楚，对学校、教师没有基本的信任，很难坚持学习下去，这样更加加剧了高职英语教育改革的难度。为达到使学生的职业能力得到提高的目标，在实施多元化综合评价体系之前，学生自身需要在学习过程中完成角色调整和适应。这主要体现在两方面：一方面是教育学生形成终身发展的理念，重视高职英语课程的学习，努力通过英语等级考试，为长远职业发展打好基础；另一方面，引导学生重视实践需要，根据自身专业特点和行业需求，加强对专业英语的学习，从教师到学生一致努力，以提高学生的综合职业技能为目标。具体来说，要切实做到以下几点。

1. 要强调以学生主动学习为中心

强调以学生主动学习为中心，引导学生在学习的过程中充分地发挥主动性；让学生有多种的机会能够在不同的情境下充分应用其曾经学过的英语知识；并且要让学生能够根据情景模拟或项目实训所反馈的信息形成对具体客观事物的认识，制定出一套能够解决实际问题的有效方案。

2. 要强调“情境”对教学过程的重要作用

高职英语学习是与区域经济文化背景（即某“情境”）相互联系的，如果在实际的情境下进行学习，可以激发学生的联想思维，并使其能够运用学生原有的认知结构中有关的经验，去同化与索引现在所学习的新知识，从而在这之间建立起某种联系，并赋予学生新知识以某种实际的意义。

3. 要强调学生“协作学习”的作用

通过组织学生相互之间的小组协作学习，学生的思维和智慧就可以被群体共享，就是由整个群体共同完成到对所学的知识意义的构建。

4. 要强调对学生学习环境的设计

学习环境是学生可自由探索与自主学习的具体场所。在此类环境当中，学生可以利用学习工具与信息资源来达到学习目标。

5. 要鼓励学生利用各种信息资源去支持“学”

为了使学生能够去主动地探索和完成学习，在学习过程中要为学生提供各种信息的资源（包括各种类型的教学媒体与教学资料），并把媒体的选择、使用和控制权交给学生，支持学生对自主学习与协作学习的探索。

（三）高职英语多元化综合评价体系的操作程序

1. 检视教学目标

教学目标是教学系统中的一个核心作用要素。教学评价一方面要依赖于教学目标，另一方面，教学目标本身也是教学评价的对象。测量并诊断教学目标是教学评价的一项重要功能，教学目标是否达成？教师的教学活动是否是根据教学目标来开展的？学生的学习进度和掌握知识的程度是否与教学目标相同？这些都要通过教学评价来进行评定。这些工作可以概括为对教学目标的检视。教学目标的制定技术常常会参照布卢姆的教学目标分类学说。多元化教学评价模式除了检视行为目标之外，还要检视表现性目标。由于表现性目标具有难以预知性，因此对表现性目标的检视主要体现在对表现性目标的认同、敏感、鼓励和鞭策等方面。表现性目标旨在培养学生的创造性和促进学生个性化发展。对表现性目标的评价更主要的是一种鉴赏式的评价。

2. 确定评价主体

评价活动是一个复杂的过程。对多元化教学评价来说，这是一个多个评价主体参与评价的决策过程。要了解评价主体的多元化，首先要了解什么是评价主体。所谓评价主体是指参与教学评价的个体或群体。一般而言，将评价他人的主体称之为评价主体，被评价者称之为评价客体，也称之为评价对象。在评价过程中，评价主体应具备一定的评价知识和能力，且可以实际参与评价活动。就高职院校多元化评价模式而言，评价主体应该是具有广泛性的，包括教师、学校管理者、教师、学生、家长及社会行业团体及企业。

教学评价主体的多元化现在已经成为一种趋势，但是在目前的实际操作中，如何界定评价主体，哪些人可以成为评价主体参与到对学生的评价当中，都是值得思考的问题。教师是工作在教育第一线的工作者，对于学生的学习情况最具有发言权，他们可以通过教学评价发现教学问题，找出问题的根源，并逐步解决问题。学生是教学评价的直接参与者，也是评价对象，是评价结果的直接体现者，学生可以通过对评价结果的反馈，给自己的学习过程找一个准确的定位，了解自己在学习中的缺点与不足，给自己寻求发展和提升提供有力的参考依据。家长参与教学评价是将教学评价的空间进一步扩展到学校以外的地方，增加对学生课堂外知识和表现的评价。学校管理者自然是重要的评价主体，他们往往掌握了教学的第一手信息，了解学校发展与学生成长之间的关系，因而能够及时对学校的政策进行调整。行业专家参与职业院校的教学评价是一个较新的课题。通常人们认为，行业专家能够从行业的角度，特别是岗位能力的角度来评价教学质量。对职业教育来说，行业专家参与教学评价有其充分的合理性。事实上，在职业教育课程开发中，行业专家的参与还从整体上提升了课程开发的水平。在职业院校的教学评价中，行业专业越来越成为一个不可或缺的主体。以上的各评价主体之间也必然存在一种交流与互动，从而使学生的学习结果得到合理的评价。

3. 选择评价内容

拓展评价内容是当代教学评价发展的趋势之一，多元化教学评价尤其重视这一点。原则上，关于学校应当赋予的，或参与培养的，对学生的发展有意义的各种能力和素质都应当纳入评价的内容中来。从这种意义上说，多元化教学评价的内容是一个开放的体系。多元化教学评价的内容可以分为定量内容和定性内容两大类。定量内容是指可以通过计分、量化计算等方式得到评价结果的内容。定性内容是指只能通过文字和语言进行描述的评价内容。这两种评价内容都适用于多元化教学评价体系。通常情况下教学评价的内容应该包含认知、情感和技能这三个领域的内容。针对高职院校教学的内容及其特点，下面选择几个方面的内容进行分析。

第一，课程成绩作为评价的内容。学生在校期间，其最主要的目的无疑是系统地掌握专业知识，当然这是广义的知识，内在包括了技能。因此对于知识的了解程度和熟知程度直接反映了学生学习的状况。学生的课程成绩依然有理由作为教育评价结果的主要组成部分。学生在校期间的表现和对知识的掌握程度更直观地体现了学生的学习风气、精神状态以及学习成果。目前大部分高职院校的学生成绩都承担了教育评价的功能，也直观地体现了学校教学水平。针对高职院校的特点，学生的课程综合成绩应注重学生实际操作技能的掌握，课程成绩可根据要求分为理论和实践两个部分。

第二，品德作为评价的内容。德育首位是学校教育最大的规则。德育的目标就是培养和提升学生的品德，因而，品德就成了学习结果评价的重要内容。有学者指出："一个人的品德是他人格的一部分，是一个人在长期的一系列的行为中表现出来的习惯的、稳定的、恒久的、整体的心理状态。是个体在先天的生理特征的基础上，以一定的行为来应答环境影响的结果。”对高职院校来说，要培养的是高素质的技术型人才，而这种高素质内在地包括了品质方面的高素质。因此学生的品德水平可以纳入多教学评价之中。

第三，学生的英语交际能力作为评价的内容。交际能力是高职院校学生应当具备的，并且极具现实意义的一种能力。英语交际能力是指说话人在社会交往的各种环境中运用英语交流的能力，也就是说，如何针对不同环境恰当得体地运用语言变体。这是一种经后天学习和培养所形成的能力，是人们在社会交往中逐渐学会的或在教育中学会的能力。学校和社会一样，是个社会公共场所，而对于身处公共场所的学生来说，如何运用自己的语言和行动，与周围的同学和朋友进行沟通是很重要的。对高职学生来说，良好的英语沟通与交际能力，是今后在一个工作团队中能否有效地沟通、提高工作效率的重要保障。因此，学生的英语交际能力有理由成为一项重要的评价内容。

第四，学生的心理素质作为评价的内容。通常情况下，学生的心理素质被简化为心理承受能力，是个体对逆境引起的心理压力和负性情绪的承受与调节的能力，主要是对逆境的容忍力、耐力、战胜力的强弱。一定的心理承受能力是个体良好的心理素质的重要组成部分。在高职院校，很多人认为高职院校的学生天生就低人一等，在这种心理暗示下，难免会对学生产生一些负面的抵触情绪，这对于高职学生将来的发展起到了阻碍作用。因此，学生的心理承受能力也应该成为教学评价的一项重要内容。

第五，学生的综合应用能力作为评价的内容。之所以会把综合应用能力也融入教学评价内容当中，是因为当今社会对人才的能力要求越来越丰富、越来越高。综合应用能力可以理解为有效利用资源，保质保量达成目标的能力，包括完成任务的意愿、完成任务的能力、完成任务的程度等。对个人而言，综合应用能力就是执行能力、办事能力；对团队而言，综合应用能力就是战斗力；对企业而言，综合应用能力就是经营能力。综合应用能力是组织成败的一个重要因素，是企业核心竞争力形成的关键。因此在学校中应注重培养学生的综合应用能力，并对其进行有效的评价。

4. 使用多种评价方式

多元化教学评价的多元性重点体现在方法与方式的多元性上。根据目前高职院校教学评价的实际情况，这里可以根据评价主体的不同来归纳几种目前比较普遍的评价方式或方法。

（1）职业化评价方式。高等职业教育的英语教学主要是为了将来的职场应用，如果教师能够开展相应的岗位任务模拟现场，以此来测试学生的英语运用技能，设置专业性强的英语交流任务，根据学生的表现情况给予相应的分数，则该机制在促进提升职业技能的同时，还能考察学生在模拟现场交流沟通时的综合表现和应对能力，即爱岗敬业、集体协作思想、职业素质、交际技能、创新思维等，一方面体现出了学生的英语功底的水平和对短语、词组的灵活运用，另一方面，能够体现出学生交流内容的充实度与模拟情景融合度。另外，这个评估过程不仅仅局限于教师的参与，学生也可以加入进来，对不同的学生的表现给出自己的观点和点评。被评估者也可以从不同学生的表现里汲取营养，完善自己的综合表现，通过对比的过程不断反思和提高。所以，职业化评估机制展现了建构主义的价值观，该评估方式的主要特色是：满足我国最高教育机构颁布的《高职高专英语课程教学综合规定》里提高形成性测试和总结性测试共同组成的评估机制的标准，同时可以顾及英语基础应用技能和职业技能的提高。

（2）以证促学的评价方式。高等职业教育的改革要求高职公共英语教学注重以适应职业实践需求为指导方向、以足够使用为限度。教育方针体现出公共英语课的最终目的是为专业课程的学习、受教育者的未来就业提供辅助作用。

（3）多元化评价方式。多元化评价机制的内涵在于评估的方面角度多元、评估的对象多元、评估的准则多元、评估的策略多元。其中，评估的角度多元是指教师在进行教学评估的过程中，不仅要评估学生的英语功底、英语技巧等方面，还要评估学生对英语课的上课情绪、积极性、听课技巧、自我认可度、集体协作思想、独立思考能力等方面。建构主义理论指出，受教育者是对外来知识重组的执行者，不同的英语课程评估策略也应有不同的实施措施，将教师对学生的单方向评估转变成学生互相评估、自我评估和教学评估综合起来的评估形式。多元化的评估机制能够舍弃传统的纸上评估测试方式，在教学评估过程中运用多种可选择的评估方案，诸如情景再现、教师点评、同学协作、书面测试、交流互动、互换职务等等。

（4）动态发展的评价方式。依据现今的“把职业需求作为指导方向、把实现人生价值作为宗旨、把职业技能作为目标、把岗位实践为主要路线”的高等职业教育方针，构建激励学生综合素质整体提升、可持续发展的评估机制，时刻跟踪学生的学习状况，并同时注重学生的自我提升、学习动机、学习情绪，提高学生的职业素养和技能层次，更好地适应当前社会对高职人才提出的多元化、综合型需求。种种情况都在暗示教师不能用静态的眼光看待学生的学习情况，要对学生进行冷静、客观的指导评估，从不同角度综合评估，这样的方式对学生来说也是公平公正的，有利于帮助学生树立学习英语的信心。在不同的学习阶段，依据不同的教学需求，采取相应的教学任务和策略，结合科学的评估机制，还可以采用多种多样的评估方式对评估对象做出冷静、公平、合理的指导和评估，促进学生培养学习英语的热情和自信心，最终让学生的综合职业技能得到提高。

（5）领导、专家、同行的辅助评价。学校领导是学校的管理人员，能够比较明确学校办学的目的、理念等，能够把握大局，能够一定程度地把握评价的标准和尺度，能够从整体上把握课堂教学评价。专家一般具有较高的学术水平和权威性，对教学各个环节的把握都有一定的专业水平，能够对教师在教学过程中出现的问题及对教师教学水平的改进提出自己宝贵的意见。而同行作为教学活动的直接参加者，能够比较准确地把握教师的教学目标、教学方法、教学内容等，在一定程度上能够客观地分析教师在教学中存在的一些问题，能够反映出教师教学质量的好坏。教师间通过互评及教学研讨，能够取长补短，不断地自我完善，这对教师的成长起到了相当大的作用。

（6）企、事业单位人员的参与评价。企、事业单位人员对区域经济发展趋势最为熟悉，对其所属行业领域所需的技术、技能最为了解，对其所需要的人才情况也最为了解，因而是最具有发言权的。高职院校应当加强校企合作，邀请企事业单位的技术、管理骨干组建专业指导委员会，参与到高职英语教学当中来，对高职英语教学进行指导和评价。这些都是非常有益的探索。

5. 创新评价的技术手段

多元教学评价模式的操作还有一个十分重要的环节和内容，那就是评价技术手段的开发与运用。计算机和网络技术为这些提供了技术支撑。多元教学评价模式对技术手段有着特殊的要求，这也是其与传统教学评价模式的不同之处。实施多元教学评价的高职院校有必要进行相应的技术手段的创新。有研究者在研究多元教学评价的实现技术时，基于 Ajax 技术和 Web Services 技术，提出将 Ajax 和 Web Services 技术进行整合的双代理模式。基于 Web 的多元化教学评价系统总体架构为传统的 B/S 三层结构，通过应用基于双代理模式的 Ajax 和 Web Services 的整合框架,使得系统中的“AHP 工具”部分拥有了具有SOA特征的四层结构。在评价结果的直观化显示中，应用 Excel 组件技术生成了多种统计图，并且基于 XML 描述，生成了多种复杂的直观化报表。信息技术将成为推进多元化教学评价的重要力量。

四、建立科学、合理、有效的保障机制

（一）建立民主、公开、合理、有效的激励制度

激励是行为的钥匙，也是行为的键钮，按动什么样的键钮就产生什么样的行为。要保证区域经济发展环境下高职英语多元化综合评价体系健康、有序地运行，建立民主、公开、合理、有效的激励制度是十分有必要的。高职英语多元化综合评价的结果如果与教师的评优、聘用、奖金发放等直接挂钩，对提高教师的教学质量作用有限。如果可以把其评价的结果先反馈给教师，让教师知道哪些地方不足，能够及时进行自我调整和改进，给教师改进教学的机会，一段时间后再对教师进行考查看是否有所改进，然后将其结果与评优、聘用、奖金发放等相挂钩，其作用将更加明显。民主原则是开展课堂教学评价的前提，只有评价者和被评价者处于民主、平等的关系，才能够很和谐地共同商讨问题和解决问题；同时，必须保证课堂教学评价的公开性、合理性和有效性，在发现教师教学问题的

同时要肯定教师的成绩，鼓励教师自我实现，找出内在动力的关键点，帮助教师树立自我实现的目标。同时，为了激励教师不断地改进教师水平，可以针对教师的薄弱环节进行训练，让教师能够以最快的速度发现问题和解决问题。

（二）建立积极有效的反馈制度

要使区域经济发展环境下高职英语多元化综合评价真正起到作用，反馈工作的好坏是关键。如果学校花费大量人力、物力、财力开发和实施多元化综合评价体系，通过学生、教师、领导、专家、企事业单位人员等多方位多角度进行评价，但最后没能及时对评价结果给予一定的反馈，那么教学质量最终仍然无法得到提高。构建一个基于网络的评价框架是当前信息技术在高职教育评价中提出的另一个迫切的要求。湖南省实施模块化教学的高职院校学校都已经初步建立起这种框架，那么相应的计算机网络反馈系统也应该要建立起来了。除了建立相应的网上反馈系统外，还应该以座谈、讲座等方式让相关的任课教师能够及时了解到自己的教学状况，发现自己的不足，从而能够及时得到改进。

第七节　成本—收益分析方法在外语教学中的应用研究：一个研究案例

1955 年，法国语言学家 Andre Martinet 专门探讨了语音演变中的经济原则；2006 年，丹麦语言学家 Otto Jespersen 认为人类语言存在省力的趋势；1983 年英国语言学家 G.Leech 提出语言是实现理解与省时、省力之间的平衡。可见，语言形成之初就是为着方便交际和传承而设计的。先民结构语言结构要素的语音外形、拼写外形和意义一定要满足成本—收益最大化要求（姜望琪，2002）。因此，由此切入，系统地研究语言一般性结构，生成、运用和传承的经济规律（向明友，2002）；研究语言符号系统的外形、意义，语篇静态构式，语篇动态主、述位构式以及语篇意义可及性等经济性意图和表现，将语言节省的成本—收益最大化理论系统引进外语教学，以实现更有成效的教学活动，是有价值的（胡剑波，2010）。

一、外语教学之成本—收益分析法研究视角

长期来外语教学现状不太理想。宏观上，外语教学成为政治的工具，政治化倾向混淆了语言教学的客观规律；微观上，教材编写的体系化，滞后于语言的时代性；教学内容的理论化，脱离了语言的实用性；教学资源的网络化，增添了学习的盲目性；教学环境的异质化，导致了语言习得的生硬性。教学时间消耗长，精力付出大，资源浪费多。除少数人能攀爬上英语学习的宝塔尖外，绝大多数人经过数十年的英语学习，仍然处于聋、哑、盲、瞎状态中，完全不具备熟练的交际能力。在各种不负责任的、追逐国外语言学理论流派时髦的动机驱动下，外语教育的许多大纲及大纲的实施不是以教育成本的有效性和社会教育收益最大化为衡量标准，而是以外语教学大纲理论的“时尚性”和决策者个人或小团体的政治功利性最大化为追求目标。这种定位错误，导致各种“新世纪教材”“系列教材”“新概念教材”“全新版教材”应运而生。装潢华丽，价格高仰，以及用最新语言学理论包装，与外语教育成效直接相关吗？答案是否定的。如果不能在外语教育体制上纠正这种方向性错位，以成本—收益理

念约束国家外语教学的决策，指导外语教学行为，那么，外语教学很难回归语言学习的本源。

高投入、低产出的现状引起了众多教育工作者的关注与研究，他们也提出了许多颇有见地的理论，其中一个研究理论便是成本—收益分析法。该理论原本是经济学原理，即在一切经济活动中，如何在投入与收益两个因素之间实现利益最大化，最终导致成本—收益分析理论的核心，即成本—收益极值化观点的出现。成本—收益极值化理论主要用来描写人们追求经济节省的心态，其目的是尽可能使投入趋向于最小，收益趋向于最大。其数学表达式可表述为：当投入每减少一个数值，收益就增加一个等量数值；理论上，当投入减少数值为零时，则收益就增加到最大值。这种成本趋向于无穷小、收益趋向于无穷大的极化现象是人们追求效益的普遍原则。成本—收益极值化随之成为人类有意义行为的普遍性评价标准。成本—收益极值化引用到外语教学，则是努力追求外语教学低投入、高产出的经济学目标（陈新仁，1994）。

二、外语教学的成本—收益极值化运用理据

语言外形包括语言的语音外形和语言的拼写外形两类（汪榕培，2005）。语音外形赋予语言指称事物音的意义，拼写外形赋予语言指称事物形的意义，语言因此得以成为概念的载体。两类构形都符合成本—收益极值化规律，并以此构成外语教学新思维的基础。

（一）语言的语音外形表现成本—收益极值化规律

人类发音器官的物理性声音变成有意义的文化性声音，是词汇的语音形式。

为了让杂乱的声音变得有意义，人们用拼音的方法使不同的单音组合成不同的音节以指称一个固定的音的意义。有意义的音节又可组合成更多不同意义的语音单元，此时，语音的物理属性减弱、文化属性增强。语音的文化意义具象和先民指称事物本身的物理音象有高的相关性（申小龙，1993）。这就是尽意莫若象、尽象莫若言的由来（陈碧，2010）。如英语字母组合 gr- 语音具象表示“沉闷而不愉快”，因此，英语就用 groan（呻吟）、grouse（叹息）、grudge（怨恨）、growl（嗥叫）、grumble（咕噜）、grunt（呼噜）等分别表示类似语音具象的符号。汉语的语音具象符号构成源远流长，尽管当代人已不易直接从汉语方块字里读出声音具象,但痕迹依然。如“鹊”，其原始声音具象是以该鸟叫声“错错”来指称的；而“鸦”，其原始声音具象则是依据该鸟叫声“哑哑”为指称。此外，英语和汉语里都存在拟音手段，无论是单音节模拟指称事物一次性语音具象，还是重叠该单音节以模拟事物多次语音具象，都是对指称音象的特征赋予文化意义。显然，伴随人类生理进化的还有语音具象的文化进化，语音结构具象及意义生成遵守器官、部位和形状相邻、就近和便捷的语音结构原则，尽可能小幅度移动口腔器官位置，改变形态，就可以达到区分不同语音意义的目的，这几乎是从一开始就满足了言语配置的经济原则（严海英，2012），也就同时满足了语音习得的成本—收益极值化要求。

（二）语言的拼写外形表现成本—收益极值化规律

语言拼写外形方便认知、记忆、交际和传承，构成了语言拼写外形的基本原则。这些原则遵循依物取象，以事物几何形体为事物指称符号的认知思维，成为所有语言拼写外形的结构理据。

汉语“近取诸身，远取诸物”，具有结构汉语言文化意义的普适性价值。在语言符号体系里，最先结构成的语言拼写形式是基本生活语言符号，如家庭成员、住所、牲畜、作物、农具等。因为具象的方便，生活在平原、山区、海边的人，其语言符号各有自己的具象和意义侧重。拼写外形笔顺或字母顺序都对应事物的形的认知和指称，从拼写外形即可识得语言符号意义，是符合话语经济学关于成本—收益极值化规律的。汉语含有偏旁部首“贝”的方块字，如“财”“货”“账”“赠”“贷”“赊”“购”“贿”“赂”“赌”等，都可以从中透视出中国古代社会经济生活是以贝壳作为货币来流通的。英语拼写也同样依最直观便捷的方式体现成本—收益极值化。如“tele-”拼写外形有空间“远距”的事象意义，从单词telecast、telegram、telegraph、telephone、telemechanics、telemeter、telepathy、telephoto、telephotograph、teleprinter、teleran、telescope、teleview、television的外形，可知近现代西方社会生活已进入远程控制阶段。

英汉两种语言构形存在共性，都有以自然事象、社会事象和心理事象作为指称事物，使之符号化的趋势。这一趋势使得成本—收益极值化规律在语言中表现得越来越明显，也为简化外语教学预留了施展话语经济的空间。

（三）意义结构表现成本—收益极值化规律

语言符号的意义结构包括语音意义和拼写意义，两者合力构建的语言意义必然满足成本—收益极值化规律。

语言的语音外形意义是事象声音在人脑的反映，语言拼写外形是事象图形在人脑的反映。语言外形与意义在人类语言形成之初依据存在决定意识的原理，必然经过感觉、知觉、表象的过程，再以因物设象、以象取物的符号化过程赋予其意义。随着人脑的进化、概括、抽象、推理和概念化能力的增强，语言形式和内容似乎会表现出任意性。但此时语言结构的任意性是以“物象—意义—符号”的理据为前提的，语言任意性正好说明结构语言意义只是沿着既定理据轨道运行的结果。更何况语言任意性衍生物一旦石化下来，就会成为结构新的具象意义语言符号依据，必然会以更为简洁的方式传承，这也是成本—收益极值化规律要求的。因此，“理据性—任意性—理据性”是构成类似于“物象—意义—符号”的又一个循环。语言的语音外形和拼写外形与语言意义是符号和所指对象的结合体。指称的相似性构成指称的相对性，但客观事象与事象变化无穷无尽，细微的差别要求指称符号做出相应变化，从这个意义上说，指称符号要不断满足变化的事象又是绝对的。相对性表示所指，绝对性衍生能指，所指衍生能指，能指固化为所指，又再次回归“所指—能指—所指”的循环。在这一过程中唯一能遵守的规律是成本—收益极值化，以此构成语言外形或意义生成的理据。

三、成本—收益极值化在外语教学中的应用

语言固有的可满足外语教学成本—收益极值化设计思维，在社会母语体系里是顺其自然的习得过程，无需任何成本就可在潜移默化中习得。但在母语社会习得外语，就需要了解外语原有的宏观意义和微观意义的成本—收益极值化设计意图、倾向和方法，比较外语教学相关理论对促进外语教学质量的作用或贡献率。我们要善于发现语言在不同水平上的节省构式，从而将成本—收益极值化理论运用于外语教学。

（一）外语教学中成本—收益极值化的宏观运用

语言的成本—收益极值化可以应用于宏观上规划外语教学总的方针和路线。

外语语言体系包括读音、读音规划、拼写、拼写规划，具有传统的经济构式。早期英语多为简单概念构词，通常不超过四个字母，其表现的语言成本—收益极值化设计思路不但借助发音的顺畅，以开音节或闭音节标注读音，使之成为读音规则，方便概念符号的识别、记忆和书写；而且借助简单几何线条以配合开音节或闭音节的概念符号外形，使之易于以合成、混合、派生、附加等方式生成更多复杂概念；还可以在此基础上，完成进入成本—收益极值化设计的终极目标：概念的界定，如 book 和 case 组合 bookcase，其具象意义可以直接猜出。

在外语教学整体思路上，外语基础知识是外语整体能力的根本。依成本—收益极值化规律编码的语言同样可以依成本—收益极值化规律解码，与此同时，外语教学形成性过程的质量评价也可依成本—收益分析法分为单项指标和综合指标。单项指标反映的是某一项投入与产出之间的比例关系，计量某一类教育资源的利用效率；而综合指标则反映综合性成本与综合性收益的比例关系。综合指标包含有单项指标，因而是一种比较全面的评价指标，其泛计算公式为：*S*（成本收益率）=*P*（收益）/*C*（成本）×*K*（记忆、方法、规则、基础、班级规模等常量因子）。就外语教学而言，该公式可比较性描述两类不同教学模式的收益情况，求得任一单项指标投入的绩效比。比如传统语法教学法重视基本功，如音标、语音和拼写规则等，以此为基础，对外语整体教学质量提升的绩效，比较现在时尚的交际法、听说法、视听法、情景法、功能法等重视听说技能的理论对外语整体教学质量提升的绩效，完全可以计算求得。当投入时间、投入精力和习得内容是定量时，则传统语法教学法中的音标、读音规则、拼写规则等教学因子为变量，其较之时尚理论的教学有更大优势。收集的数据参数表明，在各种时髦外语教学理论进入外语教学后，国内绝大多数中小学完全放弃了传统语法教学法的基本功教学，教师不带读就不知如何读，而传统语法教学法是具备自我再生能力的。事实上，以听说为目标的时尚理论参与外语教学，效果远不如以基础为目标的传统语法外语教学，因为传统语法教学法更符合人们对外语教学的语言形成规律、语言形成节省规律和语言成本—收益极值化原始形态形成的动机。正是这个公式的描述，可以说明 20 世纪 30 年代、40 年代甚或 50 年代语法教学法培养的学生，都注重基础知识和能力，全面的外语能力不一定那么好，但至少阅读，特别是可持续自学能力是没有问题的；反观非语法教学法培养的学生，欲速不达，不但没能习得外语的五种技能，反而因为缺乏基础，导致知识碎片化、零散化、表层化，完全不具备可持续自学能力，尽管投入的学习时间多、精力多。人们在外语教学总体思路上，追求新颖导致了对传统优秀合理因素的摒弃，从而导致了少、慢、差的外语整体学习效果。

（二）外语教学中成本—收益极值化的微观运用

语言的成本—收益极值化规律可以微观上应用于外语教学具体内容和具体技能培养设计。

外语运用能力通常由口语语篇或书面语篇表现。语篇是较语句更大的概念单位，也是由多个单项指标参与综合反映外语教学状况的指标。为了达成交际，必须首先考虑好外语语篇在概念意义和形式上满足成本—收益极值化的设计意图。宏观上，语篇结构的成本—收益极值化有三种类型：其一是给定语篇各相关语句概念意义的静态结构关联，即概念意义的逻辑表现式；其二是给定语篇各相关语句概念意义的动态结构形式，依概念意义做线性序主、述位推进（胡壮麟，2005）；其三是给定语篇里相关概念意义相互界定，并以此为理解难度降解的可及性表现。这三种形态是语篇约定俗成的表达结构式，符合人们的求简心理。

给定语篇概念意义的静态逻辑结构式，强调语篇各相关概念的静态关联。如英语语篇 China is a great country in Asia（A）. The territory of China covers a square of nine million and six hundred thousand square kilometers（B）. There are rich minerals under the ground（C）. Different climates can be experienced all year around（D）. China also enjoys a high level of civilization of 5,000 years（E）and she makes contribution to the world（F）. 该语篇共有六个语句，分别用大写字母标识。英语语篇原本就有的成本—收益极值化结构设计，静态逻辑结构形式表现出语篇信息接收的节省和便捷：A 句 great 概念意义涵盖了 B 句 territory、square、nine million and six hundred thousand、square kilometers 的概念意义；同样的现象发生在 C 句 rich、minerals；D 句 Different、climates、experienced、all year around；E 句 enjoys、high level、civilization、5,000 years；以及 F 句 makes\contribution，world 的全部概念事象意义。静态语义逻辑关联上，六个语句是有概念层次区分的，A 为主旨概念，居主导地位；其他为阐释下义概念，居从属地位。这样的概念层级结构符合成本—收益极值化结构设计。六个语句可以有 *n* 个排列组合语篇结构式，但遵循话语节省的规律不会变，反而增加了语篇概念构式的多样性（见图 5-7）。

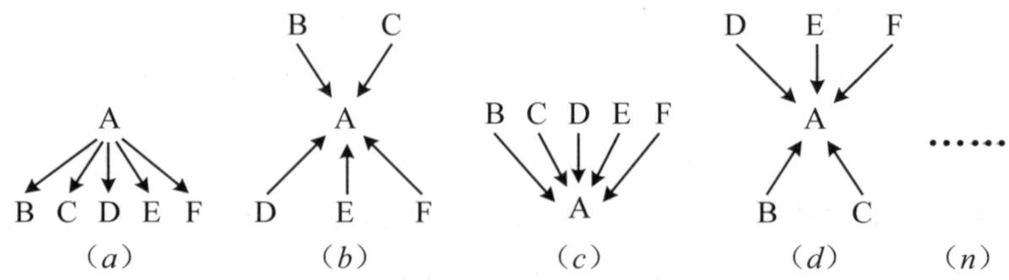

图 5–7 主旨句与阐释句语义关联组合结构类型

如图 5-7 所示，各句依语篇主旨概念意义展开，最具成本—收益极值化结构设计的为图 5-7a，图 5-7c 次之，图 5-7b 和图 5-7d 又次之。语篇静态意义关联的成本—收益极值化结构设计在英语教学过程中却为大多数人疏忽，导致语篇阅读陷入逐字逐句，淹没在词汇的海洋和语法的沼泽中。从语篇概念意义延伸角度看，反映语篇节省意图的静态逻辑构式，可以开拓外语教学思维，变革传统语篇阅读理解、写作等的教学。

给定语篇概念意义的动态结构，是语篇概念意义流动模式，侧重语篇概念意义依线性序的流转与承接，具有语篇概念意义流动特征。如语篇 1：Mary is a girl. Mary comes from London. She is twenty years old. She studies Chinese at Beijing University，now 中，语篇明显是依 Mary 概念事象做同一主位流动；语篇 2：China is in Asia. Japan is in Asia. And India is also in Asia 中，语篇依同一述位 Asia 实现概念意义流动；语篇 3：Mary bought a toycar. It was made in Turkey. Turkey is a country in Asia 中，语篇做简单线性概念意义流动；语篇 4：Mary bought a toycar. It was very expensive. Expensive things attracted Mary 中，语篇做交叉推进的概念意义流动。语篇这样的结构安排方便不断由已界定概念去界定未知概念，当未知概念成为已知概念后，又可成为推出其他未知概念的已界定概念。每一次这样的循环，话语节省的原则都起到了概念意义界定难度的降解作用。语篇结构安排满足成本—收益极值化设计，不会造成交际困难，反而节省了交际成本（王晓伟，2012）。

给定语篇，概念意义在降解概念界定难度上互为降解条件，是成本—收益极值化规律设计体现的概念意义可及性原理。可及性是指人们从记忆中提取某个信息单元、概念的便捷程度。如果可以方便地提取，概念可及性就低；反之，概念可及性就高（许余龙，2000）。比如英语篇 The man who was assassinated in a theater when attempting to enjoy a performance to celebrate the reunion of the south and north Americas was beloved by millions for his intelligence and humanitarian concerns 中，听话者听到确定性描述语 The man who was assassinated in a theater when attempting to enjoy a performance to celebrate the reunion of the south and north Americas 等低可及性概念表达时，会在大脑记忆存储的常识中检索一位在剧院为庆祝美国南北统一而被暗杀的男性。如果头脑中固有的低可及性概念指向这个人，就能检索到话语对象为美国的林肯总统。通常，每一种语言里都有这样的概念连通路线：专用概念可及性低于普通概念可及性，普通概念可及性低于有标记概念的可及性，有标记概念可及性低于无标记概念可及性。如将语篇概念 Tom works very hard. He is loved by all his colleagues 与 He works very hard. Tom is loved by all his colleagues 做比较，前语篇概念载体排序 Tom—He 比后一语篇概念载体排序 He—Tom 的语义可及性就低，则意味着成本—收益极值化在起作用。由此可见，概念意义传达是通过概念意义相互降解意义难度可及性规律来实现成本—收益极值化的（段嫚娟，2012）。语篇概念意义可及性表现空间可及性是按由近到远、由低到高的顺序；时间可及性是按由此及彼、由现在到过去的顺序；事件可及性是按由次要到重要、由细节到整体的顺序；属性可及性是按由易到难、由简到繁的顺序。正是这样一个总的成本—收益极值化语篇结构设计，实现了人们话语交流、语篇写作与阅读的节省的目的（王义娜，2003）。在英语语句 Tom is a good guy. He is not only loyal to his friends but also filial to his parents 中，依可及性规律，高可及性替代概念载体 He 和 his 的语篇概念意义因为专有概念 Tom 的低可及性得以降解。通过更多实例的分析，证明了语篇意义的可及性体现了语篇用词的经济性，这对外语教学有意义、内容和方法等方面的启发。

如上文所述，宏观或微观上，从外语教学方法的评价或从语篇概念的静态结构、动态结构、概念的推进、概念可及性等理论切入外语教学，可使外语教学回归对语言客观规律认知本源，蕴藏着成本—收益极值化规律运用的足够空间。

语言经历过漫长的岁月变化，但语言体系各个层次具有的成本—收益极值化设计思维和实践，是语言习得，也是外语习得的重要内容和实用方法。只有认真追寻语言形成的话语节省思维和认知，才能在语言评价或语言外形、语言意义、语篇静态逻辑构式、语篇动态主述位构式以及语篇意义可及性等方面，充分运用成本—收益极值化理念，充实外语教学方法和内容，尝试从宏观和微观两个层面解决外语教学效率不高的问题。

参考文献

1. Burton A. Abrams. An Economic Analysis of the Language Market[J]. The Journal of Economic Education, 1983(3):40-47.
2. Christian Dustmann and Arthur van Soest. Language Fluency and Earnings：Estimation with Misclassified Language Indicators[J].The Review of Economics and Statistics, 2001(4):663-674.
3. Derek Leslie and Joanne Lindley. The Impact of Language Ability on Employment and Earnings of Britain's Ethnic Communities[J]. Economica, New Series, 2001(272):587-606.
4. Evelina Tainer. English Language Proficiency and the Determination of Earning among Foreign-Bornmen[J].The Journal of Human Resources, 1988(1):108-122.
5. Gilles Grenier. The Effects of Language Characteristics on the Wages of Hispanic-American Males[J].The Journal of Human Resources, 1984(1):35-52.
6. Grin, Francois, "European Research on Economics of Language：Recent Results and Relevance to Canada," in Official Languages and

the Economy, Ottawa, 1996.

7. John A. Gretes and Michel Green .Improving Undergraduate Learning with Computer—Assisted Assessment[J].Journal of Research on Compute-ring in Education, 2000, Vol.33, No1.
8. Leech, G.N. Principles of pragmatics[M]. London：Longman group limited, 1983:204.
9. Martinet, A. Economie des Changements Phon´ tiques[M]. Oxford：Oxford Univ. Press, 1955:84.
10. Rubinstein, A. Economics and Language：Five Essays, 13. New York：Cambridge University Press, 2000.
11. Walter McManus, William Gould, Finis Welch. Earnings of Hispanic Men：The Role of English Language Proficiency. [J]. Journal of Labor Economics, 1983(2):101-130.
12. 埃德蒙•马兰沃. 经济与硬科学的攀亲：一种不可避免的、达到终点的尝试 [A]. 载安托万•多迪默、让•卡尔特里耶编：经济学正在成为硬科学吗？ [C]. 北京：经济科学出版社，1997.
13. 艾尔弗雷德•艾克纳. 经济学为什么还不是一门科学 [A]. 现代国外经济学论文选（第十四辑）[C]. 北京：商务印书馆，2010.
14. 白杨. 基于职业能力培养视角的高职英语教学模式改革研究 [D]. 上海：华中师范大学，2013.
15. 贲礼进. 论高职院校人文素质教育课程体系改革 [J]. 南通纺织职业技术学院学报（综合版），2010（9）.
16. 蔡辉. 语言经济学：发展与回顾 [J]. 外语研究，2009（4）.
17. 蔡晓斌. 浅谈高校英语教育与区域经济发展——语言经济学维度透视 [J]. 湖南财政经济学院学报，2009，25(2)

18. 曹鑫，陈丽，刘源甫. 科技英语句汉译的形式逻辑考量 [J]. 中国科技翻译，2015（1）.

19. 曾翠清，新升格高职高专教师内涵上的自我升格 [J]. 现代企业教育，2007（10）.

20. 曾右美，衡清芝. 高职院校英语公共英语实践教学评价体系构建的思考 [J]. 当代教育实践与教学研究，2015（6）.

21. 陈碧. 周易象数之美 [D]. 武汉：武汉大学，2005.

22. 陈激. 建设有高职特色的英语教学资源库的构想 [J]. 中国职协 2015 年度优秀科研成果获奖论文集（上册），2016（3）.

23. 陈明洁. 基于职业教育理念的高职公共英语教学改革研究 [J]. 长沙大学学报，2010（4）

24. 陈卫红. 浅谈高职英语课程体系课程内容改革 [J]. 大众科技，2006（6）.

25. 陈晓娟. 基于区域经济发展的高职应用英语专业人才需求分析 [J]. 湖北函授大学学报，2016（9）.

26. 陈新仁. 试探“经济原则”在言语交际中的运行 [J]. 外语学刊，1994（1）.

27. 程静. 高校人才培养模式多样化：诠释与应对 [M]. 北京：北京工业大学出版社，2003.

28. 戴国强. 高等职业教育与经济发展的关系及调适 [J]. 华南理工大学学报（社会科学版），2009，11（6）.

29. 戴国强. 人力资本理论及其对高职教育的启示 [J]. 华中师范大学学报（社会科学版），2012（5）.

30. 邓满姣，张沉香. 非英语专业博士研究生英语教学显性课程改革建设 [J]. 中南林业科技大学学报（社会科学版），2007（9）.

31. 刁徐君. 从语用学的角度分析言语交际的经济性 [D]. 北京：北京语言大学，2009.
32. 丁红波. 项目教学法在高职英语阅读教学中的应用研究 [D]. 太原：山西师范大学，2015.
33. 董晓霞. “双师型”高职英语师资队伍建设研究 [J],教育与职业，2012（7）.
34. 董雪. “一带一路” 背景下英语教育与多语种教育发展之比较 [J]. 商贸人才，2016（8）.
35. 杜家龙. 论地方高校在地方社会经济发展中的作用 [J]. 常州信息职业技术学院学报，2005（4）.
36. 段嫚娟. 向心参数的设定对指代消解结果影响的原因分析 [J]. 当代语言学，2012（3）.
37. 范先佐 . 论教育与人力资本形成 [J]. 江汉大学学报（社会科学版），1998（4）.
38. 方贤忠. 如何说课 [M]. 上海：华东师范大学出版社，2008.
39. 顾冠华. 论通才与专才 [J]. 上海高教研究，1997（11）.
40. 关英俊. 形成性评价与终结性评价并重高职英语测评体系构建 [J]. 南昌教育学院学报，2012（27）.
41. 郭虹霞. 浅谈高职英语教学改革与地方经济发展之间的关系 [J]. 南昌教育学院学报，2010，25（2）.
42. 郭阳. 高职公共英语教学模式的研究——以咸阳职业技术学院为例 [D]. 兰州：兰州大学，2011.
43. 国务院关于大力推进职业教育改革与发展的决定 [J]. 职业技术教育，2002（24）.
44. 果笑非. 论翻译生态学与生态翻译学：研究对象、方法和走向 [J].

外语学刊，2015（1）.

45. 贺文瑾．“双师型”职教教师的概念解读（上）[J]．江苏技术师范学院学报，2008（7）.

46. 候建军．试论语言的社会价值 [J]．社会科学论坛，2006（1）.

47. 候丽萍．高职《英语词汇学》精品课程建设探析 [J]．职教论坛，2011（5）.

48. 胡剑波．也谈言语配置的新经济原则 [J]．外国语文，2010（5）.

49. 胡壮麟．系统功能语言学概念 [M]．北京：北京大学出版社，2005.

50. 黄斌，毛晓松．“双师型”教师资格标准体系初探 [J]．教育与职业，2006（10）.

51. 黄苹．科学发展观视野下的高职应用型复合人才培养模式的构建 [J]．黑龙江高教研究，2008（1）.

52. 黄庆华．高职院校数字化教学资源建设调查与对策研究 [J]．电脑知识与技术，2011（4）.

53. 黄少安．产权经济学导论 [M]．北京：经济科学出版社，2004.

54. 黄少安，张卫国，苏剑．语言经济学导论 [M]．北京：商务印书馆，2017.

55. 黄英明．高职英语数字化教学资源平台的建设 [J]．大众文艺，2012（12）.

56. 姜望琪．Zipf 与省力原则 [J]．同济大学学报（社会科学版），2005（1）.

57. 蒋桂珍．高职院校大学英语课程体系构建中的隐性课程研究 [J]．吉林省教育学院学报，2010（8）.

58. 教育部．高职高专教育英语课程教学基本要求（试行）[M]．北京：高等教育出版社，2000.

59. 教育部关于以就业为导向深化高等职业教育改革的若干意见 [J]. 中国职业技术教育，2004（19）.

60. 靳希斌. 从滞后到超前——20 世纪人力资本学说 [M]. 济南：山东教育出版社，1995.

61. 李翠云. 语言的经济价值 [J]. 金融经济，2014（4）.

62. 李龚飞. 高职毕业生个人教育收益率研究 [D]. 长沙：中南大学，2007.

63. 李莞婷. 语言经济学对商务英语教学的启发及建议 [J]. 速读旬刊，2014（4）.

64. 李海宇. 影响学校教学评价的客体心理因素及其调控 [J]. 甘肃政治成人教育学院学报，2001（1）.

65. 李怀康. 职业核心能力开发报告 [J]. 天津职业大学学报，2007（2）.

66. 李康. 人力资本管理理论与实证研究 [D]. 天津：天津大学，2004.

67. 李丽华，罗虹，周锦. 高职英语课程评价体系改革的研究与实践——基于模块教学的高职英语模块教学评价体系 [J]. 教研教改，2007（3）.

68. 李丽君. 区域经济发展环境下的高职英语教学改革［J］. 佳木斯职业学院学报，2016（6）.

69. 李梦卿，熊健民，罗莉，等. 双师型教师队伍建设比较研究 [M]. 武汉：华中科技大学出版社，2010.

70. 李晓华. 经济全球化背景下的高职英语教学改革 [J]. 经济研究导刊，2009（5）.

71. 李晓亮. 高职院校多元化教学评价模式的构建 [D]. 长沙：湖南

农业大学，2013.

72. 李兴良，马爱玲. 教学智慧的生成与表达：说课原理与方法 [M]. 北京：教育科学出版社，2006.

73. 李兴洲. 建国 60 年职业教育基本理论研究及其贡献 [J]. 河北师范大学学报（教育科学版），2010（1）.

74. 李雪峰. 人力资本理论研究及其对中国的启示 [D]. 西安：西北工业大学，2002.

75. 李雁翎，钟绍春. 教学资源建设是课程资源建设的重要环节 [J]. 东北师范大学学报，2007（6）.

76. 李莹. 以就业为导向深化高职英语课程体系改革 [J]. 哈尔滨职业技术学院学报，2014（1）.

77. 李圆. 基于人力资本理论的我国高校教师薪酬制度改革研究 [D]. 长沙：长沙理工大学，2013.

78. 厉以宁. 区域发展新思路 [M]. 北京：经济日报出版社，2000.

79. 梁华荣. 高职英语课程体系改革的构想 [J]. 广西教育学院学报，2009（6）.

80. 梁欢. 政校行企协同创新理念下高职院校“双师结构”教学团队建设研究——以东莞职业技术学院为例 [D]. 桂林：广西师范大学，2015.

81. 梁慧仪. 项目教学法在商务英语阅读教学中的运用 [J]. 佳木斯职业学院学报，2017（1）.

82. 刘鳌. 高职英语教学模式改革初探 [J]. 湖南第一师范学院学报，2008（9）.

83. 刘黛琳. 论高职高专公共英语教师发展 [J]. 外语界，2012（4）.

84. 刘福军，成文章. 高等职业教育人才培养模式 [M]. 北京：科学出版社，2007.

85. 刘洁. 高职院校“双师型”教师队伍建设研究——以广东科学技术职业技术学院为例 [D]. 广州：华南理工大学，2010.

86. 刘婧. 语言的经济性及对英语教学的意义 [J/oL]. 软件(电子版), 2012（6）.

87. 刘艳平. 高职英语教学与区域经济发展协同性研究 [J]. 职业与教育，2015（9）.

88. 刘艳平. 高职英语教育服务区域经济发展对策研究 [J]. 长沙：中南林业科技大学，2014.

89. 刘艳平. 高职英语教育与区域经济协同发展的必然性研究［J］. 企业导报，2015（23）.

90. 刘艺. 基于职业发展的高职院校人文素质教育课程体系构建——以安徽机电职业技术学院为例 [J]. 长春大学学报，2014（6）.

91. 刘源甫，曹鑫，罗泽艳. 科技英语句概念的提取与翻译 [J]. 中国科技翻译，2013（3）.

92. 鲁宾斯坦. 经济学与语言 [M]. 上海：上海财经大学出版社，2004.

93. 罗润东，刘文. 人力资本对区域经济发展的作用及其评价 [J]. 学术月刊，2008（8）.

94. 吕汝健. 职业教育的经济功能浅析［J］. 宁夏教育，2006（11）.

95. 吕淑芳. 新升格高职院校双师型教师团队建设——以衢州职业技术学院为例 [D]. 武汉：中南民族大学，2010.

96. 马凤春. 复合型的英语人才的培养 [J]. 海外英语，2011（8）.

97. 马克思，恩格斯. 马克思恩格斯全集（第 26 卷）[M]. 北京：人民出版社，1969.

98. 马茜．人力资本对区域经济增长影响的实证研究 [D]．咸阳：西北农林科技大学，2010.

99. 毛力群．语言资源的价值 [J]．云南师范大学学报（哲学社会科学版），2009（6）.

100. 宁继鸣，谢志平，王海兰．交易成本视角下的汉语国际推广对我国经济贸易的意义 [J]．山东社会科学，2008（5）.

101. 宁继鸣．语言国际推广：全球公共产品和国家公共产品的二重性 [J]．文史哲，2008（3）

102. 宁丽萍．高职院校公共英语课堂教学模式的研究 [D]．咸阳：西北农林科技大学，2008.

103. 庞军华．人力资本理论与我国大学生就业研究 [D]．武汉：武汉大学，2005.

104. 蒲芸．高职院校英语课程设置现状与对策研究 [J]．东南西北•教育，2015（1）.

105. 齐宁．高职教育要加强学生可持续发展能力的培养 [J]．学理论，2010（2）.

106. 秦美娟．以能力本位教育思想设计高职英语课程体系 [J]．武汉船舶职业技术学院学报，2010（3）.

107. 邱德雄．英语课程资源的合理利用与开发 [J]．课程改革，2005（1）.

108. 邱桂林．区域经济与湖南高职专业外语职业化教学 [J]．教育与职业，2012（5）.

109. 曲恒昌．西方教育经济学研究 [M]．北京：北京师范大学出版社，2000.

110. 曲孝民．以职业为导向的差异化高职英语课程体系设计 [J]．辽宁经济职业技术学院学报，2013（1）.

111. 全国职业核心能力认证办公室. 全国职业核心能力认证测试大纲 [M]. 长春：吉林大学出版社，2011.

112. 仁潘慰. 高等教育的基本功能 [J]. 高等教育研究，1995（1）.

113. 任宁. 实施职业英语教学，提高高职教育质量 [J]. 陕西教育高教版，2011（7）.

114. 任文清. 高职英语教学存在的问题与对策 [J]. 和田师范专科学校学报（汉文综合版），2009（4）.

115. 萨丕尔. 语言论 [M]. 北京：商务印书馆，1964.

116. 申小龙. 文化语言学 [M]. 南昌：江西教育出版社，1993.

117. 石春让，李健.《快乐王子》汉译本时空维度的生态选择与适应——翻译生态学视角下的《快乐王子》汉译本比较研究 [J]. 外国语：上海外国语大学学报，2015（4）.

118. 石锦芸. 从人力资本理论看职业教育中终身教育思想的实施 [J]. 职业教育研究，2004（2）.

119. 石冉. 以区域经济为导向培养高职复合型英语人才 [J]. 语文学刊，2010（9）.

120. 石婷. 探索高职院校公共英语教学评价新方法 [J]. 科技资讯，2012（17）.

121. 舒尔茨. 论人力资本投资 [M]. 北京：北京经济学院出版社，1990.

122. 宋金芳，林勇. 语言经济学的政策分析及其借鉴 [J]. 华南师范大学学报（社会科学版），2004（6）.

123. 苏剑. 语言经济学的成长 [J]. 西部论坛，2010（7）.

124. 孙源. 沧桑 [M]. 太原：山西大学，2012.

125. 谭晨. 基于模块化教学的高职院校课堂教学评价研究 [D]. 长沙：

湖南农业大学，2010（6）.
126. 谭屹然. 语言经济学的相关问题 [D]. 长春：吉林大学，2011.
127. 彭新竹. 从哲学系统论看语言的系统性 [J]. 外语学刊，2015（2）.
128. 汪丁丁. 语言的经济学分析 [J]. 社会学研究，2001（6）.
129. 汪榕培. 英语词汇学教程 [M]. 上海：上海外语出版社，2005.
130. 王承绪. 高等教育哲学 [M]. 杭州：浙江教育出版社，1987.
131. 王存宽. 说课——现代教学理论的有效体现 [J]. 教育探索，2000（8）.
132. 王道俊，郭文安. 教育学 [M]. 北京：人民教育出版社，2009.
133. 王立敏. 人力资本理论与高等教育发展 [J]. 职教园地，2008（8）.
134. 王敏. 国家示范高职“双师型”教师队伍建设制度创新 [D]. 长沙：湖南农业大学，2013.
135. 王曦. 高职英语课程“多维度”评价标准体系研究 [J]. 教学平台，2016（3）.
136. 王曦. 数字化教学资源在高职英语教学中的应用 [J]. 学周刊，2014（36）.
137. 王晓伟. 体貌回指研究的认知语法视角 [J]. 安阳工学院学报，2012（1）.
138. 王兴华. 本科层次复合型人才培养模式及途径探讨 [D]. 天津：天津大学，2003.
139. 王艳秋，周立雪，金万祥. 关于建立高职校企合作长效机制的研究与实践 [J]. 科学咨询，2009（21）.
140. 王义娜. 话语指称的认知构建与心理空间可及性 [J]. 外国语，2003（5）.
141. 王永斌. 理工科院校推进人文社会科学教育的若干问题探讨 [J].

广东工业大学学报（社会科学版），2007（1）.

142. 王玉昆．教育经济学 [M]. 北京：华文出版社，2005.

143. 韦森．经济学与哲学——制度分析的哲学基础 [M]．上海：上海人民出版社，2004.

144. 韦森．语言与制序：经济学的语言与制度的语言之维 [M]．北京：商务印书馆，2014.

145. 魏惠强．通识教育视角下高职院校英语综合课程开发研究 [D]. 咸阳：西北农林科技大学，2015.

146. 魏三军，邓燕．从语言经济学看外语教育对我国区域经济发展的影响 [J]．市场现代，2009（9）.

147. 王淑慧．多元化教学评价研究——基于芙蓉中华中学华文多元化教学评价的个案分析 [D]．上海：华东师范大学，2011.

148. 向明友．经济分析语用学说略——经济分析语用学探究 [J]．外语与外语教学，2002（4）.

149. 向明友．论言语配置的新经济原则 [J]．外语教学与研究，2002（5）.

150. 向明友. 论经济分析的可行性——经济分析语用学探究之一 [J]. 外语教学，2000（3）.

151. 肖海艳，曾亚 . 高职公共英语课程评价体系的社会适应性 [J]. 现代企业教育，2014（7）.

152. 谢丽丽．论职业学校英语教学资源的运用 [D]．长沙：湖南师范大学，2011.

153. 谢明．大学个性与高等教育资源配置关系的研究 [D]．长沙：中南大学，2002.

154. 谢倩．外语教育政策的国际比较研究 [D]．上海：华东师范大学，2011.

155. 徐贝贝．文化大繁荣视域下我国经济转型研究 [D]．济南：山东大学，2013.

156. 徐昊．我国高职英语教育的特点与存在问题研究 [D]. 上海：复旦大学，2013.

157. 徐启龙．语言经济学理论对我国外语教育的启示 [J]．全球教育展望，2007（10）.

158. 徐小贞．高职英语教育理论与方法 [M]．北京：高等教育出版社，2004.

159. 徐学敏．基于项目教学的高职英语评价体系的研究 [J]．西北成人教育学报，2013（11）.

160. 许其潮．语言经济学：一门新兴的边缘学科 [J]．上海外国语大学学报，1999（4）.

161. 许余龙．英汉指称词语表达的可及性 [J]．外语教学与研究，2000（5）.

162. 严海英．浅谈英语课堂教学与言语配置的新经济原则 [J]．现代企业教育，2012（12）.

163. 杨丽敏．基于职业活动导向的高职艺术类人文素质课程体系构建研究 [D]. 长沙：湖南师范大学，2014.

164. 叶斯柏森．叶斯柏森语言学选集 [M]．长沙：湖南教育出版社，2006.

165. 殷刚魁，秦志功．英语课程资源的内涵剖析 [J]．教学研究，2005（11）.

166. 尹茵．高职高专院校人文素质教育的现状及对策研究 [J]．武汉船舶职业技术学院学报，2009，8（3）.

167. 袁俏玲．再议语言经济学 [J]．外语教学，2006（5）.

168. 张德富．外语经济对我国经济发展的影响商业研究 [J]．商业研究，2005（24）.

169. 张锋．二战后美国企业参与职业教育研究 [D]．福州：福建师范大学，2007.

170. 张建树．人力资本与区域经济协调发展研究 [D]．天津：河北工业大学，2012.

171. 张卫国．语言的经济学分析：一个综述 [J]．经济评论，2011（4）.

172. 张卫国．语言的经济学分析——一个初步框架 [D]. 济南：山东大学，2008.

173. 张智义．语态不匹配允准省略研究 [J]．外语与外语教学，2015（5）.

174. 赵曙亚．高职院校大学英语教学研究——以质量保障体系与多元评价系统为视角 [J]．学理论，2014（4）.

175. 赵文华．高等教育系统论 [M]．桂林：广西师范大学出版社，2001.

176. 赵彦春，叶友珍．语言的最简思想——与宇宙同构 [J]．当代外语研究，2015（10）.

177. 赵雁宁．中国高等教育的制度创新——高等教育市场及其与劳动市场的相关性研究 [D]．济南：山东大学，2005.

178. 钟荣跃．高职人文素质教育课程体系构建探析 [J]．高教高职研究，2010（6）.

179. 周榜师，尤艺金．试论高职院校人文素质教育课程体系的构建——基于闽南高职院校的研究 [J]．漳州职业技术学院学报，2011（6）.

180. 周端明．普通话推广的经济学分析 [J]．安徽师范大学学报（人文社会科学版），2003（4）.

181. 周烈. 经济全球化背景下外语院校人才培养模式的社会适应性 [J]. 中国外语，2011（3）.

182. 周翎，江黎娥. 大学英语课程资源开发探讨 [J]. 十堰职业技术学院学报，2009（4）.

183. 周翎，张红艳. 合理开发课程资源，提高英语教学质量 [J]. 陕西教育：高教，2009（7）.

184. 周芹. 语言经济学视域下高职英语教师专业成长与区域经济发展 [J]. 成都航空职业技术学院学报，2014（9）.

图书在版编目（CIP）数据

语言经济学视域下高职英语教学改革和区域经济发展研究 / 戴日新，王芳著. —西安：西安交通大学出版社，2017.9

ISBN 978-7-5693-0186-1

Ⅰ. ①语… Ⅱ. ①戴… ②王… Ⅲ. ①英语—教学改革—研究—高等职业教育②区域经济发展—研究—中国 Ⅳ. ① H319.3 ② F127

中国版本图书馆 CIP 数据核字（2017）第 244968 号

书　　名　语言经济学视域下高职英语教学改革和区域经济发展研究
著　　者　戴日新　王　芳
责任编辑　魏　杰　贺彦峰

出版发行　西安交通大学出版社
（西安市兴庆南路 10 号　邮政编码 710049）
网　　址　http://www.xjtupress.com
电　　话　（029）82668357　82667874（发行中心）
（029）82668315（总编办）
传　　真　（029）82668280
印　　刷　湖南省众鑫印务有限公司

开　　本　880mm×1230mm　1/32　**印张** 9　**字数** 219 千字
版次印次　2017 年 9 月第 1 版　2017 年 10 月第 1 次印刷
书　　号　ISBN 978-7-5693-0186-1
定　　价　78.00 元

读者购书、书店添货、如发现印装质量问题，请与本社发行中心联系、调换。